Christina Dodwell

Jenseits von
Istanbul

Die abenteuerliche Reise einer jungen Frau
durch Ostanatolien und Iran

Aus dem Englischen von Elfi Groß

WILHELM HEYNE VERLAG
MÜNCHEN

HEYNE SACHBUCH
Nr. 19/2001

Titel der englischen Originalausgabe
A TRAVELLER ON HORSEBACK IN EASTERN TURKEY AND IRAN
Erschienen bei Hodder & Stoughton, London

Ungekürzte Taschenbuchausgabe
im Wilhelm Heyne Verlag GmbH & Co. KG, München
Copyright © 1989 der deutschen Ausgabe
by Edition Erdmann im K. Thienemanns Verlag, Stuttgart/Wien
Printed in Germany 1991
Umschlagfoto: Dia-Express/Allgöwer, Grainau
Umschlaggestaltung: Atelier Adolf Bachmann, Reischach
Satz: Utesch Satztechnik, Hamburg
Druck und Verarbeitung: Ebner Ulm

ISBN 3-453-04831-8

Für alle, die dazu beigetragen haben, daß meine Reise zu einem so wundervollen Erlebnis wurde: Ganz besonders danke ich Louise und Narcy Firouz in Iran, Sema Yaman in der Türkei und allen, die im Buch zwar nicht genannt sind, denen ich aber trotzdem dankbar bin:

In London: Erzdiakon Peter Mallett und Frau Mallett, Zia Beyandor, Vivienne Sharp, Kabir Ahmed und Roshan und David Reddaway.

In der Türkei: Gordon und Gael Graham, Mike Windus in Izmir, der Familie Alemdag in Istanbul, der Familie Yaman in Adana, Ataman Yemisciaglu in Erzurum und Anthony Fitzherbert von der FAO.

In Pakistan: Horst und Gudrun Wischmeyer in Quetta, General Sardar und Soraiya Lodi in Karatschi.

Was den Iran und die Türkei für mich besonders liebenswert machte, war die spontane Freundlichkeit der Menschen, denen ich dort begegnet bin, deshalb gilt mein Dank zum Schluß auch den Dorfvorstehern und den Menschen auf dem Lande.

Inhalt

Abbildungen

KAPPADOKIEN

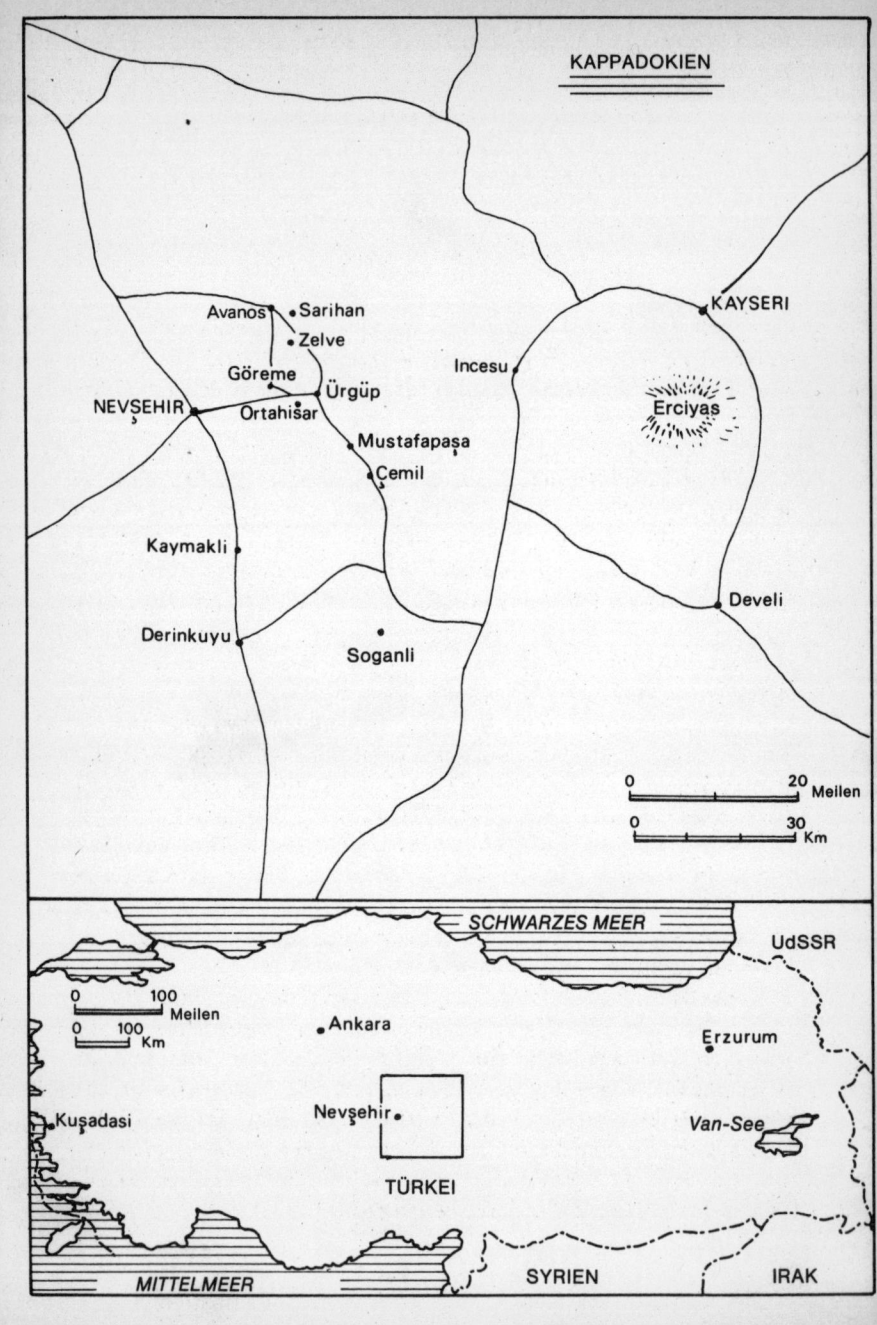

Kappadokien „geziyorum"

Für mich war es wieder einmal an der Zeit, eine Reise zu Pferde zu unternehmen. Mir gefallen die wenig zivilisierten Teile der Welt am meisten, und diesmal zog es mich besonders in die abgelegenen Regionen der Türkei und des Iran.

Es ist komisch, wie sehr die Leute versuchen, eine Frau von einem derartigen Vorhaben abzubringen – es sei viel zu gefährlich, eine Frau könne leicht umgebracht werden, und was noch mehr. Dabei sagte mir mein Instinkt, daß dies unwahrscheinlich sei. Auf all den Reisen, die ich schon gemacht habe, hat sich keine dieser Warnungen bewahrheitet. Und was die Bedrohung durch Räuber oder eine Verhaftung durch Revolutionäre anging, so würde ich mich einfach auf meinen gesunden Menschenverstand verlassen – ich bezweifelte ohnehin, ob es heute überhaupt noch Räuber gab.

Aufgrund ihrer strategischen Lage als Landbrücke zwischen zwei Kontinenten hat die Türkei in den letzten zehntausend Jahren einen bunten Wechsel von Invasionen und Befreiungen erlebt. Als überraschend schwierig stellte es sich für mich heraus, eine gute Landkarte zu bekommen. Für den Westteil des Landes gab es zwar türkische Karten in brauchbar großem Maßstab, aber die Osttürkei war nur in so starker Verkleinerung zu haben, daß alles ziemlich leer darauf aussah. Allerdings würde es mir mit dem Pferd keine Schwierigkeiten bereiten, wenn wichtige Straßen fehlten.

Meine Abreise Anfang Mai erfolgte zur Zeit des griechisch-orthodoxen Osterfestes in Athen. Das lag auf meiner Route, ich konnte es natürlich nicht auslassen, zumal da mir ein kurzer Aufenthalt in Griechenland Gelegenheit geben würde, die Spur meines Ur-Ur-Ur-Großonkels Edward Dodwell zu verfolgen. Er hatte im frühen 19. Jahrhundert mit dem Maultier eine Reise durch Griechenland unternommen und nach Ruinen von historischer oder religiöser Bedeutung gesucht, über die er dann berichtete.

Als ich ankam, hatten die Feiern für das griechische Osterfest gerade ihren Höhepunkt erreicht. In der Nacht folgte ich einem Blasorchester durch die Straßen. Soldaten standen rechts und links Spalier bis zur Hauptkathedrale von Athen, andere Regimenter schlossen sich an und marschierten feierlich mit. Eine Abteilung in weißen, blusigen Tuniken und Strumpfhosen ließ die Füße beim Marschieren so über den Boden scharren, daß ein eigenartig rhythmisches Schlurfgeräusch entstand. Ich verließ die Parade und eilte durch die rückwärtigen Gassen hinauf zum Berg von Likavetos, wo eine andere Feier stattfinden sollte.

Die Gassen waren schwach beleuchtet, einmal konnte ich gerade noch zur Seite springen, als jemand von einem Balkon einen Eimer Wasser heruntergoß. Viele Menschen waren nach Likavetos unterwegs, bald herrschte dichtes Gedränge. Die Terrassen oben auf dem Berg um die St.-Georgs-Kapelle herum waren so voller Leute, daß man kaum mehr vorwärtskam. Ich schlängelte mich langsam durch die Massen. In der Kirche sang ein Priester Litaneien, eine Dornenkrone war an einer für alle Gläubigen gut sichtbaren Stelle aufgehängt. Ein Mann verkaufte mir eine Kerze. Alle hielten Kerzen in den Händen, von denen manche mit Bändern und Spitzen geschmückt waren. Um Mitternacht würden alle ihre Kerzen an der heiligen Flamme auf dem Altar anzünden.

In der vollgepfropften Kirche war es heiß und stickig, deshalb ging ich wieder nach draußen und fand eine Stelle, wo ich auf einer Mauer sitzen und auf Athen hinuntersehen konnte: ein dichtes Lichtermeer, umgeben von Dunkelheit wie eine leuchtende Insel in der Nacht. Die Kapelle hier lag höher als die angestrahlte Akropolis. Der Himmel über der Stadt unter uns war erfüllt vom Knallen und Blitzen der Feuerwerkskörper, das von Minute zu Minute anschwoll.

Um Mitternacht trugen die Priester auf dem Berg die kostbaren juwelenbesetzten Kreuze aus der Kirche und verkündeten: „Christus ist von den Toten auferstanden." Die Kirchenglocken begannen zu läuten, Raketen schossen kreuz und quer über den Himmel, die Menge begann zu singen. Die heilige Flamme wurde von Kerze zu Kerze weitergegeben, einer steckte das Licht des anderen an, ich erhielt von einem kleinen Jungen Feuer. Dann bildete sich langsam eine Prozession, die sich den Berg hinab in Bewegung setzte. Ich sah vom Gipfel aus zu, wie sie allmählich länger und länger wurde und sich wie ein Lichterband den Serpentinenweg hinunterschlängelte.

Die Leute gingen vorsichtig und schützten ihre Kerzen, sie wollten sie brennend nach Hause bringen. Dort würden sie mit der Flamme das Zeichen des Kreuzes an ihre Tür machen, es sollte für ein ganzes Jahr Glück bringen. Meine Kerze brannte ruhig, das heiße, herunterlaufende Wachs verklebte mir die Finger. Diese feierliche Lichterprozession den Berg hinunter war der eigentliche Beginn meiner Reise.

Ich blieb fast eine Woche in Griechenland, folgte den Spuren meines alten Onkels Edward über die Hänge des Peloponnes, die übersät waren von scharlachrot leuchtendem Klatschmohn. Es war ein herrliches Gefühl, draußen zu sein in der warmen Sonne nach dem langen naßkalten Winter in England. Edward Dodwell hat den Wert der Freiheit sicher noch stärker empfunden als ich, denn er war in den Napoleonischen Kriegen gefangengenommen und damals auf Ehrenwort freigelassen worden. Da er als auf Ehrenwort Entlassener nicht nach Großbritannien zurückkehren konnte, hatte er auf dem Kontinent zu reisen begonnen. Die Tempel und Festungen, die er und ich besuchten, sind heute zu bekannt, als daß man sie noch einmal beschreiben müßte. Trotzdem genoß ich das Gefühl der Ewigkeit, das einen zwischen diesen Säulen und Mauern überkommt. Obwohl die Versuchung groß war, meine Reise in Griechenland fortzusetzen, beschloß ich, mich von der Türkei und dem Iran nicht abbringen zu lassen.

Ich nahm also das Fährschiff über die Ägäis, das entlang der zerklüfteten Küste von Insel zu Insel schipperte, und ging in dem kleinen türkischen Hafen Kuşadasi an Land. Nach Erledigung der Einreiseformalitäten löste ich eine Fahrkarte für den Bus am nächsten Tag nach Nevşehir, einer Stadt etwa 700 km östlich auf dem zentralen anatolischen Hochplateau mitten in der Türkei. Dann suchte ich mir einen Lagerplatz, an dem ich meine Hängematte aufspannen konnte.

Der Bus war preiswert und schnell. Die Fahrgäste bekamen Eau de Cologne in die Handflächen gespritzt, und ich beobachtete, wie die anderen Passagiere sich die Hände rieben, sich dann übers Gesicht fuhren, den Geruch durch die Nase einzogen und schließlich mit den Handflächen übers Haar strichen. Männer schienen nicht neben einer allein reisenden Frau sitzen zu dürfen, deshalb setzte sich die Mutter von irgend jemand neben mich; ich wußte nicht, tat sie es zu meinem Schutz oder zum Schutz der Männer. Sie war fett und häßlich, ich konnte mich also entspannen. Sie allerdings war etwas schokkiert, als sie erfuhr, daß ich keinen Mann und keine Kinder hatte. Sie schnalzte mißbilligend mit der Zunge und gab mir den Rat, türkischen Männern immer zu erzählen, mein Mann und meine Kinder würden mich am Zielort erwarten. Der Bus hielt, damit die Passagiere essen konnten, und machte noch ein paarmal danach eine Teepause. Bei einem der Stopps bestellte meine Mitfahrerin Kaffee für uns beide. Das war etwas Besonderes, denn im Gegensatz zu dem, was Sie vielleicht erwartet haben, trinken die Türken mehr Tee als Kaffee. Kaffee ist heutzutage teuer. Danach las sie mir meine Zukunft aus dem umgekippten Kaffeesatz. Sie sprach mit einem so starken, ländlichen Akzent, daß ich nicht sehr viel verstand, nur, daß mich sowohl Unglück wie Freude erwarteten.

Bis zum Abend hatten wir das anatolische Hochland erreicht, und es wurde kalt. Nevşehir war Endstation. Nach Ürgüp, einem Dorf im Herzen der aufregendsten und schönsten Gegend Kappadokiens, nahm ich deshalb ein „dolmuş", eine sehr praktische türkische Kreuzung zwischen Taxi und Minibus. Der Erciyas, ein erloschener Vulkan, 4300 m hoch und ständig mit Schnee bedeckt, ragte am Horizont vor uns auf und zeigte uns die Richtung. Eine phantastische Landschaft tat sich überall um uns her auf, und ich wäre gerne langsamer gefahren. Ich beschloß, mich auf dem Bazar in Ürgüp nach einem Pferd umzusehen, damit ich mir die Gegend nach meiner Art ansehen konnte.

Ürgüp ist eine kleine Stadt mit Straßen aus Kopfsteinpflaster und alten Steinhäusern. Sie schmiegt sich eng an einen Hügel, der, wie eine Bienenwabe, voller höhlenartiger Wohnungen ist. Ich schlenderte durch den Bazar und freute mich an den saftigen Farben von Obst und Gemüse. Die Frauen, die diese Waren verkauften, waren verschleiert, die Männer trugen wollene Hüte. Ein Mann übersetzte mir, wie das Obst auf seinem Stand auf türkisch heißt, er zeigte auf einige unreife Pflaumen und sagte: „Eric ist mein Name."

Auf dem übrigen Teil des Bazars verkaufte man Salvar (Pluderhosen), Messer, Töpfereiwaren und Stoffe. Der Viehmarkt lag ein Stück dahinter, dort fand ich ein paar kleinere Gruppen von Rindern und Schafen und drei ziemlich große Ponys.

Das erste, das ich mir ansah, war sichtlich ungeeignet, es hatte ein geschwollenes Fesselgelenk. Keines der drei war eine Schönheit, sie sahen dürr und ungepflegt aus. Nur eines kam eventuell in Frage, es war ein weißer Hengst, der einen ruhigen Eindruck machte. Obwohl er keinen Sattel trug, verhielt er sich zahm, als ich ihn hinter dem

Viehmarkt proberitt. Ein Blick auf seine Zähne sagte mir zwar, daß er wohl nicht mehr der Jüngste war, aber das machte mir eigentlich nichts aus, ältere Pferde sind oft sensiblere und erfahrenere Reisegefährten als junge.

Meine früheren Pferde hatten aus Schlachthäusern gestammt, oder man hatte sie weggegeben, weil niemand sie reiten konnte. Es ging mir nicht so sehr um Qualität, aber bei diesem Pony hier war ich trotzdem nicht begeistert. Der Besitzer sah mein Zögern, er war sehr zuvorkommend und schlug mir vor, ich solle das Pony ein paar Tage mieten und mich später entscheiden, ob ich es kaufen wolle oder nicht. Er war auch bereit, mir einen Sattel und Zaumzeug zu leihen und das Pony über Nacht in seinem Stall in Ürgüp unterzustellen. Das hielt ich für den besten Vorschlag, danach konnte ich es kaum erwarten, auf Streifzug zu gehen. Deshalb holte ich schon früh am nächsten Morgen das Pony ab, das Beyaz hieß (das bedeutet „weiß"), und ritt aus dem schlafenden Ürgüp hinaus in die Berge.

Heute begann der Fastenmonat Ramadan oder Ramazan, wie ihn nichtarabische Moslems nennen, und die Leute hatten es nicht eilig, den langen hungrigen Tag zu beginnen, an dem es ihnen das islamische Gesetz verbietet, vor Sonnenuntergang etwas zu essen oder zu trinken. Die leeren Pflasterstraßen hallten wider von Beyaz' Hufschlag. Zwei Kilometer kletterten wir steil bergauf, dann ging es quer übers Land an Rebenpflanzungen und gelbblühenden Rapsfeldern entlang bis zu einer felsigen Bergkuppe. Darüber hinweg blickte man auf eine surrealistische Vulkanlandschaft. Aus Tälern in weichem Rosa, Honigbeige und bleichem Grün ragten, durch Erosion herausgewaschen, Hunderte von niedrigen, spitzen Bergkegeln und ganze Gruppen mehrgipfliger Felsformationen.

Beyaz schnaubte schwer vom Aufstieg, ich ließ ihn zehn Minuten verschnaufen und packte in der Zeit die Satteltaschen neu, um das Gewicht gleichmäßiger zu verteilen. Aus dem Stoff einer Überzeltbahn hatte ich mir zwei Gepäcktaschen genäht und sie hinter dem Sattel befestigt; nun zurrte ich sie mit einem zusätzlichen Gurt fest, damit sie beim Galoppieren nicht herumflatterten und das Pferd irritierten.

Wir kamen zu einer Quelle, deren Wasser in der Gegend als heilsam für Ekzeme und Magenleiden gilt. Zwei junge Frauen füllten gerade ihre Eimer. Ich schüttete mir Wasser ins Gesicht, um meinen Heuschnupfenanfall zu bekämpfen – ich bin allergisch gegen Pferde. Als ich nieste, sagte eine der Frauen „Çok yaşa", und ihre Freundin übersetzte es mir: „Ich wünsche Ihnen viele Jahre nicht tot."

Von hier ritt ich zu der kleinen Stadt Ortahisar im Tal. Eine Burg, direkt in den nackten Fels geschlagen, überragt den Ort. Ihre Räume und Durchgänge bestehen aus Höhlen und Tunnels. Ich ritt weiter, ich wollte zu den legendären Felsenkirchen von Göreme; wie ich gelesen hatte, soll es in einem der Täler über dreihundert dieser Kirchen geben.

Ich versuchte, aus den Bergen von hinten her in das Tal von Göreme zu kommen, und fand einen Pfad durch eine feuchte, enge Bergschlucht, der an manchen Stellen kaum breit genug für ein Pferd mit Satteltaschen war. Als ich in der Schlucht nach oben schaute, entdeckte ich bereits die Rückseiten einiger halbzerfallener Felsenkirchen. An manchen Wänden konnte ich einfache rote Strichzeichnungen erkennen, sie waren 300 Jahre nach Christi Geburt entstanden, die ersten Versuche von Höhlenmalerei in dieser Gegend. Bei späteren Zeichnungen verwendete man grüne und rote Farben. Und als die byzantinische Ära anbrach, hatte sich in der Zwischenzeit diese Kunst schon lange etabliert.

Ich band Beyaz an einer Stelle mit üppigem Grasbewuchs fest und kletterte die Seitenwand der Schlucht hoch, um andere, daneben liegende Kirchen zu erkunden. Man hatte Felskegel innen ausgehöhlt; sie bestehen aus Tuffgestein, einem heute beliebten Material in unseren Garden-Centers. Es ist so weich, daß man es auch mit primitivem Werkzeug leicht behauen kann. Wenn es mit Luft in Berührung kommt, verhärtet sich die Oberfläche, also ein sehr brauchbares Baumaterial.

Die frühesten Höhlen wurden schon um 4000 vor Christus ausgehauen. Die Mehrzahl hier stammt jedoch aus dem Jahr 300 nach Christi Geburt, und erst später, in der byzantinischen Zeit, wurden sie in Kirchen umgewandelt. Das Schönste an diesen Kirchen sind die Fresken. Eine der Höhlenkapellen war fast vollständig ausgemalt mit Bildern von Kreuzigung und Auferstehung, jedes Bild mit einem Kästchen umrahmt wie in einem Comic-Heft.

Als Beyaz und ich am Haupteingang zu Göremes Freilichtmuseum anlangten, sagte mir der Torwächter, Pferde dürften nicht hinein, sie müßten auf dem Parkplatz abgestellt werden. Auf dem kleinen Autoparkplatz, den er meinte, mußten die Wagen ziemlich manövrieren, bis sie in eine Parklücke paßten: kein guter Platz für ein Pferd. Aber daneben begann eine kleine grasbewachsene Senke, und da stand auch ein Pfosten mit Schild, an dem ich Beyaz anbinden konnte. Bezeichnenderweise hieß es auf dem Schild: „Parken verboten."

Im Inneren der Felskegel stieß ich auf ein ehemaliges Nonnenkloster. Im Refektorium war ein zehn Meter langer Eßtisch aus dem Stein herausgearbeitet, und rund um den Tisch lief eine steinerne Bank. Es gab Nischen für Töpfe und Feuerstellen zum Kochen. In den meisten Kirchen sind Gräber in den Boden gehauen, viele davon in Kindergröße. Ich entdeckte, daß jede Kirche einer anderen Familie gehört hatte, sie hatten also ihre Toten an ihrem eigenen geweihten Platz begraben können.

Ich wunderte mich über eine Reihe quadratischer Nischen hoch oben in der Felswand, bis ich Tauben ein- und ausfliegen sah – ehemalige Taubenhäuser.

Danach holte ich Beyaz und schlug einen Weg nach Westen in ein anderes Tal ein. Er verlor sich in einem Flußbett, aber in dem festen, sandigen Untergrund schlängelte sich zum Glück nur ein schmales Bächlein dahin, und man konnte gut weiterreiten. Erst nach mehreren Kilometern verengte sich das Flußbett, und das Tal wurde schmal. Blaßrosa Felsen stellten sich uns entgegen, aber jedesmal, wenn ich dachte, jetzt geht es nicht mehr weiter, gab es doch einen Durchgang, und das Tälchen verbreitete sich wieder, so daß sogar Obstbäume und Getreide an den Ufern Platz fanden.

In die seitlichen Felswände waren Höhlen gegraben. Man lagerte Obst darin, es hält sich hier das ganze Jahr. Schon die frühen Bewohner hatten das entdeckt, sie hoben auch Höhlen zur Aufbewahrung von Weizen aus, der sich mit wenig Sauerstoffzufuhr hervorragend lagern läßt. Diese Art der Weizenlagerung war besonders genial, denn Mäuse kommen in die verschlossenen Höhlen nicht hinein, und Getreidekäfer können bei hohem Kohlendioxydgehalt nicht überleben. Und da Weizen von Natur aus eine bestimmte Menge Kohlendioxyd produziert, schafft er automatisch eine sauerstoffarme Umgebung. Farmer im Westen haben dieses System jetzt auch entdeckt, sie nennen es Silo.

Ich begegnete einem Karren, auf dem ein schwerkranker Mann lag. Es würde sicher lange dauern, bis er ein Krankenhaus erreichte. Mittags machten wir an einem schattigen grünen Platz Rast. Als ich Beyaz den Sattel abnahm, wälzte er sich wieder und wieder im üppigen Gras, und während ich mein Picknick aß und etwas durch die umliegenden Felsen streifte, machte er keinen Versuch, herumzustreunen oder wegzulaufen.

Das Tal endete für uns, als der Weg tatsächlich von Felsen versperrt wurde. Ich kehrte also um und ritt in leichtem Galopp das sandige Flußbett zurück – was für ein angenehm leichtfüßiges Pferdchen!

Ein anderes Tal, das wir auskundschafteten, war eingerahmt von einer Reihe nadelspitzer Felsen, die aussahen wie hohe Kerzen mit dunklen Flammen. Die Erosion hatte Erde und Gestein abgetragen, und da die obere Schicht aus dunklerem Fels bestand, waren diese unregelmäßig gezackten Flammenspitzen entstanden. Ich ließ Beyaz eine halbe Stunde ausruhen; aber als ich wieder aufsaß, vergaß ich, den Sattelgurt richtig festzuziehen. Als wir dann einen Berg hochklettern mußten, verrutschte der Sattel samt den Taschen. Beyaz machte erschreckt einen Satz vorwärts, das verschlimmerte die Situation, der Sattel rutschte unter mir zur Seite, und ich war drauf und dran, runterzufallen.

Mit einem letzten verzweifelten Tritt in den nach oben ziehenden Steigbügel versuchte ich, die Dinge geradezurücken, aber Beyaz stolperte auf dem steilen Hang, und ich flog durch die Luft. Zum Glück landete ich neben dem verdutzten Pony auf den Füßen. Sattel und Taschen hingen jetzt umgedreht unter seinem Bauch, und er geriet in Panik. Ich hängte mich in seine Zügel, während er in höchster Aufregung im Kreis herumtanzte. Meine Sachen flogen aus den Satteltaschen – warme Kleidungsstücke, Pferdefesseln, Seile – letztere verfingen sich um Beyaz' Hinterhufe. Gleich würde er kräftig ausschlagen! Da fiel mir ein, wie die Männer auf dem Markt die Pferde beruhigt hatten: „Sss-ssssss-sss", summte ich laut. Beyaz reagierte sofort und blieb stehen. Aber nun kam das Heikelste: Ich mußte unter seinen Bauch kriechen und den Riemen der Satteltaschen lösen. Bei fremden Pferden muß man an dieser Stelle äußerst vorsichtig sein.

Ich behielt seine Hufe im Auge, damit mir auch nicht die kleinste Bewegung entging, summte weiter und kroch zwischen seine Beine, dann zog ich rasch den Riemen locker. Glücklicherweise habe ich schon vor langer Zeit gelernt, daß Schnallen und Schlaufen am Sattelgepäck leicht zu öffnen sein müssen. Das Zeug fiel herunter, und Beyaz blieb ruhig stehen, während ich meine verstreuten Siebensachen auflas und ihn dann erneut sattelte.

Auf dem Rückweg nach Ürgüp verdunkelte sich der Himmel, und es begann zu regnen. Es wurde immer dunkler, aus dem Regen wurde

Hagel, der mir schmerzhaft die Haut peitschte und Beyaz vorwärtstrieb. Wir konnten uns nirgendwo unterstellen, und da wir bereits völlig durchnäßt waren, trieb ich das Pony zur Eile an.

Ich war naß bis auf die Knochen und steif vor Kälte, als wir in Ürgüp ankamen. Ich zog alle meine warmen Sachen übereinander an; was ich mir für die eisigen Nächte in Ostanatolien mitgenommen hatte, reichte für diesen Zweck gerade aus. Für die Nacht füllte ich meine Trinkwasserflasche mit heißem Wasser und hielt meine Füße damit warm.

Am nächsten Tag ritt ich von Ürgüp aus nach Norden. Im Osten konnte ich den schneebedeckten Gipfel des Vulkans Erciyas sehen, der über die Wolken herausschaute. Ich folgte der Straße, bis die Stadt nicht mehr zu sehen war, dann nahm ich die nächste Abzweigung und ritt quer übers Land. Nicht, daß hier viel Verkehr geherrscht hätte, ab und zu ein „dolmuş" oder ein Lastwagen, trotzdem drückten die Fahrer jedesmal auf die Hupe, wenn mir einer begegnete, und keiner machte Anstalten, langsamer zu fahren oder uns gar auszuweichen. Als ein Reisebus vorbeidröhnte, wurde Beyaz nervös, aber er blieb trotzdem bemerkenswert fügsam. Der Hauptgrund, warum ich die Durchgangsstraße verließ, war meine Abneigung gegen Straßen. Sie waren für Autos gebaut, Pferde brauchen keine Straßen, sie haben Vierhufantrieb.

Wir begegneten einem Hirten mit seiner Herde und seinem anatolischen Schäferhund. Eigentlich war es kein Hütehund, denn die sind groß und kräftig, mit breitem Kopf und dichtem Fell. Dieser hier war ein Schutzhund, ich bemerkte, daß er um den Hals ein Metallband mit gefährlich herausstehenden Spitzen trug. Damit Wölfe ihm nicht an die Kehle konnten. Der Hund sah allerdings nicht gerade freundlich aus, und ich war froh, daß ich auf einem Pferd saß.

Beyaz trabte in seiner angenehm gleichmäßigen, etwas trippelnden Gangart dahin. Der Befehl für „schneller" lautete „cht" oder „vt" oder war irgendein anderer, scharf gutturaler Laut. Über eine Hügelkuppe ritt ich einen leichten Abhang hinunter, zwischen spitzen, stämmigen Felskegeln hindurch in die Ebene auf das verlassene Dorf Zelve zu.

Das alte Zelve war in die Felswände von drei engen Taleinschnitten gehauen. Die Bewohner hatten es verlassen, als der Fels einzustürzen begann und einige Dorfbewohner unter sich begraben hatte. Die türkische Regierung hatte Mittel für den Bau eines neuen, modernen

Dorfes zur Verfügung gestellt, und die Leute waren dorthin gezogen. Nur die Tauben waren geblieben. Jede Familie hatte fünf oder sechs Taubenhäuser besessen, die oberhalb des jeweiligen Hauses in den Fels geschlagen waren. Jetzt gab es hier so viele Tauben wie nie zuvor.

Ich traf einen alten Mann, der hergekommen war, um seine Vögel zu füttern. Er sagte mir, alle Dorfbewohner würden im Winter ihre Tauben füttern, denn sie bekämen ja die Eier dafür. Die meisten ließe man zwar zum Ausbrüten da, aber einige hole man zum Essen. Außerdem lieferten die Tiere Dünger und im Herbst Fleisch, Taubenkebab... er leckte sich die Lippen beim Gedanken daran und warf noch eine Handvoll Körner hin.

Die Tauben flatterten zu ihm herunter, eine ließ ihm etwas auf die Schulter fallen. Das wettergegerbte Gesicht des Mannes verzog sich zu einem breiten Lächeln, und er griff erneut in den Lederbeutel voll Körner, der an einem Strick um seine Pluderhosen geschlungen war. Er hatte eine Tuchmütze auf dem Kopf, wie die meisten türkischen Männer. Ich hatte mir auch so eine Tuchmütze besorgt und trug sie als Schutz vor der Sonne. Ich hatte zwar nicht daran gedacht, daß ich mich damit als Mann verkleiden könnte, aber komischerweise hielten mich die Dorfbewohner tatsächlich für einen Mann. Mein blondes Haar blieb darunter versteckt, ich war schlank, ohne irgendwelche Formen, und hier kam kaum jemand auf die Idee, daß ein einzelner Reiter eine Frau sein könnte. Auch dieser alte Mann sprach mich mit „Bey" an, das heißt „Herr", obwohl man es doch merken mußte, daß ich eine Frau war, sobald ich etwas sagte.

Er zeigte mir das frühere Haus seiner Familie, es stand leer, nur noch ein Mühlrad war zu sehen, das ein Esel im Kreis gedreht hatte, um Getreide zu mahlen. Man sah noch den Platz des Herdfeuers, wo die Frauen in einem eingelassenen Tongefäß Brot gebacken hatten. Die Familie hatte zwei obere Stockwerke und einen Keller besessen, der als Stall für Esel und Schafe gedient hatte. Der erhöht liegende Eingang bot Schutz gegen Räuber oder Einbrecher, er konnte mit einer runden Steintür bei Angriffen völlig verschlossen werden.

Mein Begleiter führte mich durch einen Tunnel in ein angrenzendes Tal, wir kamen an der Hintertreppe einer Kirche heraus. Die Hälfte davon war eingefallen, aber an der Decke konnte man noch die Zeichnung eines Hirsches erkennen. Andere Kirchen hatten Fresken mit Fischen und Trauben, und ein vierstöckiges Kloster war so eingestürzt, daß seine Räume und Kapellen wie im Querschnitt bloßlagen.

Als es Zeit für ihn wurde, in sein Dorf zurückzukehren, begann der alte Mann zu nörgeln. Die alten Häuser, sagte er, seien so viel besser gewesen, im Sommer kühl und im Winter warm. Ihre neuen Betonhäuser seien nicht halb so gut.

Ich setzte meinen Ritt nach Norden fort – heiße Sonne, kalter Wind, das machte munter und frisch. Nach einer Stunde erreichten wir Sarihan, eine seldschukische Karawanserei aus dem Jahr 1250, heute eine der schönsten noch erhaltenen, jedoch nicht die größte. An den alten Handelsstraßen gab es früher alle 50 km eine Karawanserei, jeder Ort, dessen Name auf „-han" endet, besaß eine. Es war die Transitstraße nach Persien, Afghanistan und China.

Sari heißt „orange" und meint hier die Farbe der Steine, aus denen diese Karawansereien gebaut wurden. Aber vom äußeren Mauerwerk wurde inzwischen vieles für andere Gebäude verwendet. Die klassisch im Quadrat gebauten Einfassungsmauern umschließen einen großen Hof, zum Teil mit Gewölbestallungen für die Tiere. Die seldschukischen Steinmetze, vorzügliche Kunsthandwerker, nahmen für die Bogen Steine mit drei verschiedenen Färbungen. Der Gewölbebogen des Eingangs verbreiterte sich zu einer kleinen Moschee, der Bogen selbst trug ein schönes Steinrelief aus ineinander verflochtenen geometrischen Mustern.

Ein großer Schlafsaal für die Menschen und ein noch größerer Raum für die Tiere im Winter zeigte, daß hier etwa zwei Karawanen Platz finden konnten. Eine Karawane bestand im Durchschnitt aus zwanzig Kamelen, acht Männern, drei Pferden und einem oder zwei Eseln. Wasser hatte man in Tonröhren von einer etwa einen Kilometer entfernten Quelle herbeigeleitet.

Hinter Sarihan wurde das Land flach und ziemlich langweilig, so ritt ich im Bogen zurück ins Wunderland. Die Berge waren erneut von Gewitterwolken umlagert, und es erschien mir ratsam, dort entlangzureiten, wo die Möglichkeit zum Unterstellen bestand. Die Vorgebirge mit ihren ausgehöhlten Felskegeln waren ideal; ich wußte nicht, wie sie hießen, aber hierher kamen sicher nie Touristen, nur Hirten. Es ist schade, daß sie mit ihren Lagerfeuern die Fresken im Höhleninneren schwarz verrußt haben. Hier und da kann man an den schwach sichtbaren Figuren mit ihren Heiligenscheinen noch erkennen, wo die Wände bemalt waren.

Als ich an einem Flußufer eine Pause machte, um etwas zu essen, näherte sich ein Mann. Ich sah, wie er mich entdeckte und sich duckte, um mich zu beobachten. Einige Minuten vergingen, und ich packte ohne Hast meine Sachen zusammen, damit ich schnell weg konnte, falls es nötig würde. Trotzdem beendete ich ruhig mein Picknick aus frischem Brot, Käse und Tomaten. Der Mann kam näher und setzte sich nun voll sichtbar nicht weit von mir nieder, ein ungepflegter junger Bursche. Ich weiß nicht, warum ich plötzlich ein ungutes Gefühl bekam, wahrscheinlich, weil er mein Gepäck so seltsam musterte. Aber ich redete mir ein, daß es für einen Mann ganz normal sei, neugierig zu werden, wenn er eine Fremde trifft. Mein Angebot an ihn, an meinem Picknick teilzunehmen, lehnte er ab, da Ramadan war, aber meine Fragen nach seinem Namen und dem seines Dorfes beantwortete er. Das war eine Auskunft, die man als Absicherung gegen Schwierigkeiten betrachten konnte.

In der Zwischenzeit hatte Beyaz mein Picknick erspäht und kam zu mir herübergetrippelt. Kein verstohlener Blick – er hatte seine kleinen runden Augen deutlich auf das Brot geheftet. Als er nach ihm schnappte, gab ich ihm einen Klaps auf die Nase. Schuldbewußt trat er einen Schritt zurück, und zu meiner Erheiterung tat er, als hätte er es nur auf ein paar verwelkte Graswurzeln direkt neben dem Brot abgesehen gehabt, und rupfte diese aus. Dabei rollten seine Augen vor Anstrengung, ja nicht das Brot aus dem Blick zu verlieren, so daß selbst mein unfreundlicher neuer Bekannter zu grinsen begann. Ich steckte das Brot weg, aber Beyaz war ausgesprochen gierig darauf, obwohl die Weide voll üppigem Klee stand. Deshalb sattelte ich ihn und gab ihm den Rest des Brotes, bevor ich weiterritt.

Später kamen wir auf eine Straße, auf der wir uns in den Verkehr aus Pferde- und Eselswagen einreihen mußten. Die Karren waren aus Holz, ihre Hinterräder mit Holzspeichen waren viel größer als die Vorderräder. Wagen mit höherem Prestige besaßen Gummireifen. Die Bauersfrauen, die die Gespanne lenkten, kehrten von ihrer Tagesarbeit auf den Feldern heim. Als die Gewitterwolken über uns größer und drohender wurden, beschleunigten sie ihre Fahrt. Beyaz trabte am Rande, entschlossen, sich nicht von einem Maultier überholen zu lassen. Ein Zweispänner schoß vorbei, der Kutscher stand aufrecht, damit er die beiden Pferde besser im Zaum halten konnte und auch, um nicht von dem ungefederten Chassis in Stücke gerüttelt zu werden.

In Minutenschnelle prasselten Hagelkörner aus den Wolken, und auf der Straße entwickelte sich eine Art Wagenrennen. Ich beugte mich nach vorn über Beyaz' Nacken, während er vorandonnerte, meine Haut brannte unter dem Peitschen der Hagelkörner, der Sturm wurde immer heftiger.

Vor uns erkannte ich im Halbdunkel des Unwetters ein Dorf. Mit einem Schlußsprint erreichten die Rennwagen die Dorfstraße, kein Applaus am Ziel, jeder verschwand einfach und suchte irgendwo Schutz. Ich fand ein „çayevi" (Teestube), unter dessen Vordach Beyaz Platz hatte, und belebte mich mit heißem, nach Äpfeln duftendem Tee.

Auf dem Rückweg stolperte Beyaz des öfteren, und mir fiel ein, daß er wahrscheinlich seit Monaten nicht zwei derart aufregende Tage hintereinander erlebt hatte. Ich ließ ihn deshalb am nächsten Morgen im Stall und suchte die unterirdische Stadt bei Kaymakli allein auf.

Kaymakli liegt auf einer langweiligen Hochebene, ein gewöhnliches Dorf, das nach nichts Besonderem aussieht. Aber es gibt dort ein Loch in einer Felsengruppe, das den Eingang zu einer riesigen unterirdischen Stadt bildet, die im sechsten Jahrhundert von Christen, die sich ein Versteck für ihre Familien schufen, in den Tuffstein gehöhlt wurde.

Auf dem Schild am Eingang las ich, daß die Höhle über Mittag eine Stunde geschlossen sei. Ich hatte meine Taschenlampe mit, mir würde es nichts ausmachen, wenn das elektrische Licht abgeschaltet würde. Durch enge Tunnels ging ich stetig nach unten, man mußte gebückt gehen. Die Räume waren in unterschiedlicher Tiefe ausgehoben worden und durch viele Durchgänge und Öffnungen miteinander verbunden. Es war, als befände man sich in einem riesigen menschlichen Ameisenbau. Manche Räume hatten Vertiefungen im Boden für Wasser-, Öl- und Weingefäße. In einem Raum waren Gräber für die Toten ausgehoben. Diese Stadt hatte 15 000 Menschen Unterschlupf geboten, sie geht etwa zwanzig Stockwerke tief in die Erde. Leider sind nur die oberen vierzig Meter oder acht Stockwerke für das Publikum zugänglich. Einige Tunnels sind noch nicht erforscht, und es heißt, es gebe sogar einen zu einer zweiten unterirdischen Stadt in Derinkuyu, neun Kilometer entfernt.

In letzter Zeit hat man in dieser Gegend noch eine unterirdische Stadt entdeckt, und wahrscheinlich gibt es noch mehr, sie wurden nur noch nicht gefunden. Sie dienten den verängstigten Christen zum Schutz vor den Horden militanter arabischer Invasoren. Die Region war schwer zu verteidigen, keine Felsen, die man als Schutzmauern benutzen konnte. Die beste Verteidigung war, sich zu verstecken. Die Christen hatten unter der Erde so viel Getreide gelagert, daß sie jahrelang davon hätten leben können, obwohl sie für gewöhnlich nur eine Woche oder zwei verschwinden mußten. Wenn die Eindringlinge nur verlassene Dörfer vorfanden, blieben sie normalerweise nicht dort, sondern zogen weiter. Ein Tunnel zum Gipfel eines nahen Berges gab den Flüchtlingen die Möglichkeit, von dort Ausschau zu halten, ob die Luft rein war und sie wieder auftauchen konnten.

Für die Belüftung und den Rauchabzug der Koch- und Feuerstellen hatte man getrennte Schächte gebaut. Soweit ich verstanden hatte, war die Stadt kegelförmig angelegt: oben wenige Räume und nach unten, breiter werdend, immer mehr. Jedes Stockwerk verfügte über eine Küche – alle Küchen waren an demselben Schacht angeschlossen – und eine Toilette mit Anschluß an einen gemeinsamen Abfallschacht, während ein dritter Schacht als Brunnen für die Wasserversorgung der Stadt diente.

Als ich durch einen Tunnel zwischen zwei Stockwerken rutschte, fiel mir meine Taschenlampe aus der Hand, erlosch und wollte nicht wieder angehen. Es war stockfinster, und ich tastete mich eine Weile mit Händen und Füßen weiter. Schließlich stieß der Tunnel auf einen gut beleuchteten, ausgetretenen Pfad, so daß ich nicht befürchten mußte, mich zu verirren. Aus anderen Teilen der Höhlenstadt drangen Stimmen zu mir, es wurden weniger, und dann hörte ich die Rufe der letzten Besuchergruppe verklingen, plötzlich herrschte Schweigen.

Mir fiel ein, daß nun wahrscheinlich die Lichter verlöschen würden und ich sicher für eine Weile hier festsäße. Allein würde ich den Weg nach draußen nicht finden. Aber am Nachmittag würden zweifellos erneut Leute kommen, kein Grund zur Panik. Die Leere war herrlich! Ich versuchte mir vorzustellen, wie die Bewohner sich mit Öllampen zurechtgefunden hatten. In die Seitenwände der Familienhöhlen waren schmale Schlafnischen gehauen. Die Ställe für das Vieh hatten sogar Futtertröge aus Stein. Schließlich gelangte ich aber doch an die Erdoberfläche und trat ins blendende Sonnenlicht.

Von Kaymakli aus fuhr ich per Anhalter zu der noch größeren unterirdischen Stadt von Derinkuyu, und dort hatte ich das Glück, einen türkischen Bekannten aus Ürgüp namens Aydin zu treffen, der mich in östlicher Richtung mitnahm. Er schlug vor, das Dorf Soganli, fünfunddreißig Kilometer entfernt, zu besichtigen. Ich war einverstanden, zumal Soganli abseits der Touristenstraße liegt und viele sehr schöne Fresken besitzt.

In der Nähe von Soganli sahen wir uns die Malereien in der Schlangenkirche an. Obwohl sie innen ziemlich verrußt war, konnte ich den heiligen Georg entdecken, der gegen den Drachen kämpfte, ebenso das Jüngste Gericht, Abraham, Isaak und Jakob mit den Kindern der zwölf Stämme Israels. Eine andere Kirche war mit Szenen von der Geburt Christi und dem ersten Bad des Jesuskindes ausgemalt. Am Ende des Tales zeigte Aydin mir einen Fußweg auf der anderen Seite und sagte, er würde in Soganli auf mich warten. Ich setzte also meinen Weg zu Fuß fort.

Der Pfad führte zu einer Kuppelkirche mit vielen winzigen Räumen, dahinter lag etwas tiefer noch eine Kirche versteckt. Man entdeckt sie nicht sofort, weil die Räume über ihr mit den Alkoven und Zeichnungen in Grau und Orange den Blick nach oben lenken, aber wenn man auf der Rückseite herumgeht und eine Holztür aufstößt, betritt man eine herrliche Gewölbekirche mit Säulen und Seitenflügeln.

Der Spaziergang war ein Vergnügen: überall Gänseblümchen, Traubenhyazinthen und Kirchenruinen. Es tat gut, die Muskeln zu strecken, die von den zwei Tagen Ritt ganz steif geworden waren. Der Wind trug Eselsgeschrei und Taubenrufe übers Land.

In Soganli traf ich Aydin beim Teetrinken mit einem Mann, der gerade zwei neue Räume in den Berg gegraben hatte. Die Wände waren noch weich und krümelig, und der Mann erklärte mir, daß der Fels ein Jahr brauchte, bis er ganz trocken und hart wäre. Bei seinen Grabarbeiten hatte ihm der Dorfspezialist geholfen. In jedem Dorf gibt es professionelle Höhlengräber, die ihr Wissen von ihren Vätern geerbt haben. Es ist eine Arbeit, die sehr hohes, fachliches Können erfordert, Bildhauerei von innen. Denn wenn irgendwo eine dünne Stelle in der Wand ist, wird diese von Regen und Schnee ausgewaschen. Die beiden Männer hatten sechs Monate dazu gebraucht, die zwei Räume mit einer Grundfläche von 70 Quadratmetern auszuhöhlen.

Die Fahrt zurück nach Ürgüp führte an Rebland und Obstgärten vorbei hinauf zu einer baumlosen, felsigen, vom Wind gepeitschten Hochebene in etwa 2700 m Höhe. Danach ging es wieder bergab durch zerklüftete, gezackte Felsen und kegelförmige Kamine. Eine zerfallene Karawanserei und Dörfer mit Moscheen, deren nadelspitze

Minarette den Blick anzogen, lagen am Weg. Zwischen den Dörfern erstreckten sich Zwiebel- und Knoblauchfelder, ich sah Tomaten, Auberginen, Paprika und Plantagen voll Aprikosen, Pfirsichen und Kirschen, allerdings noch sehr unreif.

In Mustafapaşa hielt Aydin und zeigte mir den Ort. Er erzählte, daß dies früher eine griechische Stadt gewesen sei, bis Atatürk die Griechen verjagen und Selonen dort ansiedeln ließ. Die hohen quadratischen Häuser mit ihren Fensterläden aus Holz und ihren handgeschmiedeten Eisengittern an den Balkonen machten einen wohlhabenderen Eindruck als die türkischen Häuser. Vermutlich waren die Griechen auch besser gestellt gewesen, denn die Feindschaft zwischen Türken und Griechen kam nicht zuletzt daher, daß die Griechen hart arbeiteten und reich wurden.

Wieder in Ürgüp, aß ich mit Aydin zu Abend, obwohl die Sonne noch nicht untergegangen war. Er sah sich dauernd nervös um, ob ihn ja kein Bekannter beobachtete. Er hatte den Ramadan nicht eingehalten, ich hatte ihn bereits Tee trinken und rauchen sehen, aber seiner Familie und seinen Freunden gegenüber verschwieg er das. Ein paar Männer betraten das Café und starrten auf unser Essen. Aydin erklärte, in einer Woche sei der Ramadan zu Ende. Hier in Ürgüp sei man weniger streng, da es ein Touristenort sei, aber in den meisten Städten müsse man unerbittlich fasten. Es war sogar schon vorgekommen, daß man jemanden, der in der Öffentlichkeit gegessen oder nur geraucht hatte, ausgepeitscht hatte.

Am nächsten Tag holte ich Beyaz erneut zum Ausreiten. Ich war spät dran, die Leute in der Stadt waren bereits auf den Beinen und grüßten: „Geht's wieder los?" „Wohin reiten Sie heute?" Ich antwortete einfach immer „Geziyorum!", das heißt: „Ich gehe spazieren." Kein Tal glich hier dem anderen, man konnte von dieser Landschaft einfach nie genug bekommen. In einem kahlen, hoch aufragenden Felsen in der Nähe von Çemil entdeckte ich ein Versteck und ein von den Griechen erbautes Kloster. Ein Felsüberhang hatte den Eingang verdeckt, und bei näherer Untersuchung bemerkte ich, daß der gesamte Fels wie eine Wabe durchlöchert war: Einer der Räume hatte einen Backofen für Brot, ein anderer einen großen Grill für Schafe, Haken für Suppenkessel und Kochtöpfe, und im rückwärtigen Raum fand ich an der Decke Haken aus Stein, an denen man beim Schlachten die Schafe aufgehängt hatte. Es gab eine Kirche mit herrlichen Fresken und einen Tunnel zu dem zwei Kilometer entfernten Çemil.

Solche Entdeckungen ließen jeden Tag zu einem Abenteuer werden. Trotzdem beschloß ich, Beyaz nicht zu kaufen, mein Herz sehnte sich nach noch mehr unentdeckter Wildnis. Reisen müssen sich aus sich selbst heraus entwickeln können, diese Reise brauchte noch einen weiteren Horizont und viele Kilometer Weges, um sich richtig zu entfalten und in die Tiefe zu gehen.

Geziyorum – ein ausgezeichnetes türkisches Wort für meine nächste Etappe. Ich wollte weiter in den Nordosten, ich hatte das Gefühl, das sei der aufregendste Teil der Türkei; deshalb nahm ich den Bus nach Erzurum, wo sich das anatolische Hochland in hohe vulkanische Gebirge auffaltet. Die Berge waren schneebedeckt, ein Regen-Schnee-Gemisch wirbelte vom Himmel herunter, und wir fuhren einem ständig weiterrückenden Regenbogen entgegen. Als ich einen Mitfahrenden nach der Höchstgeschwindigkeit des Busses fragte, antwortete dieser: „Höchstgeschwindigkeit? Ich glaube, das ist der Tod."

Erzurum war sehr vielversprechend. Aber als ich um 6 Uhr früh im Otogar, der Bushaltestelle, saß und heißen, süßen Tee schlürfte, wurde mir klar, daß ich zu früh hierhergekommen war. Die Berge, über die ich reiten wollte, trugen noch dicke Schneedecken, und außerdem war noch Ramadan. Ich würde schnell frieren und Hunger bekommen. In einer solchen Situation hilft es nichts, über seine schlechte Planung zu jammern, man muß etwas unternehmen!

Was ich tat, war, mit dem Bus zurückzufahren und eine Woche lang den Süden zu erkunden – an der heißen syrischen Grenze entlang und westlich durch die Küstenstädte der ehemaligen griechischen Kolonien. Das hatte ich zwar nicht geplant gehabt, aber ich war froh über meine Entscheidung und möchte diese zusätzlichen Erlebnisse nicht mehr missen: den heiligen Fischteich Abrahams in Urfa im oberen Tigrisbecken, die Suche nach den vergessenen Ruinen des Hafens von Kyme an der ägäischen Küste, oder den Derwisch mit Namen Ismail, der in Istanbul sein Englisch bei mir auffrischte.

Als ich nach Erzurum zurückkehrte, war es zwar immer noch einen Monat bis zum Sommeranfang in Ostanatolien, aber das gab mir die Gelegenheit, einen weiteren Abstecher über die Grenze in den Iran zu machen. Ein Visum hatte ich mir schon besorgt. Bis ich dann zurückkäme, wären sowohl der Winter wie auch der Ramadan vorüber.

Ehe ich Erzurum verließ, lernte ich eine junge Frau kennen. Sie hieß Sema. Ich hatte das Touristenbüro gesucht und, da mein Türkisch immer noch lückenhaft war, irrtümlich vor dem Landwirt-schaftsamt auf Einlaß gewartet. Es war Sema, die mich in bestem Englisch auf den richtigen Weg wies. Ich spürte sofort, daß ich mit ihr in dieser Stadt, die sich von allen anderen Orten im Osten am meisten unterschied, einen verwandten Geist gefunden hatte. Sema hatte eine verantwortungsvolle feste Anstellung im Landwirtschaftsministe-rium und ging nicht verschleiert, sie trug nicht einmal ein Kopftuch. Als ich ihr von meiner geplanten Reise in den Iran erzählte, warnte sie mich zwar, da der Iran keinen guten Ruf hatte, aber sie bot mir an, den Teil meines Gepäcks, den ich nicht mitnehmen wollte, bei sich aufzubewahren. Ich freute mich sehr darauf, sie wiederzusehen, wenn ich einen Monat später in die Türkei zurückkehren würde.

VON DER KASPIKÜSTE
ZUR SALZWÜSTE

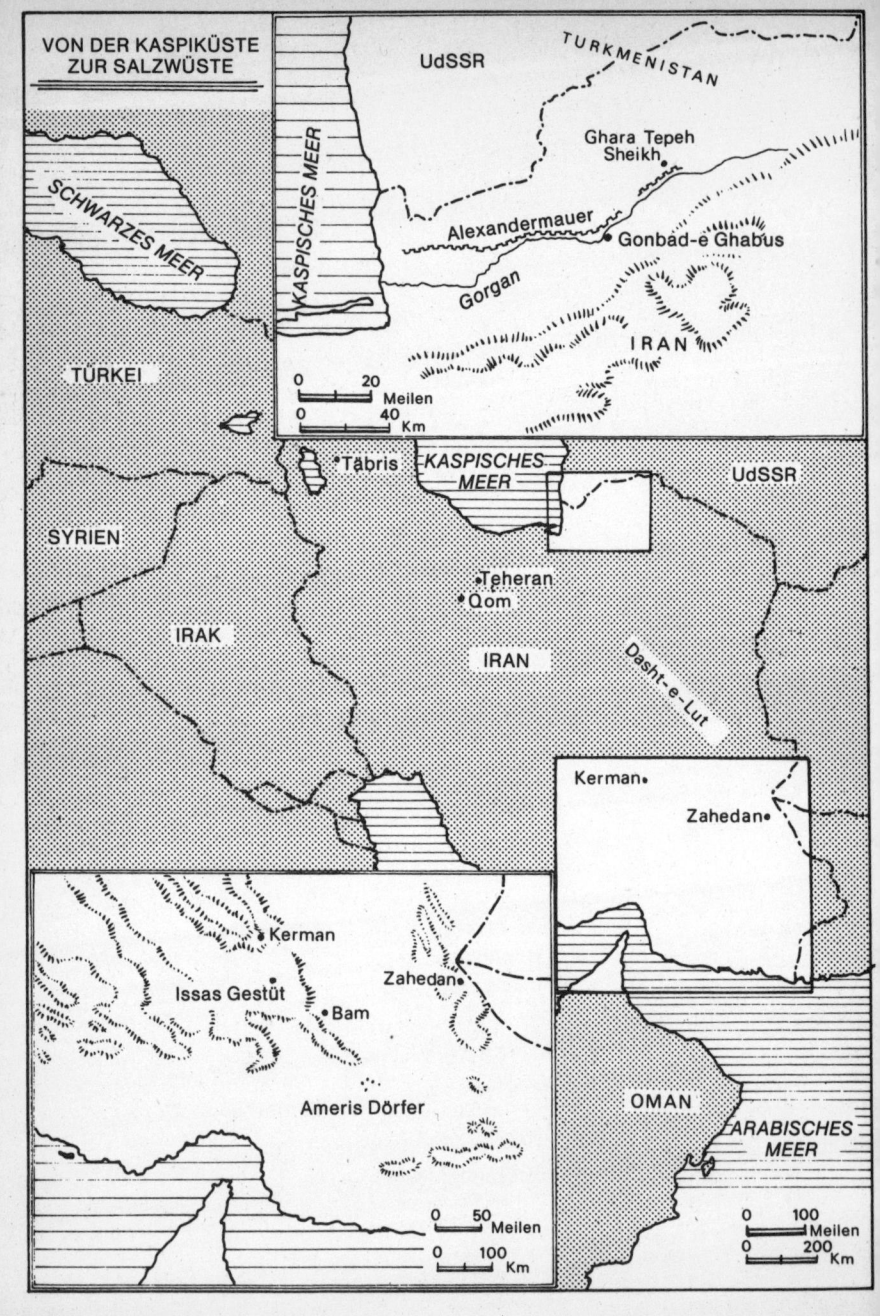

VON DER KASPIKÜSTE
ZUR SALZWÜSTE

SCHWARZES MEER

TÜRKEI

SYRIEN

IRAK

UdSSR

TURKMENISTAN

KASPISCHES MEER

Ghara Tepeh
Sheikh

Alexandermauer

Gorgan

Gonbad-e Ghabus

IRAN

0   20
Meilen
0   40
Km

Täbris

KASPISCHES
MEER

UdSSR

Teheran

Qom

IRAN

Dasht-e-Lut

Kerman

Zahedan

Kerman

Issas Gestüt

Zahedan

Bam

Ameris Dörfer

OMAN

ARABISCHES
MEER

0   50
Meilen
0   100
Km

0   100
Meilen
0   200
Km

Mißtrauischer Empfang im Iran

Ich fragte mich, was wohl der Unterschied zwischen dem Iran und der Türkei sei. Man hatte mich gewarnt, der Ramadan würde strikter eingehalten, und mir widersprüchliche Ratschläge darüber erteilt, ob man sich als Fremde in einen Tschador hüllen mußte oder nicht, diesen zeltartigen, alles verbergenden Überwurf, den die iranischen Frauen über ihrer Kleidung tragen, wenn sie ihr Haus verlassen. Einige sagten, ich müßte ganz sicher einen kaufen, andere meinten, ich würde damit verdächtig aussehen, so als wollte ich mich verkleiden. Ich zog deshalb eine langärmelige Bluse, lange Hosen und Sokken an und nahm für alle Fälle ein großes graubraunes Kopftuch mit.

Ich hatte ein Transitvisum für Iran, mußte also das Land an einem anderen Grenzübergang verlassen, als an dem, wo ich es betreten hatte. Die einzigen beiden offenen Übergänge waren Maku, von der Türkei aus, und Zahedan, nach Pakistan, das vereinfachte die Sache. Ich würde nach Pakistan fahren und mir dort ein neues Transitvisum für die Rückreise durch Iran ausstellen lassen. Dadurch hätte ich einen ganzen Monat für dieses Land, zwei Wochen Hinreise, zwei Wochen Rückreise. Ich nahm mir vor, meine Zeit nicht auf den Durchgangsstraßen zu vergeuden, sondern mir vier oder fünf Regionen auszusuchen, und dort jeweils eine Woche zu bleiben. Ich entschied mich für das Gebiet der Turkmenenstämme östlich von Gonbad-e Ghabus und dem Kaspischen Meer, denn dort lebten die einzigen Kontaktpersonen, die ich in Iran hatte; weiter für die Täler der Assassinen südlich des Kaspischen Meeres, für Kurdistan, für die Umgebung von Schiras, Persepolis und das Zentrum der Qashga'i-Stämme in Firuzabad sowie für die südliche Wüstenregion um Kerman und Bam. So bekäme ich einen guten Eindruck vom Leben in Iran und würde gleichzeitig den Kriegsgebieten fernbleiben, denn ich halte nichts davon, Schwierigkeiten zu suchen, es tauchen auch so schon während einer normalen Reise genügend auf. Und die Reaktionen der Leute, wenn sie von meinem Plan hörten, allein als westliche Frau Iran zu bereisen, ließen mir das Risiko ohnehin groß genug erscheinen.

Schon an der Grenzstation war eine ziemlich unfreundliche Atmosphäre zu spüren, ich setzte deshalb mein Kopftuch auf. Alle anderen Frauen waren in Tschadors gehüllt, die nur Augen und Nase freigaben. Bis zur iranischen Seite des Grenzüberganges mußte man ein paar Kilometer zu Fuß gehen. Auf der Straße lag so tiefer Schlamm, daß ich feuchte Socken bekam. Aber schon nach kurzer Zeit saß ich in einem Straßenarbeiterwagen, trank verbotenerweise Tee und versuchte herauszufinden, ob es Busse gab, die in meine Richtung fuhren.

Von der nahegelegenen Stadt Maku aus gab es Busverbindungen nach Täbris und Teheran. Täbris interessierte mich zu diesem Zeitpunkt noch nicht, ich würde auf meiner Rückreise dort Station machen. Also kaufte ich eine Fahrkarte für den nächsten Bus nach Teheran, aber bis zur Abfahrt hatte ich noch fünf Stunden Zeit. Ich benutzte sie, um nach der berühmten Höhle zu suchen, die angeblich dreitausend Menschen fassen kann.

Maku liegt in einem engen Tal zwischen hohen Felswänden mit jeder Menge Höhlen. Ich wanderte hinter der Stadt durch die Felsen und entdeckte gegen Mittag ein hübsches Plätzchen für mein Picknick. Aber es erschienen dauernd Leute, starrten mich an und fragten, was ich mache. Ich bekam allmählich das Gefühl, als würde ich in einen heimlichen Esser verwandelt.

Nomadenfrauen in bunten langen Kleidern mit Stirnbändern und goldglitzernden Kopftüchern gingen vorüber, ein erfreulicher Kontrast zu all den schwarzverhüllten Nebelkrähen. Diese Vögel waren mir vermutlich deshalb eingefallen, weil die Frauen ihren Überhang über der Stirn so vorstehen ließen, daß es aussah wie ein großer Schnabel, und beim Gehen flatterte das unförmige Tuch an den Seiten wie große Flügel. Meist tragen sie ihre Einkaufstaschen unter dem Tschador, und wenn sie beide Hände brauchen, halten sie ihn vorne mit den Zähnen zusammen.

Unser Bus fuhr pünktlich ab. Die Straße lief durch das enge Tal von Maku, das sich allmählich zwischen herrlichen Bergen weitete. Dicke rote Felsen ragten aus einer steinigen, von Frühlingsblumen übersäten Wüste. Wir fuhren durch einen Schneesturm, große nasse Flocken wirbelten um den Bus, und einige Augenblicke später stiegen hohe Windhosen auf. Es gab ein paar kleine Weiler aus Lehmhäusern mit Flachdächern, in denen Halbnomaden wohnten. Ihre Schafe, Ziegen und Pferde grasten in der Nähe.

Geographisch ist dies ein Korridor zwischen dem Sagrosgebirge, das in parallelen Ketten vielfältig aufgegliedert durch den Westen Irans verläuft, und dem Elburs-Gebirge, das im Bogen an der Südküste des Kaspischen Meeres liegt. Das Innere Irans besteht aus einem dreieckigen Hochplateaubecken, dessen Form noch daran erinnert, daß es einmal der Boden eines Meeres war.

Zwar schwemmen aus den umliegenden Bergen die Flüsse fruchtbares Erdreich in die Wüste herunter, aber nach dem schmalen Bogen bebaubaren Schwemmlandes kommen nur noch riesige Trockenwüsten aus Sand und Salz. Vor dreitausend Jahren drangen kriegerische Horden auf der Suche nach neuen Weiden für ihre Herden in die urbaren Teile der Zentralasiatischen Steppen ein. Neue Mächte entstanden und vergingen, doch Iran hat im allgemeinen seine Eroberer absorbiert wie ein großer Schwamm, der Kulturen aufsaugt und ihnen eine neue Form gibt.

Die Gegend, in die ich fahren wollte, ist landschaftlich nicht typisch für Iran. Sie liegt am südöstlichen Ufer des Kaspischen Meeres: das Hinterland vor der Grenze zur Sowjetunion. Es ist eine turkmenische Enklave, eine Steppe mit einzelnen, darin verstreuten Berggruppen. Keine großen Handelsstraßen führten dorthin, keine großen Forscher durchreisten diesen Landstrich, er scheint verloren und vergessen. Genau das Richtige für mich.

Inzwischen jedoch mußte der Bus sehr oft an militärischen Straßensperren anhalten und warten, während Soldaten einstiegen, um Passagiere und Gepäck zu kontrollieren. Sie schienen sich nicht für mich zu interessieren; ich war auch gar nicht beunruhigt, denn man hatte mir gesagt, Soldaten und Polizei seien normalerweise verständig und hilfsbereit, nur die Revolutionsgardisten machten Schwierigkeiten. Aber diese seien leicht zu erkennen, da die meisten Bärte trügen. Manchmal stoppten Soldaten unterwegs den Bus und verlangten, daß man Platz freimachte für Verwundete mit blutbefleckten Bandagen. Das rief einem jedesmal ernüchternd ins Gedächtnis, daß der Krieg zwischen Irak und Iran nun schon sieben Jahre dauerte.

In einer Lastwagenraststätte, an der wir anhielten, um zu Abend zu essen, konnte ich die Speisekarte nicht lesen, sie war in Farsi geschrieben. Ich ging deshalb in die Küche, und zeigte auf etwas Reis und

Kebab, aber ich vermochte auch das Geld nicht zu lesen, das ich dafür bezahlen sollte. Wieder draußen, konnte ich sogar meinen Bus nicht wiederfinden, weil alle Richtungen in Farsi angeschrieben waren. Zum Glück stand auf einigen Schildern die Übersetzung in unserem Alphabet. Auf einem großen Anschlagbrett las ich „Down with America", illustriert von blutrünstigen Darstellungen dessen, was Kämpfer mit ihren Bajonetten Amerika anzutun gedenken. Meine Mitreisenden fragten, aus welchem Land ich käme. Es war mir unangenehm, antworten zu müssen, ich sei aus England, denn auch das ist hier nicht beliebt, deshalb fügte ich hinzu, daß ich zehn Jahre in Afrika gelebt hätte.

Dann entdeckte ich einige der nützlichen Seiten eines Kopftuches oder Tschadors: es schützte mein Gesicht vor Staub, mich selbst vor Blicken, und wenn ich schlafen wollte, konnte ich meine Augen damit zudecken.

Um sechs Uhr früh erreichten wir Teheran, gerade rechtzeitig für mich, um den Frühbus nach dem neun Stunden entfernten Gonbad-e Ghabus zu bekommen. Die Straße führt an einem Berg mit Namen Damavand vorbei. Nach der Legende sitzt in diesem Berg ein Riese gefangen, der mit einem Auge in die Vergangenheit und mit dem anderen in die Zukunft schaut. Schneewehen lagen neben der Straße, als wir ins Elburs-Gebirge hinauffuhren, in Richtung auf das Kaspische Meer. Lotrecht aufragende Felswände zeigten die Verwerfungen und Windungen der verschiedenen Felsschichten. Die Leitplanken entlang der Straße waren aus ihren Verankerungen gerissen und lagen am Fuß der Abhänge verstreut neben zerborstenen Fahrzeugen. Ich erblickte eine ehemalige Burg der Assassinen, ein Volk, das einst von den Karawanen, die diese Route benutzten, Wegzoll forderte oder sie kurzerhand ausraubte. Die Mauern sahen noch intakt aus, die Burg thronte auf einem Felskegel auf halbem Weg talaufwärts. Während der Fahrt vom Hochland hinunter zu dem Binnenmeer, das etwa 20 Meter „unterhalb des Meeresspiegels" liegt, änderte sich schlagartig die Landschaft: auf die kahlen, ausgetrockneten Berge folgten plötzlich dschungelartiger Baumwuchs, Reisfelder, Wasserbüffel, üppiges Grün und gelbe Schwertlilien. Die Luft wurde heiß und feucht. Aber ich wagte nicht, meine Ärmel hochzukrempeln, denn mein Nachbar hatte mich bereits gerügt, weil ich keinen Tschador trug.

Wir fuhren am Kaspischen Meer entlang. Das Wasser konnte ich von der Straße aus kaum sehen, die Ufer waren schlammig. Fischer verkauften an der Straße Stör, und ich bemerkte in der Nähe eine Kaviarfabrik. Einheimische Stammesfrauen hatte Stände am Straßenrand aufgestellt, um den Vorbeifahrenden ihre Waren anzubieten: Körbe, Holzlöffel, Krüge und Schmuck. Aber man wurde immer auch an den Krieg erinnert. Einmal kamen wir durch eine Stadt, die mit Fotos ihrer im Krieg gefallenen Männer dekoriert war – Kriegsfreiwillige – die ganze Hauptstraße entlang. Viele sahen aus wie Kinder. Trotz Ramadan hatte ein Café in dieser Straße geöffnet, aber die Fenster waren mit Zeitungspapier zugeklebt, damit man nicht sehen konnte, wer sich drinnen aufhielt.

Lange ehe wir in Gonbad-e Ghabus ankamen, konnte ich schon von weitem das Turmgrab sehen, nach dem die Stadt benannt ist: das Grab des Ghabus. Robert Byron, dieser gewandte und gelehrte Reisende aus den dreißiger Jahren, beschrieb es als eines der vier schönsten Bauwerke Irans. Der Leichnam von König Ghabus (oder Qabus) wurde im Inneren dieses riesigen, bleistiftartigen Ziegelbaues senkrecht in einem Glassarg aufgehängt. Er wurde wegen seiner Güte und Weisheit sehr verehrt, wurde jedoch von seinem Sohn umgebracht. Seit Robert Byrons Besuch sind die Ziegelmauern nicht mehr so makellos, die Kugeln einer Schlacht vor sechs Jahren während der Revolution, als die Konterrevolutionäre die Stadt einnahmen, haben sie pockenartig mit Einschußlöchern übersät.

Nach Gonbad war ich zum einen deshalb gefahren, weil ich mir das berühmte Grabmal ansehen wollte, zum anderen, weil es die Stadt war, die der Ranch von Narcy und Louise Firouz am nächsten lag. Ich hatte von einer Londoner Freundin, die im Iran geboren war, ein Empfehlungsschreiben für die beiden mitbekommen. Ich fand auch die Straße, die zu ihrem Dorf Ghara Tepeh Sheikh führte, und konnte ein Auto anhalten, das mich mitnehmen wollte. Aber als ich im Begriff war, einzusteigen, tauchte hinter uns mit heulender Sirene ein Kleinbus auf und hielt mit quietschenden Bremsen an. Bärtige Männer packten mich an den Armen, stießen mich in ihren Wagen, warfen meinen Rucksack zu mir herein und fuhren mit immer noch heulenden Sirenen zum Hauptquartier der Revolutionsgarden.

Wir parkten in einem Gefängnishof, und ich wurde zu den Zellen hinübergezerrt. Meine Proteste und mein Widerstand wurden mit Roheiten erwidert, die Wachen stießen mich vorwärts auf ein Zellengitter zu und schlossen auf.

Drinnen herrschte dämmriges Licht, das durch ein vergittertes Fenster hereinfiel. Es war eine winzige Zelle mit vier schmutzigen Stockbetten an den Wänden. Sie waren schon von drei Frauen besetzt, die sich ängstlich zusammenkauerten. Jede Faser meines Körpers schrie NEIN, aber alles ging so schnell, daß ich nicht wußte, wie ich reagieren sollte. Doch gleichgültig welche Strafe mich erwartete, in diese Zelle würde ich nicht hineingehen. Wenn man einmal hier drin war, wäre man bestimmt sehr leicht und sehr schnell vergessen.

„Schuhe ausziehen", bedeutete mir der Wächter, ich sollte meine Sandalen draußen lassen.

„Sagen Sie mir zuerst, was ich Unrechtes getan habe", erwiderte ich.

„Nein, Schuhe ausziehen", fauchte er zurück. Ich bückte mich und öffnete eine Sandale, dann kam ich hoch und verlangte den Chef zu sprechen. „Nein", schrie er, „Schuhe ausziehen." Ich zog eine Sandale aus und wollte erneut protestieren, er schimpfte zur Antwort in Farsi. So zog ich die Sandale wieder an und die andere dafür aus. Dazwischen versuchte ich immer wieder, mit ihm zu sprechen. Ich wollte Zeit schinden und hoffte, daß uns irgend jemand aus einem der Bürofenster heraus beobachten und einschreiten würde.

Achtmal gelang es mir, einen Schuh aus- und den anderen wieder anzuziehen! Dann, als der Wächter gerade die Fassung verlieren wollte, erschien ein Offizier und rief uns zurück in den Gefängnishof. Dort durchsuchten sie meine Tasche und konfiszierten meinen Paß und das Farsi-Wörterheft, das ich für mich angefangen hatte. (Es war nicht möglich gewesen, ein Farsi-Wörterbuch in unserer Schrift aufzutreiben, deshalb hatte ich mir ein Schulheft besorgt und begonnen, mir selbst eins anzulegen.)

„Das ist nichts Verbotenes", erklärte ich, „sehen Sie, es sind Wörter wie Vater, Mutter, Haus, Dorf." Aber der Offizier konnte mit dieser Schreibweise nichts anfangen, und er schien zu glauben, ich lüge ihn an. Er sprach kein Englisch, keiner von ihnen kannte mehr als „nein" und „Schuhe ausziehen". Und ich konnte ohne mein Wörterheft kein Wort Farsi. Sie sperrten mich in eine Einzelzelle am Ende einer ganzen Zellenreihe und ließen mich vier Stunden lang schmoren. Ich war in Aufruhr, schwankte zwischen Verwirrung und Ärger bis hin zur Verzweiflung. Es gab eine kurze Unterbrechung, als ein Wächter hereinkam, mir aber nicht sagen wollte, weshalb ich festgehalten wurde. Auch meine Bitte, meinen Botschafter anrufen zu dürfen, lehnte er ab. Die Engländer hatten zwar keine Botschaft mehr in Iran, aber ich wußte, daß die schwedische Botschaft sich um englische Angelegenheiten kümmerte. Ich schien überhaupt keine Rechte zu haben.

Später kam ein anderer Wächter mit Gefangenenkleidung herein. Er verlangte, daß ich das anziehe, aber ich lehnte höflich ab und machte ihm klar, daß ich nicht bleiben wollte. Er schlug die Tür zu, schloß ab und ließ mich erneut schmoren.

Diesmal wurde ich aktiv. Ich sprach durch das Gitter hinüber zu den anderen Zellen und fand eine Gefangene, die ein bißchen Englisch konnte. Ich erklärte ihr, daß sie, sobald sich eine Gelegenheit ergeben würde, in meinem Auftrag fragen solle, warum ich in Haft sei. Draußen wurde es langsam dunkel.

Moskitoschwärme drängten herein. Es war Zeit fürs Abendessen: Brot und Suppe. Ich weigerte mich zu essen, da fragten mich die Männer in der Nebenzelle, ob es mir etwas ausmachen würde, wenn ich ihnen mein Essen geben würde. Also schob ich die Schüssel unter ihrem Gitter durch.

Das war mein Empfang in Iran.

Dann durften alle männlichen Gefangenen in den Gefängnishof, um sich Bewegung zu verschaffen. Einige uniformierte Männer standen an einer Seite, und ich drängte meine Englisch sprechende Verbündete: „Jetzt, fragen Sie bitte."

Das Ergebnis war, daß ich zum Verhör hinausgeführt wurde, mit meiner Verbündeten als Dolmetscherin, und endlich stellte sich heraus, worin das Problem bestand. Als ich in Iran eingereist war, hatte die Grenzpolizei auf ein gesondertes Blatt meiner Einreiseunterlagen einen Stempel gedrückt. Die Revolutionsgardisten hier hatten den Polizeistempel entdeckt und geglaubt, ich hätte Schwierigkeiten mit der Polizei. Der Offizier fuchtelte mit dem Papier vor mir herum, ich erklärte ihm daß es eine Grenzformalität sei, und plötzlich begannen sie zu lachen. Meine Verhaftung war ein Versehen. Sie entschuldigten sich und baten mich, nicht schlecht von Iran zu denken. Ob ich etwas Tee und süßes Gebäck haben wolle?

Ehe sie mich freiließen, sagten sie mir, es sei klüger einen Tschador zu tragen oder aber einen „mantau", das ist ein Tuchmantel mit Knopfverschluß an Handgelenken und Hals, der weit über die Knie fällt. Andere bärtige Wächter brachten mich zu einem Hotel und wiesen den Direktor an – so, als ob sie mich immer noch für eine Verbrecherin hielten – sie sofort anzurufen, falls ich versuchen sollte, wegzugehen. Das verstand ich nicht unter „entlassen". Mein Zimmer sah auch fast wie eine Zelle aus, und die ganze Nacht plagten mich Moskitos.

Früh am nächsten Morgen erreichte ich mit vielen Erklärungen, daß ich das Hotel verlassen konnte, um Brot zu kaufen; mein Gepäck ließ ich als Pfand zurück. Aber es war kein Brot aufzutreiben, es war Ramadan. Es gab noch einmal eine heftige Diskussion, als ich aus dem Hotel auszog, aber dann stürmte ich wütend davon, und niemand folgte mir. Ich konnte einen Wagen anhalten, der mich aufs Land hinaus mitnahm, zum Dorf meiner Freunde. Nach etwa dreißig Kilometern wurde ich abgesetzt, fand aber sofort ein anderes Auto – und wurde an einem befestigten Außenposten der Revolutionsgarden gestoppt.

„Gonbad, rufen Sie Gonbad an", sagte ich immer wieder und zeigte mich ungehalten. Sie durchsuchten mein Gepäck Stück für Stück, dann ließen sie mich gehen. Ich befand mich in einer Ebene voller Steppengras, dazwischen hatte man Weizenfelder angelegt, vereinzelt erhoben sich niedrige, oben abgeflachte Hügel aus der Steppe, die aussahen, als lägen darunter Festungen oder Siedlungen vergraben. In der Landessprache heißen diese Erdhügel „tepeh". In der ganzen Region wurde bislang noch sehr wenig ausgegraben. Die letzten zehn Kilometer bis zum Dorf führten über einen zerfurchten Feldweg. Eine ziemlich abgelegene Gegend, um mit seiner Familie hier zu leben!

Kaspische Kleinpferde und die Alexandermauer

Roshan Reddaway, meine iranische Freundin in London, hatte mir versichert, ich würde ihre Mutter bestimmt sehr sympathisch finden. Louise ist Amerikanerin, sie ging 1957 als Braut nach Iran und lebt seitdem dort. Sie und ihr Mann, Narcy Firouz, sind Viehzüchter; ich fand ihre Scheune direkt am Dorfrand von Ghara Tepeh Sheikh.

Roshan war auch da, sie verbrachte gerade mit ihrem Söhnchen Alex hier die Ferien und stellte mich ihren Eltern Louise und Narcy vor. Ich wurde herzlich begrüßt, es gab Tee in der „talar", einer strohgedeckten Bambusveranda auf Pfosten, rundum offen, damit frische Luft durchziehen konnte, und innen ganz mit turkmenischen Filzteppichen ausgelegt. Auf dem Boden stand eine Schale voller Rosen. Es war sehr angenehm, dort zu sitzen, Tee zu trinken und genüßlich Brot mit Honig zu knabbern.

Es gab nur dieses Freiluft-Wohnzimmer, kein Wohnhaus. Wenn es regnete, zog man sich in ein Zimmer am Ende der Pferdeställe zurück. Kein Strom, kein Eisschrank, kein fließend Wasser. Vom nahegelegenen Fluß leitete man Wasser in eine kleine runde Zisterne, aus der die Pferde tranken und die gleichzeitig für Alex als Planschbecken diente. Er behauptete, er hätte einen zahmen Walfisch darin. Für das Trinkwasser verfügten sie über einen separaten Tank, in dem sich Verunreinigungen absetzen konnten. Louise und Narcy wohnen schon vierzehn Jahre hier, dieses selbstgenügsame Leben bereitet ihnen keinerlei Schwierigkeiten. Sie bebauen ein Ar Ackerland und züchten ein paar Pferde.

Der Tee hatte mir gutgetan, und ich brach mit Roshan zu einem Ritt über die Hochebene auf. Die Weizenfelder standen mitten in der Reifezeit, ihr Grün ging in goldenes Hellbraun über. Tiefe, rißartige Schluchten zerschnitten die Ebene, aber man sah sie erst, wenn man direkt vor dem Abgrund stand. Wir ritten einen Nebenfluß entlang und dann auf der anderen Seite der Wasserscheide hinunter.

Mein Pferd war eine turkmenische Halbblut-Stute. Louise hatte sie von einer Sesamölpresse losgekauft, wo das arme Tier immer und immer im Kreis gehen mußte, um die Presse zu betätigen. Die Stute war leicht reizbar, aber trotzdem gut zu führen. Wir wateten durch einen seichten Bach, braune Frösche mit leuchtend grün gestreiftem Rücken sprangen rechts und links zur Seite. Am Ufer wuchsen junge Baumwollpflanzen. Zwischen einer Herde von Fettschwanzschafen in einem turkmenischen Dorf sah ich Truthennen herumspazieren. Man setzt sie hier zum Ausbrüten der Enteneier ein, da Enten oft schlechte Brüter sind.

Die Turkmenen sind ein Halbnomadenstamm, der aus den Zentralasiatischen Steppen stammt, ursprünglich Nomadenkrieger und Pferdezüchter. Ihr Land, Turkmenistan, wurde 1881 von den Russen annektiert, auch jetzt lebt der größte Teil dieses Volkes in Rußland. Manche Männer trugen Pelzkappen, an denen rechts und links eine Ringellocke aus Schafwolle herunterbaumelte und das flache, schlitzäugige Gesicht einrahmte. Die turkmenischen Frauen tragen keinen Tschador, nur Kopftücher. In einem anderen Dorf sah ich Frauen in knielangen Kaftanen aus Rohseide mit besticktem Halsausschnitt und andersfarbigem Innenfutter. Unter ihren Kaftanen trugen sie Baumwollhosen mit Blumenmuster, an der Taille stark gerafft und am Saum, der unter dem Kaftan herausschaute, mit reich bestickten Stoffstreifen besetzt. Der hübscheste Frauenkaftan, den ich entdeckte, hatte an der Seite mit Silbermedaillons geschmückte Borten und war mit Broschen, Ketten und Knöpfen besetzt.

Ziel unseres Ausfluges war ein turkmenisches Dorf, das für seine Rennpferde berühmt ist. Die typischen turkmenischen Rennpferde haben einen langen Rücken und eine Stockhöhe (Schulterhöhe) von 1,52 bis 1,54 m. Einer der drei Vorfahren des Vollbluts ist der Byerley-Turkmenier. Die Kraft und Ausdauer turkmenischer Rennpferde ist legendär, denn bis vor kurzem wurden sie zu langen Raubzügen von bis über 200 Kilometern in fremdes Gebiet hinein benutzt. Kraft und Ausdauer waren für schnelles Entkommen unerläßlich. Die Pferde sollen manchmal sogar mit Fleisch gefüttert worden sein. Angeblich umfaßte ihr Training Galoppstrecken von hundert Kilometern, und wenn das Pferd nach einem solchen Ritt Wasser trinken mußte, war es kein gutes Pferd. Diese Tiere haben sich der Trockenheit angepaßt, sie brauchen sehr wenig Wasser. Als ich sie besuchte, war es Frühling, und es gab Gras im Überfluß.

Filzdecken sind eine andere Spezialität der turkmenischen Pferdezüchter. Die meisten Pferde, die ich sah, waren damit eingehüllt. Es kam mir komisch vor, im Sommer einem Pferd eine Decke aufzulegen. Aber die Leute versicherten mir, dies sei bei den Turkmenen Tradition, und viele dicke Lagen Filz würden das Pferd vor der Sommerhitze schützen. Beim Reiten schwitzen die Pferde darunter leichter, die Feuchtigkeit wird aufgesogen und wirkt dann bei der leichtesten Brise kühlend. Auch bleibt das Pferd schlank dabei, weil es das Fett herunterschwitzt. Und die Decken unter dem Bauch des Tieres bewahren es davor, von Fliegen gequält zu werden.

Wir sahen zu, wie die Filzdecken hergestellt wurden. Zwei Mädchen schlugen Schafwolle mit langen Stöcken, um sie aufzubrechen. Dann preßte man sie in flache längliche Stücke und legte diese wie eine Decke aus, schwarze und weiße Wolle vermischt, um eine Art Muster zu erhalten. Dann wurde kochendes Wasser auf die Wolle gegossen, und die Mädchen preßten sie mit ihren Unterarmen zu einem kompakten Filz zusammen.

Als wir nach Ghara Tepeh Sheikh zurückkehrten, wurden wir im Dorf zum Tee eingeladen – eine ganz besondere Geste –, denn die Dorfbewohner mochten den blonden kleinen Alex gern, und er war mit seiner Mutter Roshan ja nur zehn Tage zu Besuch. Die Einladung führte uns in ein kleines Bauernhaus zu einer Frau, die drei Töchter hatte und der Verwandte aus dem Dorf noch einen Sohn dazugegeben hatten. Die älteste Tochter war sehr hübsch, mit einem ovalen Gesicht und schrägen Mandelaugen. Sie saß an einem horizontalen Webrahmen am Boden und arbeitete an einem Teppich in der hier üblichen persischen Knüpftechnik. Ein Mädchen knüpfte einen Gebetsteppich und die dritte einen Bezug für die Sitzkissen im traditionellen rot-schwarzen Muster. Eine der fertigen Brücken zeigte das Motiv von Gonbad-e Ghabus.

Die Mädchen kannten die Muster auswendig, sie identifizierten sich derart mit ihrem Handwerk, daß man den Eindruck hatte, sie webten ihre Stimmungen und Gedanken in den Teppich hinein. Ihre Finger waren erstaunlich flink; ich hatte gehört, daß eine durchschnittliche Teppichknüpferin 8000 Knoten am Tag schafft. Eine armenische Frau soll mit 19 000 Knoten den Weltrekord halten. Zwischendurch schlugen die Mädchen die Knoten mit einem Holzkamm fest, und jeweils nach ein paar Reihen wurde der Flor kurzgeschoren. Ich habe nie verstehen können, warum Touristen so gerne Teppiche und

Brücken von ihren Reisen mitbringen. Aber hier merkte ich, daß sie etwas Besonderes sind. Es sind Statussymbole, an ihrer Zahl und ihrer Qualität kann man den Reichtum und das Ansehen ihrer Besitzer ablesen. Und ein Sprichwort der Nomaden hier lautet: „Wo dein Teppich liegt, ist dein Zuhause."

Roshan sagte mir, die Dorfbewohner sprächen Farsi mit amerikanischem Akzent – unter sich redeten sie Turkmenisch und mit Louise Farsi! Wir bekamen Tee nachgeschenkt, man hat keinen Löffel, nimmt vielmehr das Zuckerstück in den Mund und trinkt den Tee darüber.

Die Dorfbewohner glauben an Dschinns, gute und böse Geister. In jedem Haus gibt es Dschinns; sie sind erwachsen und können selbst auf sich aufpassen, aber ihre Kleinen sind verletzlich. Wenn man versehentlich ein Dschinn-Baby tötet, kommt man in Schwierigkeiten. Ich beobachtete, wie eine Frau heißen Tee aus der Tür schüttete und dabei „bis-mi-lah" (was soviel heißt wie „in Gottes Namen") murmelte, damit den Dschinn-Jungen nichts passiert. Die meisten Iraner sagen außerdem „Masallah", um sich vor dem bösen Blick zu schützen, ähnlich wie wir auf Holz klopfen. Ich mußte diese einheimischen Bräuche einhalten, die Frauen brachten sie mir bei, denn nur so konnte ich mich richtig verhalten und nicht durch Unwissenheit Schwierigkeiten heraufbeschwören oder gar ein Unglück verursachen.

Auf dem Weg nach Hause hielten wir bei einem Mann, um ihn zu begrüßen. Er hatte kurz zuvor seine Schafe in die Berge gebracht und stellte gerade sein „alachekh" am Rande des Dorfes auf. Ein „alachekh" ist ein Zelt. Als die ersten Reisenden aus Zentralasien das Wort „Yurte" mitbrachten, verstanden sie dessen Bedeutung falsch: „yurt" ist der Boden, auf dem ein „alachekh" aufgeschlagen wird.

Frauen und Mädchen befestigten das Untergerüst aus Stöcken im gleichen Muster, wie ich es schon bei den Kasaken in Nordwestchina gesehen hatte. Sie banden alles mit Schnur zusammen und legten über das Gestell mehrere Lagen Filz, der „von Natur aus" wasserabstoßend ist. Oben an der Spitze ließen sie ein Loch als Rauchabzug. Eine Rußschicht schützte die Zeltstöcke vor der Verrottung und schien sie gleichzeitig zu versteifen. Die Frauen in ihren farbenfrohen Kleidern und den vielen lose übereinandergeschlungenen Hals- und Kopftüchern hoben sich prächtig gegen die verrußten, staubigen Filzdecken ab. Sie drapieren ihre Kopftücher über einen Pappring, eine Sitte, die vielleicht dadurch entstanden ist, daß man gemerkt hat, wie gut es dem Haar tut, wenn es atmen kann.

Die Pferde waren noch auf der Weide, als wir nach Hause kamen. An der „talar" angebunden stand ein kleines Pferd, nur 1,12 m hoch, aber mit vollkommenen Proportionen. Louise erklärte mir, es sei ein kaspisches Pony, eine frühe Kleinpferdrasse, die 1500 Jahre lang so gut wie ausgestorben gewesen sei. Manche sehen in ihm das fehlende Glied in der Entwicklung des Pferdes, die Rasse ist sehr viel älter als die frühen Araberpferde.

Louise erzählte mir zwar nicht gleich die ganze Geschichte, aber im Laufe unserer Freundschaft konnte ich sie mir zusammenreimen. Sie hatte diese Rasse, die zur Zeit der Sassaniden verschwand, wieder aufleben lassen. Es ist auch heute noch möglich, daß eine gewöhnliche Stute ein Fohlen wirft, das genetisch einen Rückfall in frühere Zeiten darstellt und in Proportionen und Eigenschaften dem kaspischen Kleinpferd der Achämeniden gleicht, das auf den Wänden des Großen Palastes von Darius in Persepolis abgebildet ist. Auf einem dreisprachigen Siegel ist sogar ein Paar dieser Pferde zu sehen, die seinen Jagdwagen ziehen. Aufgrund der Knochen, die Louise zu Gesicht bekam, schätzt sie, daß die typischen Kaspier etwa 1,10 m Stockhöhe maßen, einige sogar nur 92 cm, also nicht einmal einen Meter Schulterhöhe hatten.

Am nächsten Morgen ritten Louise und ich nordwestlich auf die russische Grenze zu, und sie erzählte mir unterwegs, wie sie die Kaspier entdeckt hatte. Als sie 1965 nach Ponys für ihre Kinder suchte, weil man in Iran normalerweise nur die Wahl zwischen störrischen Eseln und feurigen Hochlandhengsten hat, kam sie über das Elburs-Gebirge bis ans Kaspische Meer. Dort hatte sie früher schon einmal ein Pferd in Ponygröße gesehen. In dem fruchtbaren Tiefland zwischen Meer und Gebirge fand sie einen kleinen, rotbraunen Hengst, und je länger sie ihn anschaute, desto größer wurde ihr Erstaunen. Er sah nicht aus wie ein Pony, er hatte die gleichen Proportionen wie ein normales Pferd. Ein Pony ist anders gebaut, es ist etwas massiver und robuster, der Körper ist dicker, und die Beine sind kürzer. Auf einem Foto ohne die Möglichkeit eines Größenvergleichs kann man nur schwer erkennen, daß der Kaspier kein normalgroßes Pferd ist. In der Nähe eines Dorfes, im Schilfmoor, traf Louise sogar auf einen noch kleineren, kastanienfarbigen Hengst, also war der zuerst entdeckte keine Ausnahmeerscheinung.

„Kaspische Pferde sind in der Wildnis leicht auszumachen, auch auf größere Entfernung", erklärte Louise, „an der Art, wie sie traben. Sie bewegen sich eher wie Wild als wie ein Pferd. Das liegt an ihrer berühmten Sprungkraft. Aber ungezähmt sind sie heimtückisch, treten mit den Vorderbeinen, schlagen aus und beißen. Trotzdem sind sie nicht schwer zu zähmen, und da sie intelligent sind, lernen sie schnell." Louise hatte vor zwanzig Jahren mit einer kleinen Herde begonnen. Manchmal schien es ein vergebliches Unterfangen, denn jedes Jahr wurde die ohnehin kleine Zahl durch Futtermangel und Krankheiten reduziert. Aber was einst damit begonnen hatte, daß sie Ponys für Kinder suchte, bekam für sie mit der Zeit eine anhaltende Faszination.

Louise stellte fest, daß die kaspische Rasse stark war und sie beim Züchten eine hohe Erfolgsrate erzielte. Die größte Anzahl, die ihre Herde erreichte, waren 30 Pferde. Sie war bemüht, die Rasse international bekanntzumachen und schenkte Seiner Hoheit Prinz Philip anläßlich seines Iranbesuches zur 2500-Jahr-Feier des Landes eine Stute und einen Hengst. Inzwischen gibt es in England, Australien, Neuseeland, Kanada und den USA Gestüte, die kaspische Pferde züchten. Aber der typische Kaspier verändert sich, wenn er im Ausland mit anderer Nahrung, anderen Mineralien, aufgezogen wird. Wenn die Pferde für kurze, schnelle Rennen eingesetzt werden, stellt man außerdem etwas andere Anforderungen an die Zucht, daher ist außerhalb Irans die Reinheit nicht immer gewährleistet.

Es ist nicht die einzige Kleinpferdrasse auf der Welt. Meine Mutter, die in China aufwuchs, besaß einmal ein Szetschuan-Miniaturpferd, und es gibt noch ein paar andere. Obwohl die kaspische Rasse jetzt wieder gepflegt wird, ist sie erneut vom Aussterben bedroht. Bei Beginn der Revolution vor sieben Jahren verlor Louise den größten Teil ihrer Herde, weil das Zuchtprogramm, das sie durch den Iranischen Pferdezuchtverband ins Leben gerufen hatte, nicht weiterverfolgt wurde. Privater Pferdebesitz wurde verboten, alle Pferde gingen in den Besitz des Staates über, und die kaspischen Stuten wurden zur Kreuzung mit allen möglichen gewöhnlichen Rassen zugelassen.

Aber Louise sucht immer noch nach reinrassigen, echten Kaspiern mit winzigen kurzen Hufen, feinem Knochenbau, stolzen Augen, sehr kleinen, an den Spitzen nach innen geneigten Ohren und einem hoch getragenen Schweif wie bei den Arabern.

Durch die Berge und Steppen streifen noch Herden wilder Pferde, die im Sommer im Hochland grasen und im Winter in die Reisstoppelfelder herunterkommen, wo sie jedes Jahr zusammengetrieben und von ihren Besitzern kontrolliert und gezählt werden. Louise hatte dieses Jahr ein goldfarbenes weibliches Füllen entdeckt und es erreicht, den Besitzer zu finden und das junge Pferd zu kaufen. Die Familie hatte ihm den Namen „Pari" gegeben, das heißt Engel, in der Hoffnung, daß es seinem Namen Ehre machen würde.

Pari stand an der „talar" angebunden, als wir zurückkamen, sie sollte sich an die Menschen gewöhnen und lernen, ruhig zu bleiben, wenn Leute um sie herum waren. Louise und ich ließen unsere Pferde auf die Koppel und machten uns wieder an die Vorbereitungen für das „chakdameh"-Mittagessen, ein turkmenisches Gericht aus Lamm und in Fleischsaft mitgekochtem Reis, Brot und „mast" (Joghurt). Das iranische Essen schmeckt viel besser, als ich erwartet hatte.

In den folgenden Tagen machte die kleine Stute einige Fortschritte. Sie wurde gesattelt und bekam mehr Zuwendung, obwohl man immer noch auf ihre Vorderhufe aufpassen mußte. In den frühen Morgenstunden ritt ich regelmäßig in Richtung Süden über den Gorgan-Fluß. Über mir begleiteten Wiedehopfe, Schwalben, Bienenfresser, Turmfalken, Spatzen, Haubenlerchen und Finken meinen Weg, und unter mir Schildkröten und Blindschleichen.

Bei einem meiner Ausritte fand ich ein paar Keramikscherben. Die Familie hatte Aufzeichnungen über Scherbenfunde angelegt, eine Karte und eine kleine Sammlung an der Hinterwand der Scheune, um herauszufinden, welche Kulturen in dieser Gegend einmal anzutreffen gewesen waren. Die Bruchstücke waren in Gruppen gekennzeichnet, beginnend bei prähistorischem, bemaltem Geschirr, rötlichbraun mit schwarzen Streifen. Die zweite Gruppe aus der Eisenzeit konnte man an der schwarzen Glasur mit Rillen erkennen, während die Scherben aus der Parther-Zeit (150 vor bis 226 nach Christus) in mattem braunem Ton gehalten waren. Die vierte Gruppe war sassanidisch (226–640 n. Chr.), braun, aber mit Linien geschmückt, und danach kam frühe islamische Keramik (800–1000 n. Chr.) in glasierten Blau-, Grün- und Brauntönen.

Wir ritten oft an einem noch nicht ausgegrabenen „tepeh" vorbei, dem Ghara Tepeh. Aus den Scherben, die Louise hier gefunden hatte, schätzte sie, daß er zwischen 8000 und 7000 vor Christus bewohnt gewesen war. Wenn man auf der Hügelkuppe steht, bekommt man eine Gänsehaut. Irgendwo hier in der Gegend liegt die noch unentdeckte Stadt Sharakoumis, die Alexander der Große einst als Garnison hier hat anlegen lassen, um das neu eroberte Gebiet unter Kontrolle zu behalten. Er hatte auch einen Winter hier verbracht und seine Soldaten ermuntert, einheimische Mädchen zu heiraten. Er selbst ging mit gutem Beispiel voran und heiratete Roxana, die Tochter eines besiegten Baktrier-Häuptlings. Aber die Stadt, die er gründete, ist bis jetzt noch nicht wieder gefunden worden.

Auf dem Rückweg zeigte Roshan mir die Alexandermauer, die ich in meinem Weltatlas bereits eingezeichnet gefunden hatte; und während sie mit dem kleinen Alex zurück ins Dorf ritt, verließ ich mit meiner weißen Stute Agh Baital den Weg und ritt nordwestlich, um dieses Bauwerk zu besichtigen. Heute besteht es nur noch aus einem langen Erdwall, der in gerader Linie über Land zieht. Auf einer Seite verläuft der Boden tiefer, in Andeutung des einstigen Wallgrabens. Die Steine waren aus gebranntem Lehm gefertigt, aber sie sind schon lange von hier weggeholt und zum Häuserbauen benutzt worden, denn es ist gutes Baumaterial, größer als die Ziegelsteine bei uns im Westen. Sie wurden in kuppelförmigen Brennöfen überall entlang der Mauer hergestellt. Alexander oder Iskander ist ein in Persien häufiger Name, und Alexander der Große hat mit dem Bau dieser Mauer nichts zu tun. Sie entstand bereits um 500 vor Christus und wurde von den Sassaniden restauriert, um den Einfall fremder Horden aus den Steppen aufzuhalten und ein Süßwassergebiet zu umgürten. Außerhalb sind die Flüsse leicht brackig.

Ich galoppierte eine lange Strecke am Fußwall der Mauer entlang. Agh Baital donnerte mit großen Sprüngen dahin und störte ein Wildschwein auf, das in einem Weizenfeld Deckung suchte. Man konnte sehen, wo seine Artgenossen gewütet und das Korn niedergetrampelt hatten. Dieses hier rannte durch den hohen Weizen, aber es floh nicht, es kam geradewegs auf uns zu. Agh Baital bäumte sich in Panik auf, als der Eber ein paar Meter vor uns herausschoß, sie hatte ihn nicht kommen sehen. Es ging alles so schnell, daß ich mich nur noch in der Mähne der Stute festkrallen konnte, als sie vorn hochging. Der Eber schaute uns genauso erschrocken an wie wir ihn, dann sprang er mit einem großen Satz über den Erdwall und verschwand im hohen Gras. Wildschweine werden hier nicht gejagt, da Moslems kein Schweinefleisch essen dürfen. Aber einige wissen wohl, daß es gut schmeckt, außerdem kann man es sich zur Behandlung von bestimmten Magenleiden verschreiben lassen.

Oben: Eine kappadokische Felsenkirche aus dem 4. Jahrhundert, durch einen Felssturz freigelegt
Unten links: Ein Verkäufer auf dem Bazar in Ürgüp präsentiert seine Waren: „Eric ist mein Name."
Unten rechts: Der Tschador hilft beim Flirten

Oben: Im Zelt spielten ihre Söhne auf Bambusflöten
Unten links: Teppichknüpferin in Ghara Tepeh Sheikh
Unten rechts: Die Stammesmutter, deren „alachekh" Louise Firouz kaufte

Oben: Turkmenische Frauen in Ghara Tepeh Sheikh stellen ihr „alachekh" auf
Unten: Louise und Narcy Firouz demonstrieren den Größenunterschied zwischen einem kaspischen Kleinpferd und einem gewöhnlichen Pferd

Oben: Ein Nomadendorf der Belutschen mit Zelten aus Palmwedeln, einige davon mit Lehmverputz. *Unten:* Die Altstadt von Bam, dahinter die moderne Stadt

Wir folgten der Mauer noch einige Kilometer und kehrten dann zurück. Die Stute wollte schneller gehen und entschied sich für lebhaftes Traben, dabei entwickelte sie einen herrlich ausgreifenden Schritt. Ich genoß das offene Land, den unglaublich weiten, blauen Himmel und das Gefühl der Endlosigkeit um mich.

Nach dem Mittagessen packte Louise einen Beutel Topfscherben aus der Bronzezeit aus, und wir versuchten, sie zusammenzusetzen. Louise begann mit dem unteren Teil einer kleinen Schüssel, während ich einige stärker gekrümmte Stücke nahm. Es war, als setze man ein dreidimensionales Puzzle zusammen, denn auch die Krümmung und das eingekratzte Muster mußten passen. Es war richtig spannend, obwohl wir nur sechs Bruchstücke hatten. Sie waren grün wie oxydiertes Kupfer und für Keramik eigentlich zu dünn und brüchig. Unser Uhu-Klebstoff hielt, obwohl er auch schon uralt war.

Während dieser Arbeit erzählte mir Louise aus ihrem Leben auf der Ranch hier, als diese noch sehr viel größer gewesen war und sie insgesamt 80 Pferde besessen hatten. Die Winter waren oft hart gewesen. Einmal hatten sie innerhalb eines Monats drei Esel, drei kaspische Pferde und eines von den größeren verloren; ein Rudel Wölfe hatte sie geholt, nur etwa dreihundert Meter von den Ställen entfernt. Sie und Narcy waren regelmäßig auf Wolfsjagd gegangen, einmal sogar in Begleitung einer ganzen einheimischen Hochzeitsgesellschaft. In einem anderen Winter mußte Louise sechzig Pferde und dreißig Schafe in einem kurdischen Dorf verstecken. „Was passierte, als die Revolution ausbrach?" fragte ich und erhielt, leicht dahingesagt, die Antwort: „Na ja, Narcy und ich blieben hier und pflanzten Kartoffeln an." Aber langsam kam die wirkliche Geschichte heraus: Revolutionsgardisten hatten die Scheune angegriffen, aber turkmenische Freunde hatten sie vertrieben. Louise brach sich den Fußknöchel, als sie in Teheran vor den Gewehrkugeln flüchten mußten, und als sie ins Dorf zurückkehrten, sperrte man sie ein, weil man sie verdächtigte, zu den Konterrevolutionären zu gehören, denn Gonbad war zu der Zeit in den Händen der Konterrevolutionäre. Daher stammten auch die Einschußlöcher, die ich in der Stadt gesehen hatte. Als Louise freigelassen wurde und auf die Ranch zurückkehrte, mußte sie feststellen, daß ihre Kaspier dabei waren, an mangelnder Pflege und Nahrung einzugehen. Auch sie selbst war ständig bedroht. Die Dorfbewohner hatten ihr das Leben gerettet, indem sie sagten: „Sie ist eine von uns."

Am Wochenende fuhren Louise und ich mit dem Jeep zur russischen Grenze, etwa eine Stunde Fahrt, um ein „alachekh" zu besichtigen, das Louise gekauft hatte, um ihre Wohnung etwas zu vergrößern. Wenn man sich das Zelt genau ansah, solange es noch stand, wäre es nachher leichter aufzubauen.

Als wir über die Alexandermauer fuhren, zeigte Louise auf verschiedene Erhebungen. „Da haben die Einheimischen vor einigen Jahren eine offene Feldschlacht ausgetragen. Es war während der Landkriege, nach dem Ausbruch der Revolution, als die Leute anfingen, sich das konfiszierte Land anzueignen. Auf diesem flachen Stück hat mein Dorf mit einem Traktor den Feind angegriffen, der auch einen Traktor besaß. Sie fuhren mit voller Wucht aufeinander los. Leider ging im entscheidenden Moment dem Traktor meines Dorfes das Benzin aus."

Louise hatte sich einmal auf diesem Weg verirrt und war nach Rußland hinübergeraten. Ein Soldat hielt sie schließlich an und erklärte ihr, sie befinde sich in der Sowjetunion; er gab jedoch zu, daß das Grenzschild umgefallen war und keiner der Grenzer sich darum geschert hätte, es wieder aufzustellen, da von der einheimischen Bevölkerung sowieso keiner lesen könne.

Als wir zu dem „alachekh" kamen, wurden wir zu Tee und selbstgebackenem Brot mit Schafsbutter hineingebeten. Obwohl Louise das „alachekh" von einer alten Frau und deren Söhnen bereits gekauft hatte, wollte sie es noch nicht mitnehmen, denn die alte Dame wohnte noch darin.

Sie war das Familienoberhaupt. Schwach und krank lag sie auf einer Steppdecke, ihre Haut so dünn, daß sie aussah wie bleiches Pergament. Eine Schwiegertochter kochte Tee, ihr Baby schlief in einer Hängematte zwischen den Zeltstäben, und ein größeres Kind zog an einem Seil und wiegte die Hängematte.

Der Zucker für unseren Tee wurde von einem harten Zuckerhut heruntergeschnitten, er war dichter gepreßt als unser Würfelzucker. Zum Schneiden nahm die Frau eine kräftige Metallzange von einem Holzregal. Hier bevorzugt man diese Art Preßzucker, weil er sich nicht so schnell im Mund auflöst, wenn man den Tee darüber trinkt. Zwei Männer kamen herein, um ihre Mutter um Rat zu fragen. Die Art und Weise, wie sie ihr Respekt entgegenbrachten, sie um ihre Meinung fragten und ihre Anweisungen für die tägliche Arbeit entgegennahmen, berührte mich.

Ich entdeckte einige Bambusflöten, und die Männer erboten sich, mir etwas darauf vorzuspielen. Die Flöten waren einen halben Meter lang, hatten vier Löcher oben und eines unten. Die Männer sagten, die Länge der Flöte spiele keine Rolle, solange sie exakt sieben Bambus-Segmente hätte. Das Trillern weckte ihre Mutter wieder, sie setzte sich auf und begann mit einer Handspindel Wolle zu spinnen. Trotz ihrer Zerbrechlichkeit waren ihre Augen klar und lebhaft, und sie hörte interessiert unserer Unterhaltung zu. Die Geschichte von meiner Verhaftung in Gonbad wurde mit großem Vergnügen aufgenommen und hob mein Prestige ganz enorm.

Bevor wir gingen, sah sich Louise genau an, wie das Zelt aufgebaut war, damit sie es wieder genauso neben ihrer Scheune aufstellen könnte. Es würde gemütlicher werden als der Raum hinter der Scheune. Louise und Narcy schienen Nomaden geworden zu sein wie die Turkmenen, die sich hier nur aufhielten, um ihre Tiere zu weiden, und wegzogen, sobald der Fluß im Sommer austrocknete. Louise und Narcy hatten nämlich noch eine Ranch in der Nähe der Assassinentäler, und ich freute mich schon darauf, die beiden dort auf meiner Rückreise in die Türkei zu besuchen.

Neugierig, wie ich war, wollte ich sehen, wo die Alexandermauer im Landesinneren verlief. Nach meinem Atlas und nach Aussage der Archäologen hörte sie nach 150 Kilometern auf. Aber die Turkmenen behaupteten, man könne sie bis nach Meschhed verfolgen, wenn man wüßte, worauf man achten müsse, und einige erklärten sogar, ihre Vorfahren hätten immer erzählt, sie ginge wie eine Art Verteidigungslinie übers Gebirge die Hänge auf und ab bis nach Afghanistan.

Louise war von der Idee, der Mauer weiter nachzuspüren, genauso begeistert wie ich. Ein turkmenischer Großvater mit Namen Elias bot sich freiwillig als unser Führer an, allerdings warnte er uns, daß heute nicht mehr viel von ihr zu sehen sei, nur die Linie, wo ihre Grundmauern gestanden hatten.

Also kletterten wir drei in einen Jeep und fuhren den Wall entlang. Haubenlerchen flogen vor unserem ratternden Gefährt auf, in den Weizenfeldern schwirrten türkisfarbene Bienenfresser und weiße Schmetterlinge. In Dorfnähe war der Wall kaum noch sichtbar, weil die Leute alle Steine geholt hatten.

Auf der anderen Seite des Dorfes besichtigten wir die Reste eines großen Forts, einer Garnisonsfestung auf einem kleinen Hügel am Rand eines steil eingeschnittenen Tales. Zahlreiche Löcher bewiesen, daß die Einheimischen immer noch nach Ziegelsteinen gruben. Wir wanderten ein Stück auf dem Bergausläufer zwischen zwei zusammenlaufenden Tälern und genossen den Blick über die Flußschleifen, die Weizenfelder im Tal, grasende Schafe auf den gegenüberliegenden Berghängen. Weiter oben, zum Gipfelgrat hin, sah man noch alte Terrassenanlagen und Lagerhöhlen, die genauso genial angelegt waren wie die, die ich schon in Kappadokien gesehen hatte. Hier war sassanidisches Gebiet, ihr Reich war eines der größten in der Geschichte, es reichte einst vom Tal des Indus nach Westen bis Samarkand und Taschkent. König Shapur hatte Rom besiegt und es gezwungen, Mesopotamien und Armenien an ihn abzutreten. Er hatte auch Syrien und Kappadokien beherrscht. Shapur war ein Mann von Weitsicht und wissenschaftlicher Aufgeschlossenheit, er berief einen Botschafter Chinas an seinen Hof und siedelte Tausende von besiegten römischen Legionären in Persien an, um seinem Reich Architekten, Ingenieure und Techniker zu verschaffen. In manchen Teilen des Irans stehen heute noch einige der damals entstandenen römischen Brücken und Staudämme.

Danach folgten wir der Mauer, bis sie nach rechts abbog. Hier hatten die professionellen Archäologen ihre Spur verloren und deshalb erklärt, sie sei zu Ende. Ein Stück weiter zeigte uns Elias, wo die nächste Festung gestanden hatte, und wies in die Richtung, wo die Mauer nach links über einen Berg hinweg lief. In seiner Kindheit war diese Strecke noch besser zu sehen gewesen, aber im Herbst, wenn das Gras dürr war, würde sie wieder deutlicher zum Vorschein kommen. Sie zog sich weit in die Berge hinein, einen fast senkrechten Steilhang hinunter, durch eine Schlucht und dann quer über eine breite, hügelige Ebene. Elias wies in die Ferne, er wußte genau, wo sie verlief.

Wir fuhren weiter und schnitten die Mauer erneut, als sie einen Fluß überquerte. Die Gegend ist übersät von nicht freigelegten Grabhügeln, die tatsächlich von Grabräubern verschont geblieben sind, weil die Turkmenen glauben, daß jeden, der ein Grab schändet, Unheil überkommt. Da liegen sie noch: völlig intakt, mit ihren Toten und Schätzen und wahrscheinlich noch kompletten Haushalten.

Es kann sein, daß die Mauer bis nach Meschhed geht, aber wir wurden von einem Sandsturm eingeholt und mußten widerstrebend nach Hause umkehren.

Ein Badehaus mit Onkel

Ich fand es wunderschön, bei Tagesanbruch draußen auf der „talar" zu erwachen, zu lauschen, wie die Pferde sich im Stall zu rühren begannen und uns mit leisem, fröhlichem Wiehern begrüßten, wenn wir aufstanden, uns wuschen und Kaffee machten. Herrlich fand ich auch meine morgendlichen Ausritte mit der großen weißen Stute, den endlosen Horizont um uns herum, den Geruch zerdrückten Salbeis unter ihren Hufen.

Nach einer Woche fiel mir auf, daß der Wasserspiegel des Flusses sank. Bald würde er austrocknen. Der Weizen wurde reif, die Ähren rieben im leichten Wind aneinander, raschelten und knackten, wenn sie sich öffneten. Es wurde Zeit, anderes Weideland zu suchen. Wir luden alle unsere Sachen, die Sättel und die paar letzten Säcke Gemüse für den Markt in den Jeep und reisten ab. Narcy erzählte mir von ihrem Haus in Teheran mit Waschmaschine und Koch; ich wußte nicht recht, wollte er mich auf den Arm nehmen, denn ich konnte mir die beiden schwerlich in einem richtigen Haus vorstellen, sie waren mir als Nomaden so glücklich vorgekommen.

Wir mußten durch viele militärische Straßensperren, weil durch Aufständische in den Bergen eine ziemliche Unruhe aufgekommen war. Wir überquerten erneut das Elburs-Gebirge oberhalb der Waldgrenze, die Berggipfel, die man sogar von der Hauptstraße Teherans aus sehen kann. Das Haus der Firouz lag im Stadtzentrum, ein altes Gebäude mit eigenem, schattigem Garten. Es bot einen gewissen Komfort, aber Bettgestelle gab es nicht darin, wir legten – wie zuvor draußen auf dem Land – unsere Decken auf Polster am Boden.

Als die Revolution ausgebrochen war und Louise und Narcy nach Teheran zurückkehrten, wurden sie verhaftet und ins Gefängnis gesteckt. „Aber das war nichts Ungewöhnliches", erzählte Louise, „die meisten Leute kamen für eine Weile ins Gefängnis." Viele kamen allerdings um dabei. Louise saß zwei Wochen lang in Einzelhaft, die nur beendet wurde, weil sie in Hungerstreik trat. Narcy verbrachte sogar zwei Monate hinter Gittern. Als Louise in ihr Haus zurückkehrte, war es versiegelt, und drinnen herrschte Chaos. An die Wände hatte man mit Lippenstift oder Kot Sprüche wie „Tod für Amerika" geschmiert. Einen der mit Lippenstift geschriebenen Sprüche hatten sie zur Dekoration stehen lassen.

An einem Morgen bummelten wir durch die Antiquitätenläden der Stadt. Meine besondere Liebe gilt den persischen Miniaturen, bei manchen treten die Figuren aus dem Bild heraus in den weißen Papierrand. Ich konnte das Haus nicht ohne Kopftuch und „mantau" verlassen. Es kam mir absurd vor, mich wie für den englischen Winter anziehen zu müssen und draußen jedesmal von glühender Sommerhitze überfallen zu werden. Wir gingen auch in den Bazar, in dem es erstaunlich viele Juwelierläden gab. Ich fragte mich, wer wohl die Geschäfte am Leben erhielt: es gab so wenige Käufer. Aber die schnatternde Schar der Händler schien sich ihre Waren gegenseitig zu verkaufen.

Der Verkehr in Teheran ist ein Wahnsinn. Die Männer gehen mit ihren Autos genauso um wie mit ihren Eseln, sie überlassen den Eseln das Denken. Und wie sie aus ihren Eseln die Höchstgeschwindigkeit herausholen, so versuchen sie das mit ihren Fahrzeugen. Die Verkehrsampeln blinken ununterbrochen, alle drei Lichter auf einmal, sie scheinen mehr zur Dekoration als zur Verkehrsregelung aufgestellt zu sein.

Einmal kam ich in einem Teppichgeschäft mit einem Mann ins Gespräch, der mir ganz offen sagte, das iranische Volk hätte einen Fehler gemacht, als es Khomeni zur Macht verhalf, obwohl auch er selbst, wie er zugab, zu denjenigen gehört hatte, die die Revolution herbeigewünscht hatten. „Wir alle wollten sie! Hätte uns der Schah nur nicht die wahren Tatbestände immer verheimlicht!" Und unlogisch fügte er hinzu: „Es war schön, solange der Schah regierte." Diese Ansicht, wie großartig das Leben unter dem Schah gewesen sei, hörte ich noch manches Mal. Angesichts der momentanen Schwierigkeiten hatte man die früheren vergessen. Aber ich hörte auch, daß es nicht noch einmal eine Revolution geben würde, weil Khomeni alle Aufrührer und Unzufriedenen in den Kampf gegen den Irak schicke, damit sie dort getötet würden.

Was die Lage der Frauen betraf, so hatten die Zwillingsschwester des Schahs und seine Frau für mehr Rechte gekämpft und in den sechziger Jahren in dieser von Männern beherrschten Gesellschaft ein gewisses Maß an Emanzipation durchgesetzt, in den frühen Siebzigern sogar eine Gleichstellung der Löhne. Aber das ist nie ins Gewicht gefallen, da es für den Mann schon immer eine Schande gewesen ist, wenn seine Frau arbeiten ging.

Der Schah hatte den Tschador verboten. Manche Frauen hatten das als genauso schlimm empfunden, als würde man von allen westlichen Frauen verlangen, daß sie im Bikini die Hauptstraße hinunterlaufen.

Jetzt ist natürlich der Tschador oder „mantau" obligatorisch, aber ich glaube, den Frauen macht das gar nicht so viel aus, wie ihre liberalen Schwestern das vielleicht gern hätten. Sie kokettieren sogar damit, tragen manchmal nur wenig darunter, und außerdem hat ein weniger hübsches Mädchen verhüllt die gleichen Chancen wie ein schönes. Sie haben ein liebenswürdiges Wesen, man findet wohl kaum freundlichere, großzügigere Menschen als hier. Frau zu sein bedeutete für mich hier, daß ich mich ungehindert mit iranischen Frauen anfreunden konnte, und ich habe während meiner ganzen Reise mit sehr vielen Frauen gesprochen, von der ländlichen Busreisenden bis hinauf zur reichen Upper-Class-Angehörigen. In allen Bereichen des öffentlichen Lebens sind Frauen und Männer getrennt, auch am Strand, obwohl die Frauen auch dort Tschador oder „mantau" nicht ablegen dürfen. Es muß schrecklich sein, in so einem Gewand zu schwimmen! Eine Frau kann auch nicht mit ihrem Mann Tennis spielen, es sei denn, sie besäßen einen privaten Tennisplatz, der von anderen Häusern aus nicht einzusehen ist. Eine Iranerin, die sich nicht ganz verhüllt, riskiert es, Säure ins Gesicht gespritzt zu bekommen.

Für mich wurde es Zeit, weiterzureisen, mein Visum war halb abgelaufen. Ich kaufte eine Fahrkarte für den öffentlichen Bus nach Kerman, 1000 Kilometer südöstlich von Teheran. Die Route führte durch Qom, das Zentrum des militanten religiösen Fanatismus, wo Khomeni gelebt hatte, ehe er in die Hauptstadt gezogen war. Moscheen beherrschten die Oasenstadt, ihre Minarette ragten in den Sonnenuntergangshimmel, und die Lautsprecher knackten und krachten, während das Band ablief, das zum Gebet rief.

Im Zwielicht des Abends peitschten heftige Windböen Wolken von Sand gegen unseren Bus, der schwankte und dröhnte wie unter dem Angriff einer Sandstrahlmaschine. Zwischen den dichten Sandwolken hindurch konnte man erkennen, daß wir eine Salzwüste durchquerten: wir befanden uns in einem Teil der Dasht-e-Lut, einer Wüste von etwa 200 000 qkm im zentralen Hochland.

In Iran gibt es verschiedene Arten von Wüsten. Die Salzseen in den Salzwüsten heißen „namak", in einer „dasht" ist der Boden fest und grobkörnig, und bei der heimtückischen „kavir" bilden Salz und Treibsand eine gefährliche Mischung aus nachgiebigem Schlamm unter einer krustigen, trügerischen Salzschicht. Am besten, man bleibt auf den alten, von Hufen in Jahrhunderten festgetrampelten Pisten. Um unseren Bus herum dehnte sich eine riesige weiße Salzpfanne, die sich am dunkel werdenden Horizont verlor.

Obwohl wir über 1900 Meter hoch waren, kühlte es am Abend nicht ab. Ich saß auf einem der vorderen Sitze neben einer beleibten Matrone, die den Sitz meines „mantaus" korrigierte. Als es dunkel wurde, hielt der Bus an, damit die Passagiere zu Abend essen konnten – der Ramadantag war überstanden. Danach rasten wir weiter in die Nacht hinein. Während ich vor mich hindöste, kam mir der Gedanke, daß ich eigentlich von Glück sagen konnte, vom Schicksal nicht als Mann in diese Wüste hineingeboren worden zu sein. Aber dann fiel mir ein, daß hier jeder Mann sich für glücklicher hielt als mich; gleichgültig wo er leben mußte, er würde sich niemals wünschen, eine Frau zu sein.

Etwas erschöpft von der vierzehnstündigen Fahrt stieg ich am nächsten Morgen in Kerman aus und war dankbar, daß ich die Adresse eines jungen Paares dabei hatte, Issa und Pari-sima Ameri. Sie hießen mich willkommen und forderten mich zum Bleiben auf. Später mußte Issa weg zur Arbeit, deshalb vertraute er mich der Obhut eines Onkels an, der mir die älteren Teile der Stadt zeigen wollte. Der griechische Geograph Strabo hatte Kerman als eine Stadt an einem Fluß beschrieben, der Goldstaub mit sich trage. Er hatte Silber-, Kupfer- und Asbestminen verzeichnet und zwei Berge mit besonderen Vorkommen: der eine enthielt Arsen und der andere Salz.

Wir begannen unsere Besichtigungstour mit dem Bazar. Schon seit der Bronzezeit ist Kerman für seine Metallhandwerkskunst berühmt. Es gab Gassen voller Kupferschmiede, die emsig kupferne Schalen platthämmerten, Löcher in Reisdampfkochtöpfe schlugen und Henkel anpaßten. Die Flammen der Feuerstellen röhrten, während die Männer das Metall schmolzen und auf dem Amboß in Form hämmerten.

Der Bazar von Kerman besitzt vier Tore. Früher lag er am Kreuzungspunkt von Handelsstraßen, die so geschäftsträchtig waren, daß die Bazaris zu Experten im Transithandel mit Fellen, Seidenstoffen, Textilien, Vögeln, Vieh, Obstbäumen und Edelsteinen wurden. Alexander der Große fand hier sogar Elefanten vor. Später, im dreizehnten Jahrhundert, reiste Marco Polo auf seinem Weg nach China durch Kerman. Er notierte, daß die Einwohner hervorragende Ausrüstungen für berittene Soldaten herstellten – Zaumzeug, Sättel, Sporen, Schwerter, Bogen und Köcher und jede Art von Rüstung.

Der Bazar besitzt auch noch seine alte Karawanserei und ein 400 Jahre altes Hamam oder öffentliches Badehaus, das inzwischen zum Museum umgewandelt wurde, mit Gewölbedecken, gefliesten Wänden, Perserteppichen und einem mit Marmor eingefaßten Goldfischteich. Das Hamam war früher morgens für Männer und nachmittags für Frauen geöffnet. In einigen Räumen standen Feuerkessel, in denen das Wasser für die gefliesten Badewannen erhitzt wurde. Es gab ein Schwimmbad mit Löwenkopfbrunnen, ein Kaltwasserbecken und daneben den Massagebereich, wo man die Haut der Kunden mit rauhen Lappen schrubbte und mit dem Blasrohr den Kreislauf anregte. Die Seifenstücke bestanden aus Ziegenfett. In seitlichen Nischen konnte man sich die Haare schneiden lassen, wie man glaubte, verlängerte dies das Leben eines Jungen; und es gab Marmortische zum Bemalen der Finger und Zehen mit Henna. Ein anderes, ähnliches Badehaus im Bazar ist noch in Gebrauch. Der Onkel und ich setzten uns eine Weile und tranken ein Glas „baludeh", eine Kermaner Spezialität; es sieht aus wie Froschlaich, schmeckt aber süß und wird eisgekühlt serviert.

Auf dem Heimweg kamen wir an einem Fort aus riesigen Lehmziegelsteinen vorüber und an einem „yaghdun", das ist ein ehemaliges Eishaus. Es war Mai und das Wetter schon drückend heiß, aber der Onkel erklärte, die Winter seien kalt genug zum Eisherstellen. Im Inneren des hohen, pyramidenförmigen Gebäudes war ein Bassin im Boden eingelassen, darin wurde das Eis hergestellt, das dann in einem großen Lagerraum aufbewahrt wurde. Es konnten so viele Eisblöcke gelagert werden, daß der Vorrat weit in die Sommermonate hinein reichte. Heute gibt es dafür Eisfabriken. Der Onkel lächelte plötzlich in sich hinein und sprudelte dann in schnellem Farsi eine Geschichte heraus, von der ich kein Wort verstand, während er sich dauernd auf die Knie schlug und fröhlich kicherte. Sein Anblick brachte mich zum

Lachen, ich glaube, es machte nichts aus, daß ich den Witz nicht verstanden hatte.

Wir kamen rechtzeitig zum Mittagessen zu Issas Haus, es gab Hühnchen-Kebab. Danach lag ich auf dem Fußboden, hielt Siesta und sah mir John Wayne in einem in Farsi synchronisierten Western an. Als die Nachmittagshitze nachließ, nahm Issa mich mit zu seinen Pferden, die er in einem Stall in einem kleinen Dorf, etwa eine Stunde Fahrzeit entfernt, stehen hatte.

Am Stadtrand hatte man begonnen, Tamarisken anzupflanzen, ein Strauch, der auch in trockener Erde gedeiht. Man versuchte, Wüstenland dadurch urbar zu machen, denn Tamarisken bremsen die Staubstürme ab, die Kerman immer wieder heimsuchen. Ein anderer Onkel Issas hatte diesen Versuch gestartet, nachdem er in Israel die Nutzbarmachung von Wüstenland studiert hatte. Die Tamarisken standen in bläulich-violetter Blüte. Dahinter umgab uns Wüste – grauschwarze, felsige Berge, die aussahen wie das Ufer eines prähistorischen Meeres. Dreißig Meter hohe Windhosen wirbelten darüber hinweg.

Der Weiler existierte offensichtlich nur, weil Issa seine Pferde dort hielt. Die einheimischen Männer mit ihren Familien waren für sie verantwortlich. Ihr Wasser schöpften sie aus einem 100 m tiefen Brunnen. Da das Wasser so tief heraufgeholt werden muß und leicht salzig schmeckt, gibt es nur sehr wenige Dörfer in der Gegend. Dieser Brunnen reichte für ein kleines Bewässerungssystem, in erster Linie für Luzerne und Pistazienbäume. Issa hielt an und sah nach den Nüssen, er machte mich darauf aufmerksam, wie viel mehr die niedrigen, buschigen Bäume trugen als die hohen. Schafe wurden gemolken. Die Euter der Muttertiere wurden tagsüber mit Säcken hochgebunden, so daß ihre frisch entwöhnten Jungen nicht saugen konnten. Erst wenn die Frauen gemolken hatten, waren die Lämmer dran.

Im Stallgebäude, einem weiträumigen, mit einer Kuppel gekrönten Bau aus Lehmziegeln mit vielen untereinander verbundenen Räumen, standen etwa zehn Araberstuten und Fohlen; der Hengst war getrennt untergebracht. Issa führte ihn an der Longe heraus – ein schwarzer, reinrassiger Araberhengst, Stockhöhe 1,52 m und sehr beeindruckend, wie er so stampfte und schnaubte und zu den Stuten wollte. Nachdem er zwei davon gedeckt hatte, wurde er eine halbe Stunde an der Longe bewegt. Es war ein Vergnügen, seinem eleganten Trab zuzusehen, er ging, als segle er über dem Erdboden dahin, mehr in der Luft als in Berührung mit dem Boden, die Vorderbeine weit ausgreifend, Schwanz und Kopf stolz hochhaltend, ein Bild der Kraft.

Soweit ich weiß, stammen Araberpferde nicht aus Arabien, ihre eigentliche Heimat ist Persien. Von dort kommen verschiedene moderne Rassen, darunter die Hauptaraberzuchten: der Plateauperser, der Darashuri und der kurdische Araber. Die britische Version des Arabers ist der Anglo-Araber, selektive Zucht hat bestimmte Merkmale wie die leicht eingedellte Gesichtsform und die flache Stirn besonders hervortreten lassen. Bei iranischen Herden hat vielleicht nur jedes zehnte Pferd von Natur aus eine flache Stirn und hohe Wangen, dann nennen es die Einheimischen „goter puseh" (Maultier mit flacher Nase), denn wenn man Araberstuten mit Eseln kreuzt, entstehen oft Maultiere mit einem solchen Kopf. Er wird nicht sehr geschätzt, denn die breitgedrückte Nase läßt die Kiefer schlecht aufeinanderpassen und verursacht Schwierigkeiten bei der Nasenatmung.

Am nächsten Morgen wurde ich in Kerman um fünf Uhr früh vom Geruch frischen Brotes wach. Nach dem Frühstück fuhren wir zu einem anderen Gestüt. Der Stallmeister wollte mir einen Gefallen tun und lieh mir eine importierte irische Vollblutstute, Stockhöhe 1,72 m und sehr fügsam – sie bewegte sich, als wären ihre Füße mit einem Strick aneinandergebunden.

Tamoor, der Stallmeister, begleitete mich auf einer feinen, reinrassigen Turkmenenstute. Wir ritten durch ein Dorf auf die Hochebene in die Wüste hinein. Vor einer Reihe schmaler Erdspalten setzte ich mein Pferd in Galopp, um im Sprung über die Risse hinwegzusetzen. Es sprang gut, fast spielend. Tamoors Turkmene galoppierte hinter uns heran, und wir begannen, über das offene Land um die Wette zu reiten. Ein kurz vorher gefallener Regen hatte den Boden verkrustet, und unser dumpfer Hufschlag wirbelte niedrige Staubwolken auf. Hier wuchs nur Kameldorn und hier und da eine Wüstenblume.

Nach etwa einer halben Stunde ließ mich Tamoor seine Turkmenenstute ausprobieren. Sie war sehr viel lebhafter als meine schwerfällige irische Stute und wollte sich nicht zu einem ruhigeren, gemächlicheren Gang überreden lassen. Wir erreichten den hohen Damm der Transiranischen Eisenbahnlinie, die bis Kerman geht, und Tamoor schlug vor, hinaufzugaloppieren. Die Pferde kämpften um die Führung, ich lockerte die Zügel und ließ meine Stute die Schnelligkeit selbst bestimmen. Sie erkletterte den Damm, ohne anzuhalten. Dann ritten wir neben den Gleisen entlang, Tamoor versicherte mir, daß immer erst nachmittags ein Zug komme.

Als wir wieder im Stall waren, schaute ich mir einige der anderen fünfzig Pferde an, meist kurdische Araber und ein Clat, eine sehr seltene Rasse. Clats (Klepper) waren ursprünglich im Nordiran heimisch, aber laut Tamoor haben die Russen fast alle mitgenommen. Dieser hier, ein kastanienbrauner Hengst mit einer Stockhöhe von 1,62 m, hatte einen schweren, kräftigen Körperbau und die typische Hakennase der frühen Steppenpferde.

Die große Zahl heimischer Pferderassen, die sich in Iran entwickelt hat, ist eine logische Folge der unterschiedlichen Landschaften. Je trockener die Wüste, desto kleiner und feingliedriger wurden die Pferde, wogegen sie in den üppig bewachsenen Kalksteinbergen großknochig und fleischig gerieten. Der berühmte Nisean war 1,72 m groß. Die Bedeutung der Pferde lag nicht nur darin, daß sie 4000 Jahre lang das schnellste Fortbewegungsmittel für den Menschen waren, sondern sie verschafften ihm auch Überlegenheit im Krieg. Ohne Streitrösser hätte die Geschichte einen anderen Verlauf genommen.

Die meisten Pferde in diesem Gestüt trugen ein Amulett oder ein Schmuckhalsband mit einem Koranspruch zum Schutz vor dem „bösen Blick".

Auf unserer Rückfahrt in die Stadt sah ich eine seltsam gekleidete, zerlumpte Gruppe von Menschen, und Issa erklärte mir, das seien Luli, ein Zigeunerstamm. Um Kerman herum lebten viele dieser Zigeuner. Dann fuhr er einen kleinen Umweg, um mir das zoroastrische Stadtviertel zu zeigen. Es gibt immer noch zahlreiche Anhänger dieser alten Religion, die etwa 500 v. Chr. aufkam. Zoroastrier heiraten unter sich, sie vermischen sich nicht mit den Angehörigen anderer Religionen und sprechen einen eigenen Farsi-Dialekt. Sie verehren das heilige Feuer, ihr höchstes Fest findet um Weihnachten herum statt, ein Fackelfest, bei dem sie Holztürme aufschichten und anzünden. Wir fuhren durch die Außenbezirke von Kerman, dahinter stiegen die kahlen Berge hoch, und kamen durch einen ehemaligen Friedhof mit einem achteckigen Steingrab, dessen Kuppeldach auf Stützpfeilern ruht. In dessen Nähe standen noch einige Bauwerke der Zoroastrier, Feuertempel, in denen sie eßbare Opfergaben darbrachten und Wünsche äußerten, ein Brauch, ähnlich dem alten Farsi-

Brauch, nach dem man den Toten Geschenke brachte. Auf dem Rückweg fuhren wir am Grabmal von Moshta Ghalishah, einem Sufi-Derwisch, vorbei, der dafür gesteinigt wurde, daß er den Koran in Musik umgesetzt hatte.

Zum Mittagessen erschienen einige Vettern Issas – eine große Familie. Ihre Töchter gaben mir Unterricht in Bauchtanz, obwohl sie wußten, daß es verboten war. Musik war auch verboten, wir stellten sie deshalb leise, damit uns kein Nachbar bei den Revolutionsgarden anzeigen konnte. Der Tanz bestand aus Hüftenschwenken und Schulterschütteln, ich kam mir steif und unbeweglich dabei vor. Als eine der Töchter, ein ganz schöner Brocken von einem Mädchen, anfing zu tanzen, wurde plötzlich eine leichtfüßige, geschmeidige junge Frau aus ihr. Sie wiegte sich und vibrierte von den Zehen- bis in die Fingerspitzen, dabei flatterten ihre Schultern gleichzeitig vorwärts und rückwärts. Sie sagte, sie hätte Jahre gebraucht, bis sie diese Bewegung beherrschte. Es ist ein Skandal, daß so eine herrliche Darbietung jetzt als Vergehen bestraft wird.

Tänzelnde Araber und Wasser
in der Wüste

Von Kerman aus fuhr ich mit dem Bus nach Bam, nur viereinhalb Stunden südöstlich, durch eine steinige Wüste, übersät mit dunkelrot blühenden Skabiosenbüschen. Das flache Land wich Wellen niedriger Hügelketten, mit engen, tiefen Tälern dazwischen. Die meisten der Passagiere im Bus waren Belutschen, ein Halbnomadenstamm. Ihr Land erstreckt sich über einen Großteil Südostirans bis ins westliche Pakistan. Über die Herkunft der Belutschen scheint es keine Aufzeichnungen zu geben, nur Sätze wie: „Sie können kein frühes Schrifttum aufweisen, sind sehr ungebildet und rühmen sich sogar noch ihres Analphabetentums." Auch gelten sie als „habsüchtig, eingebildet und widerborstig und starrsinnig wie Kamele. Aber sie sind ehrlich, sehr moralisch, leben nach ihrem eigenen Ehrenkodex und behandeln ihre Frauen als gleichberechtigt." Wie die Frauen anderer Stämme tragen diese keinen Tschador.

Ich machte mir keine Gedanken darüber, wo ich in Bam unterkommen würde, denn Issas Eltern lebten hier, und er hatte seinen Vater bereits angerufen. Ein Jeep erwartete mich an der Bushaltestelle. Issa hatte mich vorgewarnt: Ich solle versuchen, nicht aufzufallen, denn die drei führenden Familien von Bam lägen ständig miteinander in Fehde, und da Herr Ameri das Oberhaupt einer dieser Familien war, befürchtete Issa, meine Anwesenheit könnte vielleicht einen neuen Streit entfachen.

Der Jeep flitzte mit mir durch ein Gewirr enger Gassen zwischen hohen Lehmmauern hindurch. Wir hielten vor einem schmiedeeisernen Tor, und ich betrat einen Innenhof, wo mich Issas Eltern begrüßten und mir zur Erfrischung „dogh" (mit Wasser verdünnter Joghurt mit frischen, kleingehackten Kräutern) und Kekse anboten. Dann zeigte mir Herr Ameri seine Pferde, offensichtlich sein Stolz und seine Freude, und das aus gutem Grund. In den luftigen Lehmkuppelbauten, die als Ställe dienten, standen zehn herrliche Araberhengste. Herr Ameri ist für seine Pferde berühmt. „Möchten Sie heute nachmittag einen davon reiten? Sie können den tänzelnden Araber ausprobieren, er ist mein bestes Pferd." Unerschrocken nahm ich an, in der Hoffnung, daß sein Verhalten genauso untadelig sein würde wie sein Aussehen. Dann besichtigten wir die Pferde von Kooros, einem Cousin, auf der anderen Straßenseite. Der erklärte mir, daß ihre Stuten 100 Kilometer entfernt in der Wüste gehalten würden, und bot mir an, mich am nächsten Tag dorthin mitzunehmen.

Zu Mittag aßen wir auf einem Teppich am Boden, man hatte ein Tuch ausgebreitet und darauf die Teller verteilt. Als Hauptgericht gab es „kormehsabsie" (Bohnen mit Rindfleisch) und „mast" (Joghurt), danach folgten Datteln, die wir auch mit „mast" übergossen, was sehr gut schmeckte. Während des Essens sprach Herr Ameri langsam und mit Autorität, wie das einem Familienoberhaupt zukommt. Seine Frau trug Kopftuch und Musselintschador, vermutlich weil Kooros da war. Eigentlich sah sie zu jung aus, um fünf erwachsene Kinder zu haben; sie erzählte, daß ihr Haus jetzt sehr leer geworden sei, seit die Kinder alle weg seien.

Es war ein geräumiges, weißgetünchtes Haus mit einem großen quadratischen Innenhof, dessen Mitte ein Brunnen schmückte. Mehrere Windtürme überragten das Dach, sie hatten rundum große Öffnungen, um den Wind von allen Seiten aufzufangen und ihn in die darunterliegenden Räume zu leiten. Unter einem dieser Windtürme befand sich ein Wasserbecken, durch direkte Windzufuhr natürlich gekühlt: „air-condition" wörtlich genommen.

Auch die Kuppeldächer, die man überall sieht, sind sehr praktisch gegen die Hitze, denn in ihnen steigt die erhitzte Luft nach oben und kann dort durch ein Loch in der Kuppelmitte abziehen. Selbst einfache Dorfhütten und Ställe haben Kuppeldächer, und die Temperatur ist tatsächlich im Inneren so angenehm, wie man es in der Wüste kaum erwartet.

Als die Nachmittagshitze nachließ, machten wir uns zu einem Ausritt fertig. Mein „mantau" hing auf einem runden Mantelständer draußen vor meiner Zimmertür. Als ich ihn herunternahm, entdeckte ich ein Vogelnest zwischen den Querstreben der Kleiderhaken, mit drei getupften, braunen Eiern. Die Stallknechte brachten die Pferde bis zum Stadtrand, während wir mit dem Jeep vorausfuhren und außerhalb der Stadt neben dem Skelett eines toten Esels auf sie warteten.

Während die vier Pferde sich näherten, konnte ich den Hengst beobachten, den ich ausgewählt hatte. Er schäumte bereits vor Schweiß, drängte seitwärts und erschien mir ausgesprochen schwierig zu reiten. Herr Ameri nannte ihn Sohail und erläuterte, das sei der Name eines Sterns, der zwischen September und Dezember am Himmel stünde.

Schon das Aufsitzen war tückisch, denn der Hengst begann nervös zu tänzeln. Als er einen Augenblick lang ruhiger wurde, sprang ich rasch auf, und los ging's. Ein tänzelndes Pferd – ja, nach jeder Richtung tänzelnd, es schien keine gerade Linie gehen zu können, hob zierlich die Beine und legte einen wundervollen „pas-de-deux" hin, trotzdem machte es mir großen Spaß. Nicht eine Spur von Bösartigkeit, weichmäulig reagierte es sofort und mühelos auf die Zügel, ohne ein einziges Mal zu ziehen, geradezu spielerisch. Alle vier Pferde waren durch ihre gegenseitige Nähe erregt. Gott sei Dank lag die offene Wüste vor uns, wir konnten sie in voller Breite auskosten, preschten Seite an Seite in einer Reihe voran und hielten über den grauen steinigen Boden auf die Berge in der Ferne zu. Ich setzte Sohail in Galopp, und er begann in weichen kleinen Sprüngen seine Hinterbeine hochzuschnellen, dabei ging er selbst in dieser Geschwindigkeit eher seitlich als geradeaus, aber so geschickt, daß er nie stolperte.

Die tänzelnden Araber von Isfahan sind eine besondere Art. Sie werden speziell für traditionelle religiöse Spiele gehalten, bei denen in einer kleinen Arena Kämpfe und Geschicklichkeitswettbewerbe ausgetragen werden. Ähnlich wie die Lippizaner in Wien beherrschen auch diese tänzelnden Pferde Levaden (das Sichaufrichten auf der Hinterhand) und hohe fliegende Wechsel.

Ab und zu kam ich auf gleiche Höhe mit den anderen Reitern. Herr Ameri ritt im Stil eines Grandseigneurs, während der Stallbursche im Sattel hing wie ein Kartoffelsack. Nach etwa sieben Kilometern drehten wir um. Ich galoppierte voraus, da hörte ich Rufe und sah plötzlich ein reiterloses Pferd durch die Wüste auf mich zupreschen. Sohail gehorchte feinfühlig, und es gelang mir, das entsprungene Pferd einzufangen. Sobald ich seine Zügel fassen konnte, glitt ich von Sohails Rücken, denn es wäre nicht möglich gewesen, vom Sattel aus einen anderen Hengst neben ihm zu führen. Ich brachte dem Stallknecht sein Pferd, aber nun ließ mich Sohail nicht mehr aufsteigen, drehte sich im Kreis und sprang seitlich weg. Kooros stieg ab und hielt

Sohails Kopf für mich fest, was zur Folge hatte, daß danach sein eigenes Pferd ihn nicht mehr aufsitzen ließ. Was für ein Zirkus!

Die Sonne ging zwischen dunklen Gewitterwolken unter, und wir waren immer noch fünf Kilometer von zu Hause entfernt. Die Dunkelheit brach sehr schnell herein. Ich war beeindruckt, daß unsere Pferde nie unsicher wurden oder stolperten. Vielleicht straucheln sie deshalb nie über Unebenheiten wie andere Pferde, weil sie ihre Beine immer so hoch heben. Die Kavalkade trabte, Sohail tänzelte. Die Männer bewunderten das, aber ich wünschte mir, er würde sich endlich etwas ruhiger bewegen.

Da es jetzt dunkel war, kümmerte es keinen mehr, daß ich durch die Stadt ritt. Wir klapperten durch die engen Straßen, Frauen huschten aus dem Weg und preßten sich eng an die Häuserwände, obwohl wir unseren Trab verlangsamten, um sie nicht zu erschrecken. Fahrräder ohne Licht begegneten uns, aber die Radfahrer hörten die Pferde und wichen aus. Die Zitronen- und Orangenbäume in den Obstplantagen, an denen wir vorüberkamen, dufteten in der Stille vor dem Sturm. Die Pferde gingen schneller. Heimliche Opiumraucher tauchten hastig in die dunklen Schatten weg, Hunde bellten wütend, gabelförmige Blitze zerschnitten den schwarzen Himmel. Schließlich merkte ich, daß wir nicht mehr weit von zu Hause entfernt waren, und die letzten paar Gassen schafften wir im Handumdrehen. Ich übergab Sohail dem Stallknecht und ging zu Kooros' Haus hinüber, das mitten in einem Obstgarten voller Dattel- und Pampelmusenbäume stand, um mich bei einem Longdrink aus Eiswasser zu entspannen. Aber ich bekam einen schrecklichen Heuschnupfenanfall und nieste mir fast die Seele aus dem Leib. Wir gingen zurück zu den Ameris zu einem späten Abendessen; als Herr Ameri sah, wie ich mich plagte, ließ er „calpuray" bringen.

Ich kenne kein Mittel gegen Heuschnupfen (außer Pillen, von denen man völlig benommen wird) und war sehr skeptisch, als man mir einen kleinen Beutel getrockneter Kräuter reichte. Ich roch ab und zu daran, und mein Niesreiz ließ tatsächlich nach. Kooros erklärte mir, dies sei ein Heilmittel gegen alle möglichen Allergien.

Am nächsten Morgen holte mich Kooros um halb fünf Uhr ab, um mit mir zur alten Akropolis von Bam zu gehen, die vor 2000 Jahren erbaut wurde und bis Anfang des letzten Jahrhunderts noch bewohnt war. Streifen der Morgendämmerung überzogen den Himmel. Nur undeutlich konnte man den unteren Teil der Stadt mit den vielen

Lehmhäusern erkennen, die Oberstadt zog sich an der Hügelkuppe hinauf.

„Mein Großvater ist hier geboren", erzählte Kooros. „Das Haus unserer Familie stand in der Oberstadt. Kommen Sie, wir gehen hinauf." Enge, mit runden Steinen gepflasterte Gassen wanden sich steil bergauf, die Steine waren vom Tritt der Menschen und Tiere ganz flachgeschliffen, die Häuser waren zerfallen, obwohl auf manchen Dächern noch verzierte Windtürme stolz emporragten. An den zerstörten Wänden konnte man die Bauweise der Häuser erkennen, sie bestanden aus Lehmziegelsteinen, die mit einer fünf Zentimeter dicken Schicht aus zerhacktem Stroh und Schlamm bedeckt waren.

Als wir die Zitadelle erreichten, ging gerade über der Wüste die Sonne auf. Die moderne Stadt lag im Westen, unter uns dehnte sich das antike Bam. „Nur bedeutende Familien lebten im oberen Teil, sehen Sie, wie groß dieses Haus war." Es war eher ein Palast, auch aus Lehmziegeln erbaut und immer noch in gutem Zustand, mit einer großen Anzahl Räume, alle von kleinen Innenhöfen aus zugänglich. „Mein Großvater hatte zweiundsiebzig Frauen; er behauptete, sie hielten ihn jung, und er bewies das damit, daß er 102 Jahre alt wurde. Mein Ur-Urgroßvater war ein Khan, er hieß Hadj Mohammed Kerim Khan und war Gouverneur von Kerman und Belutschistan."

Bereits um halb sechs Uhr morgens schien die Sonne glühend heiß. Auf dem Rückweg hielten wir vor einem Haus in der Unterstadt. Es besaß einen Raum mit einem Brunnen, der offensichtlich noch benutzt wurde, Öllampen und Bilder von moslemischen Heiligen hingen darin. Kooros erzählte, dies sei eine heilige Stätte, die Ali, dem Schwiegersohn des Propheten, geweiht sei, dessen Tod die Spaltung des Islam in die beiden rivalisierenden Sekten der Sunniten und Schiiten zur Folge hatte. Die Schiiten glauben an die Wiederkehr Alis, und dieser Brunnen war ein Heiligtum, das mit der erwarteten Rückkehr in Zusammenhang stand, wie mir Kooros versicherte.

Wir frühstückten bei den Ameris und fuhren dann mit dem Jeep in einen Tag hinein, der außerordentlich interessant werden sollte. Wir fuhren 120 Kilometer nach Südosten, um Ameris Stuten zu besichtigen. „Ich werde Ihnen mein Dorf zeigen", begann Kooros. „Als ich das Dorf kaufte, mußte ich alle meine Schafe und mein Vieh verkaufen, um es bezahlen zu können, und ich mußte verzweifelt hart arbeiten, damit ich es halten konnte."

„Warum kauften Sie denn ein Dorf?" fragte ich, weil mir das etwas seltsam erschien. Aber Kooros gab mir eine für ihn ganz logische Antwort: „Weil ich keines geerbt habe. Mein Vater lebt noch. Mein Großvater besaß fünfzig Dörfer, er vererbte sie meinem Vater und dessen Geschwistern nach der im Islam üblichen Erbteilung, zwei Teile für die männlichen und ein Teil für die weiblichen Nachkommen. Wenn also ein Sohn und fünf Töchter dreißig Dörfer erben, erhält der Sohn zwanzig und von den Töchtern jede zwei. Wenn ein Dorf unter mehreren Personen aufgeteilt werden muß, bekommen alle ihren Anteil. Ein Dorf kann zahlreiche Besitzer haben." Er zeigte auf eine Oase mit rechteckigen Lehmhäusern und ovalen Kuppeldächern. „Das ist Morabada, es gehört etwa zwanzig Leuten, sie teilen sich die Kosten und den Gewinn."

„Was für Kosten und Gewinn?" unterbrach ich.

„Die Besitzer müssen für alles aufkommen, was die Dorfbewohner brauchen: das Baumaterial für neue Häuser, die Wasserversorgung und die monatlichen Löhne. Gewinn ziehen sie aus dem Getreide; hier wird Luzerne, Weizen und Obst angebaut, die Ernte gehört den Dorfbesitzern, obwohl sie die Dorfbewohner jeden Monat mit Weizen versorgen und ihnen ein Drittel der Luzerne als Viehfutter überlassen. Aber der größte Teil des Getreides und des Obstes gehört dem Besitzer, er nimmt sich, was er für sich und seine Familie und sein Vieh braucht, den Rest verkauft er auf den Märkten. Aber ein Großteil des Geldes kommt wieder ins Dorf zurück zur Deckung der Ausgaben, die ich schon erwähnt habe, und natürlich für den Unterhalt der Qanate."

„Qanate?" fragte ich.

„Ja, ich werde Ihnen mein Qanat zeigen, wenn wir zum Dorf kommen, aber es gibt auch schon hier welche, rechts und links von uns, sehen Sie hier, sie sehen aus wie eine Reihe kleiner Bombentrichter. Jeder dieser Erdhügel ist ein Zugang zu einem Qanat." Tatsächlich zog sich eine lange Linie aus niedrigen Erdhügeln mit etwa 50 m Abstand voneinander über die flache Sandwüste. Sie flimmerten in der Hitze; die weiter entfernten sahen aus wie schwimmende kleine Inseln einer Fata Morgana. Das weite Land war konturlos, nur die Linie der Qanat-Krater konnte man bis zum Fuß einer Hügelkette verfolgen. Mehr als 50 000 solcher Qanate soll es in Iran geben. In diesen unterirdischen Tunnels leitet man das Wasser aus den Bergen herunter in die Sand- und Steinwüsten. Wenn das Gefälle richtig berechnet wurde, können die Tunnels das Wasser bis zu 40 km weit unterirdisch heranführen (der längste mißt 70 km). Es tritt dann in tiefliegenden Gebieten als Fluß aus und schafft dort eine Oase. Oder es kann über Brunnen unterwegs angezapft werden, wenn genügend Wasser für mehr als ein Dorf vorhanden ist.

Die vielen Zugänge dienen zur Belüftung und Reinigung der Tunnels. Sie lassen Licht und Sauerstoff durch für die Jungen, die unten arbeiten und Sandablagerungen entfernen. Die Tunnels müssen regelmäßig gewartet und überprüft werden, denn vor allem bei älteren Qanaten fallen manchmal Stücke von der Decke herunter, oder es brechen ganze Teile davon ein. „Wie lange hält so ein Qanat?" fragte ich.

„Ein guter kann über hundert Jahre halten", antwortete Kooros, „wenn die Quelle nicht versiegt oder das Wasser salzig wird."

Ich erzählte ihm, daß ich ähnliche „Qanate" auch schon in der Wüste von Nordwestchina gesehen hatte, dort nannte man sie „karez", und Kooros erläuterte mir, daß die Technik zum Bau dieser Tunnels vor mehreren tausend Jahren sich von Iran aus verbreitet hatte. Im Persischen Krieg hatte die Armee Alexanders Städte dadurch besiegt, daß sie ihre Qanate zufüllte. Dann seufzte Kooros und entschuldigte sich für sein schlechtes Englisch. „Es ist schwierig, Englisch zu sprechen, es ist schon vierundzwanzig Jahre her, seit ich mich das letzte Mal in Englisch unterhalten habe."

Aber ich war überrascht, wie gut er sprach. Als Student war er ein Jahr in Amerika. Am Anfang, als ich in Bam eintraf, hatte er Hemmungen gehabt, zu sprechen, aber jetzt versuchte er es, und ich war beeindruckt, was er sich für eine Mühe gab. Wir verfielen in freundschaftliches Schweigen. Ich goß uns einen Schluck aus der geeisten Thermoskanne ein – in der Wüste gibt es nichts Köstlicheres als kaltes Wasser. Später wandten wir uns nach links und fuhren auf einem kaum sichtbaren Weg über den Sand hinunter auf Kooros' Dorf zu. Dünen ragten aus der Ebene, ein Mann auf einem Kamel trabte an uns vorüber.

„Das ist mein Qanat, er ist ziemlich neu, seine tiefste Stelle liegt bei sechzehn Meter. Das ist sehr gut, es gibt welche, die liegen 100 m tief, und der tiefste, von dem ich gehört habe, soll mehr als 300 m unter dem Boden verlaufen. Es kostet eine Menge, so einen Wassertunnel zu bauen, und viele Fehden entstehen dadurch, daß zum Beispiel jemand einen Brunnen baut, der die Wasserversorgung eines anderen anzapft. Natürlich gibt es Vorschriften über den Abstand, den man beim Bau von Qanaten und Brunnen einhalten muß. Wenn zwei Qanate eng zusammenlaufen, liegt der eine für gewöhnlich tief unten und hat nur ein geringes Gefälle, während der andere weiter oben verläuft und ein stärkeres Gefälle aufweist. Das Wasser eines Qanats gehört dem, der ihn gebaut hat. Auch das Land, das ein Qanat bewässert, gehört nach dem Gesetz ihm, das ist schon immer so gewesen. Wenn mehr als ein Qanat vorhanden ist, wird das Land geteilt. Die Wasserrechte können verkauft, vererbt oder geteilt werden."

„Was ist das dort?" fragte ich und zeigte auf ein Holzgestänge über einem der Erdhügel. „Es ist ein Ziehbrunnen zum Hochholen der mit Sand gefüllten Körbe. Die ‚kahkin' (Qanat-Jungen) müssen den Tunnel darunter putzen."

Im Erdhügel ging es vier Meter tief nach unten, das Wasser sah kalt und klar aus. Einige der Zugänge, die wir besichtigten, waren zum Schutz gegen den Sand mit einer hölzernen Klappe verschlossen. An einem offenen Zugang konnten wir die Stimmen von zwei „kahkin" unten im Tunnel hören. Sie riefen einander einzelne Wörter zu, die klar zu verstehen waren. Der Widerhall in den Tunnels verzerrt die Laute, deshalb haben sie eine eigene Sprache zu ihrer Verständigung entwickelt. Eine gefährliche Aufgabe, diese unterirdischen Flüsse von verstopfendem Material zu befreien, wenn man nur mit einem kleinen Pickel und einer Schaufel ausgerüstet ist!

Wir fuhren weiter. Mehrere alte, befestigte Dörfer lagen am Weg, eines davon besaß einen hohen runden Wachtturm, dessen Lehmmauern mit Reliefmustern geschmückt waren. Im allgemeinen waren diese ummauerten Dörfer sehr klein, sicher konnte nicht die ganze Dorfbevölkerung ständig darin wohnen. Wie Kooros mir erklärte, besaß jede Familie einen Raum als Schutz und Zuflucht innerhalb der Dorfmauern. „Zu meines Großvaters Zeiten mußte der Besitzer auch für den Schutz seines Dorfes sorgen. Diese Dörfer hier gehören Herrn Ameri. Ich glaube, er besitzt insgesamt sieben."

Die Sonne brannte, Luftspiegelungen gaukelten uns einen See mit Wellen vor, die sich mit Trugbildern von Sümpfen vermischten. Wir befanden uns in der Salzwüste Lut. Ein Belutsche mit grüngoldenem Turban hütete eine Kamelherde. Er erkannte Kooros und winkte grüßend. „Wir sind hier ganz in der Nähe von Ameris Stuten, wollen wir sie uns ansehen?" fragte Kooros. Wir fuhren im Bogen auf eine Oase zu, es ging durch den Sand, keine Straße weit und breit.

Die acht Stuten standen in einem geräumigen Korral, eine davon war eine internationale Araberstute der Spitzenklasse, die anderen waren Darashuri. Ursprünglich züchtete man in Bam Saglavi-Araber, keine offiziell anerkannte Rasse, da man die Abstammungslinie nicht zurückverfolgen kann.

In Kooros' Dorf gab es keine Pferde, statt dessen lud er mich zu einem Ritt auf seinem Kamel ein. Das Kamel sträubte sich, als man es satteln wollte, aber dann ging es gehorsam in die Knie, um mich hinaufklettern zu lassen. Der Sattel bestand aus zwei Stangen und einem Polster; ich saß hinter dem Höcker. Es hatte keine Zügel, nur einen Nasenpflock mit einem Strick, die den gleichen Dienst taten. Als das Kamel aufgestanden war, steuerte ich es auf einen Rundgang durch die Oase. Es hatte einen ruckweise vor- und zurückschwingenden Gang, weitaus angenehmer als das Kamel, das ich in Afrika besaß und das immer nur langsam dahintrottete, wobei man sich trotzdem vorkam, als sitze man im Ausguck eines Schiffes bei Sturm. Der schnellere Gang dieses Kamels und sein komfortabler Sattel waren natürlich viel besser.

Im Dorf sah ich ein paar Mädchen Brot backen. Sie klatschten flache, längliche Teigfladen an die Seitenwände eines Lehmofens und boten mir einen an, den sie gerade heruntergepellt hatten. Aber das Kamel wollte nicht anhalten, sein Nasenstrick war von dem Pflock heruntergerutscht, es rannte einfach weiter. Da ich es jetzt nicht mehr lenken oder anhalten konnte, ließ ich es einfach laufen. Wir kamen an Hennafeldern mit cremefarbigen Blüten vorbei – der Hennafarbstoff wird aus den Samen dieser Blüten gewonnen. Ich ritt um die Felder herum und gelangte zu einem Palmenhain. Die Zweige streiften mich, sie hatten unangenehme Dornen, ich mußte sie nach oben wegstoßen, was nicht einfach war, denn das Kamel dachte nicht daran, langsamer zu laufen. Es versuchte zweifellos, mich von seinem Rücken herunterzustreifen.

Es wurde Zeit, daß ich es wieder unter Kontrolle bekam. Ich knüpfte eine Schlinge in das Seil, warf diese nach vorn und erwischte tatsächlich seinen Nasenpflock, so daß ich es zum Stehen bringen konnte. Ein Mann kam her und band den Strick fest, dann brachte er mir Befehle und verschiedene Schnalzlaute bei: anhalten und niederlegen hieß: kkkk, schneller gehen: och, hake, ah-ping.

Durch eine Kasuarinen-Allee kam ich zurück zu Kooros, der dastand und auf mich wartete. „Machen Sie etwas Platz", rief er mir zu,

„ich werde Ihnen noch etwas zeigen." Er setzte sich vor mir auf das Kamel, und wir ritten ein kurzes Stück durch die Sandwüste zu einem Belutschenlager. Einige der Hütten sahen aus wie ovale Wigwams aus lehmverkleideten Holzgestellen, andere hatten die Form von Dachzelten mit Firststange. Die Seiten bestanden aus getrockneten Palmwedeln. Ich beobachtete, wie die Leute Wasser darauf versprengten, um die Luft im Inneren zu kühlen.

Die Frauen hatten farbenfrohe Kleider mit langen Röcken an. Sie waren zwar nicht groß, wirkten aber so durch die drapierten Tücher und Schals auf ihren Köpfen. Eine der Frauen trug ihr Baby mit festgeschnürten Beinen wie ein Wickelkind um den Leib gebunden.

Auf dem Rückweg mußte unser Kamel durch einen Fluß waten. „Das ist das Wasser aus meinem Qanat", verkündete Kooros stolz. Aber sein Stolz bekam gleich einen Dämpfer, denn kaum war das Kamel im Wasser, da ließ es sich darin nieder, und nichts konnte es dazu bewegen, sich wieder zu erheben. Schließlich rutschten Kooros und ich von seinem Rücken herunter und wateten selbst durchs Wasser, da stand es auf.

Wir gingen den Rest des Weges bis zum Dorf zu Fuß und führten das Kamel am Strick mit. Dort angekommen, tranken wir mehrere Gläser „dogh", bis unser Durst gestillt war.

Als wir Kooros' Dorf verließen, schlug er eine andere Route durch die Wüste ein und zeigte mir Dörfer, die seinem Vater und seinen Verwandten gehörten. „In diesem hier habe ich elf Jahre gelebt, bevor ich heiratete, es gehört einem Onkel von mir. Ich habe bei der Organisation seiner Landwirtschaft mitgearbeitet, ein hartes, aber glückliches Leben."

Hinter ein paar Sanddünen ragten vier Ruinentürme heraus, und ich fragte Kooros, ob wir sie näher anschauen könnten. Es war eine alte Festung aus Lehmziegeln. Die Mauern und Ecktürme waren kurz vor dem Einstürzen, und das Pförtnerhaus war mit zusammengebundenen Stangen und Stöcken barrikadiert.

„Das war der Sommersitz meines Onkels", erklärte mir Kooros, als wir zwischen den Stangen hindurchkletterten und den Innenhof betraten. Es diente jetzt als Unterkunft für Kamelstuten und deren Junge. Die jungen Kamele rannten hinter ihre Mütter, um gut geschützt durch deren Beine hindurch nach uns zu spähen. Sie hatten noch nicht den hochnäsigen Blick der alten Kamele und schauten uns mit ihren langwimprigen Augen voll gespannter Neugier an.

„Hinter dieser zugesperrten Tür hier war einmal mein Zimmer, links lag das meines Dieners, und dieser schattige Platz unter dem Kuppeldach war der Stall." Seine Beschreibung, wie es früher gewesen war, ließ das alte Gemäuer mit den jungen Kamelen plötzlich lebendig werden.

Spät am Nachmittag erreichten wir das neue Bam und holten die Pferde, um noch zwanzig Kilometer zu reiten. Ich saß auf einem feurigen, ungestümen, rotbraunen Hengst. Wir ritten nordwestlich durch die Ebene, parallel zu dem Gebirgszug. Lange ehe wir zurückkehrten, wurde es schon dunkel, und als wir endlich in die Stadt gelangten, war ich ziemlich erschöpft. Der Duft der Zitronenbäume belebte meine Sinne wieder, und nach einer kalten Dusche und einem Glas geeistem Dattelsaft war auch mein Körper wieder frisch und munter. Dattelsaft wird übrigens nicht aus den Früchten, sondern aus den Blüten des männlichen Baumes hergestellt.

Während des Abendessens versuchte der Vogel, der sein Nest im Kleiderständer gebaut hatte, unsere Aufmerksamkeit von seinen Eiern abzulenken. Er sauste immer wieder im Sturzflug durch den Innenhof und setzte sich auf das Elektrokabel der Lampe, so daß die Glühbirne heftig schwankte und Lichtmuster über die Wände huschen ließ.

Ich legte mich im kühlen Innenhof schlafen – den Blick hinauf in das Meer der Sterne gerichtet, die langsam über den Nachthimmel zogen.

BELUTSCHISTAN

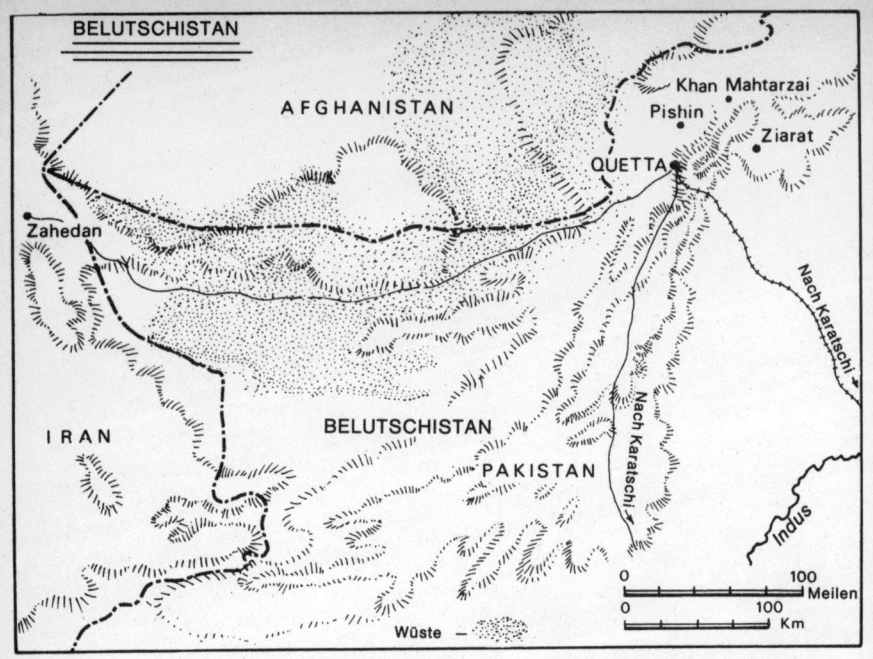

Afghanen und Zoroastrier

Ich hatte am Abend Lebewohl gesagt; um vier Uhr morgens brachte mich einer der Hausdiener hinunter zum Bus nach Zahedan an der pakistanischen Grenze. Mein Transitvisum lief aus, und ich mußte Iran verlassen; aber ich hoffte, in Karatschi ein neues Visum zu bekommen. Vom Bus aus beobachtete ich meinen dritten Sonnenaufgang über der Wüste Lut. Vielleicht würde ich den alten Leuchtturm entdecken, der einst den gleichen Zweck erfüllt hatte wie ein Leuchtturm am Meer: er hatte die Karawanen aus der Wüste herausgeführt. Wir kamen durch flaches Land, aus dem überall kegelförmige Schieferton-Felsen in die Höhe ragten, die aussahen wie eine riesige Ruinenstadt. In alten Zeiten hatte ihr Aussehen viele Legenden und Geschichten über verschwundene Städte entstehen lassen.

Dahinter folgte die graue Wüste mit wellenförmigen Hügeln und versteckten Taleinschnitten, ab und zu sah ich die Reste einer Burg. Der Bus hielt, um ein paar Belutschenfamilien zusteigen zu lassen, die Frauen und Mädchen in farbenfrohen Kleidern und darunter hervorschauenden langen Hosen mit Seidenstickereien an Saum und Ärmelenden. Sie waren viel hübscher als die Alltagskleider in den Dörfern. Alle Männer trugen Turbane.

Belutschistan ist ein riesiges, aber kaum bevölkertes Wüstengebiet, das sich von Iran bis nach Pakistan hinein erstreckt. Ganz Belutschistan gehörte um 500 v. Chr. zu Persien, aber es war immer ein isolierter und leidenschaftlich um Unabhängigkeit kämpfender Grenzstaat. Auch Karatschi, die Hauptstadt der Provinz Sind (Westpakistan), gehörte einst zum Persischen Reich. Meine Reise würde sich innerhalb der alten Grenzen des Persischen Reiches bewegen, sie würde nicht über Belutschistan und Sind hinausgehen.

In Zahedan wechselte ich den Bus und erreichte die iranisch-pakistanische Grenze um halb zwölf Uhr, wo ich damit begrüßt wurde, daß der Grenzübergang gerade geschlossen und erst am Nachmittag um vier wieder geöffnet würde. Der Sand war kochend heiß. Ich mußte in der Zollabfertigungshütte sitzen und wagte weder zu essen noch zu trinken, denn es war ja noch Ramadan. Was für eine Erleichterung, wenn der Fastenmonat endlich vorüber wäre!

Draußen hinter dem Zollschuppen entdeckte ich einen Wasserhahn, aber das Wasser schmeckte salzig. Ich sehnte mich nach frischem kaltem Wasser. Die Luft war sehr staubig und trocken; es brachte nur vorübergehend etwas Erleichterung, wenn man sich das Gesicht wusch. Ich grübelte darüber nach, ob für Wüstenbewohner salziges Wasser nicht vielleicht viel gesünder war als reines Süßwasser.

Es war eine ermüdende Warterei; ich traute mich nicht einmal, etwas in mein Tagebuch zu schreiben, aus Angst, die Iraner könnten wieder durchdrehen. Die Wände um den Innenhof waren mit Sprüchen beschmiert wie: „Wir wollen Islamische Gesetze auf der ganzen Welt" oder zur Abwechslung: „Nieder mit der UdSSR." Und auf dem Eingang zur Quarantänehalle stand: „England ist schlimmer als Amerika, und Rußland ist schlimmer als die ganze Welt."

Nach vier Stunden Herumsitzen konnte ich endlich über die Grenze nach Pakistan und fand einen Bus nach Quetta, der in einer Stunde abfahren sollte. Ich verbrachte die Wartezeit damit, daß ich nach Trinkwasser suchte; es schien in dieser armseligen Stadt nirgendwo einen öffentlichen Wasserhahn zu geben, nicht einmal einen mit salzigem Wasser. Und als ich nach einem Klo fragte, sagten sie, leider gebe es nur eins auf der iranischen Seite, hier würden sich die Leute einfach in die Wüste hocken. Dieser Ort bildete einen häßlichen Gegensatz zu den sauberen iranischen Städten, er war verdreckt, alles voller Unrat und Fäkalien, Gräben mit faulig-trübem Wasser, Abfallhaufen, die von Ziegen und Menschen durchwühlt und zerstreut waren. Die meisten Häuser waren schäbige Baracken aus altem Pappkarton und Blech. Jeder, dem ich begegnete, schien ein Geldwechsler vom Schwarzmarkt zu sein.

Der Bus fuhr nach einer Stunde nicht ab, auch nicht nach zwei, nicht einmal nach zehn Stunden. Der Fahrer wartete einfach, daß noch mehr Passagiere kamen. Meine Chancen, die größere Hälfte der Wüste in der Kühle der Nacht durchqueren zu können, schwanden dahin. Nach zwölf Stunden Warten war ich genauso erschöpft, als wäre ich die ganze Zeit unterwegs gewesen; wahrscheinlich war es sogar anstrengender, nirgendwohin zu reisen. Als die Sonne unterging und es dunkel wurde, legten sich die Passagiere im Bus schlafen.

Der Morgen brach an, die Hitze kam wieder. Das einzig Lustige am ganzen war der Bus: Er war prunkvoll mit blitzenden Blechverzierungen dekoriert, seine Front war wie ein prächtiger Ritterschild mit buntem Spiegelglas geschmückt, er schillerte und blitzte in der Sonne. Die Busfahrer versuchten sich gegenseitig auszustechen.

Schließlich wurde der Motor doch angelassen, aber nur, um eine Stunde lang um die Stadt herum zu fahren und neue Passagiere aufzulesen, so lange, bis jeder Platz besetzt war. Endlich starteten wir in Richtung Wüste, aber nach einer halben Stunde streikte der Motor – wir hatten keinen Treibstoff mehr. Es war nicht zu fassen! Dabei hätte man annehmen können, daß der Fahrer während der zwölfstündigen Wartezeit irgendwo Diesel hätte auftreiben können. Da warteten wir nun erneut, diesmal auf einen anderen Bus, der vielleicht vorbeikommen und uns etwas Treibstoff abgeben würde.

Ein offener Lastwagen erschien und nahm unseren Fahrer mit, um Diesel zu besorgen. Weitere zwei Stunden vergingen, bis wir losfahren konnten. Zwanzig Kilometer legten wir zuckelnd zurück, dann erneuter Stopp, weil zwei Busse seitlich aneinandergelehnt die Straße versperrten. Bei dem einen war die Achse gebrochen, er war gekippt und hing nun auf dem anderen drauf. Man band Seile an unserem Bus fest, um den schiefhängenden Bus aufzurichten. Natürlich brauchte man dann auch unsere Wagenheber und Werkzeuge, so warteten wir eben weiter, bis die ganze Reparatur beendet war. Der Tag war glühend heiß, wir saßen in der leeren, flachen Wüste, die vor Hitze flimmerte. Trotzdem beeindruckte es mich, wie selbstverständlich sich die Menschen hier gegenseitig halfen und die Frauen anderen ihr Trinkwasser gaben, die es dringender benötigten.

Die nächsten 150 Kilometer Staubpiste waren wie Wellblech, dann fuhren wir auf durchlöchertem Makadam. Die Passagiere schwankten und hüpften auf ihren Sitzen im Rhythmus der Schlaglöcher, ihr synchrones Pendeln und Wippen paßte fast zum Takt der Musik, die aus dem Kassettenrekorder plärrte, es sah aus wie ein seltsamer Tanz.

Mit der Dämmerung begann ein Sandsturm. Ein Belutsche begegnete uns mit Kamelen, die Wurzeln als Feuerholz auf dem Rücken trugen. Die meisten Mitreisenden im Bus waren Belutschen und Afghanen, nur fünf davon waren pakistanische Städter. Ich verbündete mich mit deren drei Ehefrauen. Auf langen Busreisen versuche ich immer, mich mit einer geeigneten Person oder einem Paar anzufreunden, als Frau erspart man sich dadurch Ärger.

Die Luft war immer noch heiß, als es dunkel wurde und wir in einer Oase hielten, um zu Abend zu essen – ein scharfes Chiligericht. Die Fahrt zog sich die ganze Nacht hin. In den Bergen regnete es, und wir mußten bis über die Achsen durch Hochwasser fahren. Aber wir kamen immer noch besser voran als Alexander der Große, der sich in dieser Belutschenwüste verirrte und durch eine plötzliche Überschwemmung fast seinen ganzen königlichen Troß verlor.

Alexander hatte das Land bis zum Indus erobert und eine Expedition den Fluß hinunter gestartet. Er war hier den Fußstapfen des großen Perserkönigs Darius gefolgt, der nicht nur Boote den Indus hinunter bis ans Meer geschickt hatte, sondern auch einen Verbindungskanal zwischen dem Roten Meer und dem Nil hatte bauen lassen, so daß er bis ins Mittelmeer segeln konnte. Um zehn Uhr morgens kamen wir in Quetta an, es war Markttag, und die Straßen waren völlig verstopft – ein quirlendes, lärmendes Durcheinander von Bussen, Rikschas, Eselkarren und Kamelpritschen voller Ziegelsteine. Die Kamele trugen Glocken, und um ihre Knie hatte man Tücher gebunden.

In den Marktständen entlang der Straße wurden glitzernde Stickereien, Blechkanister, Metallwerkzeuge und anderes verkauft, und Friseure und Schuhflicker boten ihre Dienste an. An einer Straßenecke stand ein Pelikan, ich hielt ihn für ausgestopft, bis er nach meiner Sandale pickte. Sein Besitzer zeigte mir ein paar Flaschen mit gelbem Öl und erklärte, er mache Pelikanöl, ein medizinisches Allheilmittel.

Obwohl ich im Bazar etwas herumbummelte, war mein wichtigstes Anliegen zunächst, mein Visum für Iran erneuern zu lassen. Ich kaufte mir eine Fahrkarte für den Zug nach Karatschi. Zwanzig Stunden brauchte ich bis dorthin, und bei jedem Kilometerpfosten, an dem der Zug hielt, während er den Paß hinaufkeuchte, wurde es heißer. Das Anhalten war eine Sicherheitsmaßnahme; zu meiner Beruhigung entdeckte ich, daß häufig Auslaufgleise abzweigten, damit der Zug angehalten werden konnte, falls die Bremsen versagten.

In Karatschi quartierte ich mich im Bazarviertel in der Herberge für Durchreisende ein und bekam glücklicherweise ein gut belüftetes Vierbettzimmer für mich allein. Die Bäume vor dem Fenster waren mit bunten Lichtern geschmückt, man würde bald das Ende des Ramadan feiern. Die Funken, die aus dem Generator sprühten, mit dem man den Strom für die Glühbirnen erzeugte, blitzten heller als die Lichter selbst.

Ich durchstöberte die Märkte um die Herberge herum. Ein Zahnarzt warb mit einem Schild „Kräftige Kunstharz-Zähne" und ein Kräuterdoktor mit einer Kobra, aus der er Arznei gegen Impotenz machte. Mein Abendessen in einem Café enthielt zu viel Chili; ich versuchte zwar, all die roten Schotenstückchen herauszupulen, aber es war eine vergebliche Mühe.

Am Morgen beantragte ich ein neues Visum für Iran. Ich fuhr mit Stadtbussen herum, denn die Taxi- und Rikschafahrer versuchten bei Ausländern ständig ihre Preise zu vervierfachen. In den Bussen sitzen die Frauen separat im vorderen Teil, eine angenehme Seite der Männerherrschaft, denn die Männer stehen dicht gedrängt im überfüllten, stickigen hinteren Teil des Busses. Ich saß neben einer Frau mit einem Wasserglas, in dem sich zwei lange Fische ringelten. Während ich überlegte, ob die Fische lebendig seien, schlingerte der Bus plötzlich in einer Kurve, die Frau ließ ihr Glas fallen, und die Fische platschten auf den Fußboden. Ein Höllenspektakel brach los, die Fische flutschten zwischen den Frauen hindurch, die nach ihnen grapschten oder ihnen auswichen. Ein Fisch schlitterte zur Tür hinaus auf die Straße, und der Bus mußte anhalten. Die Frau stieg aus, hob den Fisch auf, wusch ihn an einem Wasserhahn und füllte ihr Glas wieder.

Ich aß im „Sind Club" zu Mittag, dem ältesten Club in Mittelasien – das Lokal war so elegant und prächtig wie sein Ruf. Mein Gastgeber war ein pensionierter „Bengal Lancer", ein ehemaliges Mitglied des britischen Lancer-Regiments in Bengalen. Diesen Kontakt hatten mir Freunde verschafft. Brigadier Heski Baig war auch ein weltbekannter Polospieler gewesen und hatte dazu beigetragen, daß Polo in England eingeführt wurde. Wir sprachen über pakistanische Pferde, und ich erfuhr, daß die einheimische Rasse der Simdi den iranischen Pferden anscheinend unterlegen war und man die meisten guten Pferde aus Europa importierte.

Am nächsten Morgen ging ich auf der Suche nach einem Frühstück im Bazar spazieren. Neben einem Jongleur saßen zwei Affen und ein Stachelschwein. Sobald der Mann sich auf seine Vorführung konzentrierte, quälten die Affen das Stachelschwein und zwickten es in die ungeschützten Teile, so daß der Mann sein Kunststück unterbrechen mußte, um dem armen alten Stachelschwein zu helfen.

Später sah ich denselben Mann im Gespräch mit einem anderen, der einen großen Bären an einer Kette führte. Sie zeigten mir ihre

Nummer, die daraus bestand, einen kleinen Jungen zu überreden, seinen Hals in das Maul des Bären zu legen. Allerdings glaube ich nicht, daß der Bär noch genügend Zähne hatte, um irgend jemandem etwas antun zu können.

Mitten im Bazar zu wohnen machte Spaß, man konnte herumschlendern, in den Nebengäßchen untertauchen und sich hoffnungslos verlaufen, ohne dabei zu weit von seiner Unterkunft abzukommen. Ich schloß Freundschaft mit einem Hutmacher und einem Schalverkäufer, die mich immer einluden, mit ihnen die BBC-Nachrichten anzuhören und süßen Tee mit Milch zu trinken, und mit einem Tomatenverkäufer, dessen Absichten jedoch nicht so eindeutig waren.

Eine Woche würde es dauern, bis ich mein Visum abholen konnte. Ich beschloß deshalb, mir etwas mehr von Belutschistan anzusehen, und nahm den Zug zurück nach Quetta. Er war vollgepropft mit Leuten, die zu Familienzusammenkünften fuhren, um das Ende des Ramadan zu feiern. Diese vier Feiertage hintereinander sind eines der vier großen moslemischen Eids oder Feste. Sie beginnen mit dem Erscheinen des Neumonds. Ich reiste in einem zugehängten Frauenabteil. Die am strengsten verschleiernde Kleidungsform ist das Quetta-Modell, ein vom Scheitel bis auf den Boden vollständig geschlossener Überhang mit einem Sichtgitter vor den Augen, durch das die Frau hinausspähen kann. Sobald der Zug aus einem Bahnhof hinausfuhr, nahmen die Frauen ihre Verhüllungen ab. Wir teilten uns das Abendbrot, meine Nachbarin kaufte mir Tee, aber als ich ihr das Geld erstatten wollte, suchte sie angestrengt nach Worten, dann sagte sie: „Nix Rupie, ich liebe dich". Eine hübsche Art, mir mitzuteilen, daß ich wohlgelitten war. Sie hatte Henna auf den Fußsohlen, in der Mitte des Handtellers und auf den Fingerspitzen, und ihre Ohrringe begannen an der Oberkante ihrer Ohren. Außer „yes", „no" und „son-of-a-bitch" (Scheißkerl) kannte sie keine englischen Wörter.

Sie gehörte zu einer afghanischen Familie aus Kabul, und sie fuhren für einen Monat dorthin zurück, weil im Augenblick keine Kämpfe in diesem Gebiet stattfanden.

In Karatschi hatte man mir Namen und Adresse von Sheila und Jahonsoz gegeben, die ich in Quetta besuchen wollte. Sheila ist Schottin, verheiratet mit Jahansoz, einem Parsen und Anhänger der Lehre des Zarathustra. Er war gebürtiger Iraner, aber viele Zoroastrier mußten aus Iran fliehen, um der Zwangsbekehrung zum Islam zu

Oben: Das ehemalige Sommerhaus von Kooros' Großvater. *Unten links:* Belutschenmädchen backen Brot in einem Lehmofen. *Unten rechts:* Kooros zeigt mir einen Zugang zu seinem Qanat. Mit der Seilwinde werden bei Reinigungsarbeiten die Eimer voll Sand heraufgezogen

Oben: Der Gaukler, dessen Affen ständig das Stachelschwein plagten
Unten: Die Straße nach Quetta

Links: Den Pelikan
hielt ich für ausge-
stopft, bis er nach
mir pickte
Kleines Bild: Eid-
Veranstaltungen: ein
Schießwettbewerb
in Khan Mahterzai
Unten: Der
Ringkampf

Aziz' Familie bei der Butterherstellung

entgehen. Die Zoroastrier von Quetta haben einen „agyari" oder Tempel, in dem die heilige Flamme, die sie aus Iran mitgebracht haben, ständig brennt und von Priestern gehütet wird. Sheila ist der Zutritt in diesen Tempel verwehrt, sie kann auch nicht Zoroastrierin werden, da dieser Glauben keine Konvertierten akzeptiert. Ihre beiden Töchter jedoch wurden hineingeboren und gehören deshalb zur Gemeinschaft.

Da weder sie noch ich das Ramadan-Fasten einhalten mußten, aßen wir köstlich zu Mittag. Am Nachmittag fuhr Sheila mich im Jeep zu einem afghanischen Flüchtlingslager in der Nähe der afghanischen Grenze. Sie hatte als Ärztin für das Medical Corps der UN gearbeitet, bis es durch eine Flut von Entführungen und Unruhen notwendig geworden war, alle Fahrten zu verbieten; so konnte sie die Lager nicht mehr aufsuchen und draußen ambulant Dienst tun.

Es gibt immer noch Einschränkungen im Reiseverkehr. Im vergangenen Jahr wurde ein australisches Ehepaar von Banditen aus Belutschistan entführt und von Mai bis Oktober gefangengehalten. Nun ist es ausländischen Bewohnern verboten, Quetta ohne bewaffnete Eskorte zu verlassen. Wir baten deshalb um eine Eskorte und verließen die Stadt auf einer neuen Teerstraße, die von der heißen Sonne weichgeschmolzen war.

Durch Dörfer und Apfelplantagen kamen wir in eine herrliche Gegend mit roten Lehmbergen, deren heruntergeschwemmte Erde in der Ebene Muster gebildet hatte. Dahinter ragten graue Bergketten auf. Neben der Straße lagen zerzauste Weizenfelder, in denen Nomadenfrauen in roten und leuchtendrosa Kleidern arbeiteten. Die Zelte der Nomaden bestanden aus Stangen mit dazwischengespannten Seilen, über die schwarze Tücher gehängt waren; sie sahen aus wie riesige schwarze Spinnen.

Für die siebzig Kilometer brauchten wir fast zwei Stunden. Als erstes kamen wir zu einem Depot, von dem aus die Flüchtlinge mit Weizen, Mehl, Öl zum Kochen und Holzpfosten für den Häuserbau versorgt werden. Das Flüchtlingsdorf selbst hatte sich, seit Sheila das letzte Mal hier war, auf fast das Doppelte vergrößert. Es war jetzt drei Kilometer lang und ebenso breit. Es war ursprünglich für sechs Jahre errichtet worden und hatte sich zu einer blühenden Gemeinde entwickelt, mit Straßenständen voll frischem Obst und Gemüse. Hier war schon der erste Tag des „Eid" angebrochen. Die Afghanen behaupteten, die Wüstenluft sei so klar, daß sie in der vergangenen Nacht den

Neumond hätten sehen können. In Quetta war der Mond noch nicht erspäht worden.

Mein stärkster Eindruck von dieser Flüchtlingssiedlung war, daß es kein von Armut heimgesuchter Ort voll Mühsal und Leiden war; die Kinder sahen wohlgenährt und gesund aus. Es gab überraschend viele Männer, und einige, mit denen ich mich unterhielt, sagten mir, daß sie für eine bestimmte Zeit nach Afghanistan gingen, um zu kämpfen, und dann hierher zurückkehrten, um ihre Verwundungen auszukurieren und neue Kraft zu schöpfen.

Was mich allerdings deprimierte, war eine ganze Ansammlung hervorragender mobiler medizinischer Geräte, die ungenutzt herumstanden, einschließlich einem fahrbaren Röntgengerät und einem Operationssaal, der lediglich als Ausweichstation für die überfüllten Krankenzimmer diente. Offensichtlich fehlte den Pakistani das Fachwissen, um die Geräte einzusetzen – was für eine Verschwendung von Hilfsgeldern aus dem Ausland!

Als Sheila und ich nach Quetta zurückfuhren, begegneten wir einer Herde von etwa 500 Dromedaren, die gerade ihren Winterpelz abstießen. Mir fiel ein, daß dieses Gebiet das Weideland eines einheimischen Stammes war, und ich fragte mich, ob sie keine Aggressionen entwickelten, wenn sie zusehen mußten, wie ihre kärglichen Weiden von den Kamelen der Flüchtlinge abgegrast wurden. Ich hatte schon davon gehört, daß die Einheimischen neidisch seien, weil den Flüchtlingen freie Verpflegung und Baumaterial gestellt wurden und weil die Brunnen, die man aus den Hilfsprogrammen für sie baute, das wertvolle, von der ansässigen Bevölkerung auch dringend benötigte Wasser anzapften. Ich empfand es als unfair, daß die Dorfbewohner mit ihren alten Stammesrechten, die hier ihren Lebensunterhalt zusammenkratzen müssen, nichts erhalten, während so viel Geld geradezu vergeudet wird. Jedes Ding hat seine zwei Seiten!

Auch auf dem offenen Land um Quetta findet man überall Nomadenzelte, schäbige, aus Flicken zusammengesetzte Unterkünfte der Belutschen, Afghanen und Pathanen. Einige afghanische Mädchen erklärten mir, sie würden nicht mehr nach Afghanistan zurückkehren. In einem Pathanen-Zelt, in das man mich zum Tee einlud, spielte ein Mann gleichzeitig auf zwei Flöten. Er hielt die Enden weit auseinander, so daß man den herunterhängenden Fransenschmuck aus Perlenschnüren gut sah. Sein Spiel klang eigenartig, wie mit Dudelsackpfeifen, aber sehr melodisch.

Ein Staubsturm kam auf, als ich von Quetta abreiste. In dieser Stadt gibt es so oft Sandstürme, daß ich mich fragte, warum hier niemand auf die Idee kam, dem Beispiel Kermans zu folgen, wo Issas Onkel die Elemente mit Tamariskenpflanzungen besiegt hatte.

Als ich bei Sonnenuntergang in meinem Hotel ankam, explodierten Salven von Feuerwerkskörpern, vielleicht, um das Erscheinen des Mondes heraufzubeschwören. Der Strom fiel aus, und ich mußte eine Kerze aufstellen. Das erinnerte mich an das Feuerwerk und die Kerzen am griechisch-orthodoxen Osterfest zu Beginn meiner Reise. Es war erst sechs Wochen her, aber irgendwie schienen mir Welten dazwischenzuliegen.

Das „Eid"-Fest

Der Neumond war gesichtet worden. Die ganze Nacht hörte ich Böllerschüsse und wimmernde Flötenmusik. Männer kamen am Morgen aus den Moscheen, umarmten einander und klopften sich gegenseitig auf die Schultern. Kinder liefen herausgeputzt umher, Straßenhändler boten Eßwaren und Getränke an. Es herrschte eine solche Festatmosphäre, daß ich mir verloren und einsam vorkam. Ich wollte erleben, wie die Leute auf dem Land „Eid" feierten, und fuhr mit einem Nahverkehrsbus in das Dorf Pishin, dort sollte ein Fest mit Tanz und Ringkampf stattfinden. Aber als ich ankam, war nichts von „Eid"-Festivitäten zu entdecken – die Mullahs hatten alles verboten –, und niemand konnte Englisch. Ein hilfsbereiter Polizist brachte mich zu einem Haus, in dem angeblich jemand Englisch sprach, und ließ mich am Gartentor stehen.

Eine etwas ältere Dame öffnete, eine Irin, sie trug pakistanische Kleidung, „salvar" und „kamise" – ein überlanges Hemd und Pluderhosen. So lernte ich die berühmte und geachtete Jennifer Qazi Musa kennen, die Witwe von Qazi Musa, der zusammen mit Jinnah, dem Gründungsvater Pakistans, diesen Staat ins Leben gerufen hatte. Jennifer zeigte mir die Räume, die Jinnah mit seiner Frau bei einem Besuch hier bewohnt hatte. Das ganze Haus schien den Hauch früherer Zeiten zu atmen, überall Schwerter, Tigerfelle, ausgestopfte Tierköpfe und ausgebleichte Schwarzweißfotografien von führenden Politikern aus den Tagen der Teilung.

Die Einheimischen erzählen sich, daß König Georg VI. von England dem Qazi Musa, weil dieser einen Löwen getötet hatte, Jennifer zum Geschenk gemacht hätte. Und Jennifer wollte ihnen diese Illusion nicht zerstören.

Immer noch auf der Suche nach „Eid"-Veranstaltungen, fuhr ich in eine andere Richtung, nach Ziarat, einer Stadt in den Bergen, etwa 150 Kilometer von Quetta entfernt. Ein Bus nahm mich 30 km weit mit und setzte mich an der Abzweigung nach Ziarat ab. Hier erfuhr ich dann, daß keine Busse mehr verkehrten, da die Fahrer frei hatten. Kein Problem, dachte ich, dann reise ich per Anhalter. Aber es kam so gut wie kein Fahrzeug, offensichtlich feierten alle Leute zu Hause. Schließlich stoppte ein Range Rover. Die Familie war auf dem Weg zu einem Regierungsstützpunkt hinter Ziarat; der Mann, ein Politiker, mußte beruflich dorthin. Den ganzen Tag jammerte er über die Unzulänglichkeiten des Regimes, hatte aber trotzdem Worte der Anerkennung für den derzeitigen Gouverneur von Belutschistan, General Musa: „Ein guter Mann. Er wird in dieser Gegend heute ein Dorf-‚Eid‘ mitfeiern.“

„Wo findet die Feier statt?“ Ich horchte sofort auf.

„In Khan Mahtarzai, fünfzehn Kilometer abseits von dieser Straße, wir kommen gleich an die Abzweigung.“

„Dann werde ich dorthin gehen.“ Wenn der Gouverneur kam, konnten die Mullahs das Fest schwerlich absagen.

„Wenn Sie unbedingt wollen, aber seien Sie vorsichtig, das ist noch eine wilde Gegend, die Leute sind von der Zivilisation so gut wie unberührt.“ Er ließ mich an der Abzweigung aussteigen, und ich winkte zum Abschied. Als der Range Rover am Horizont verschwunden war, stand ich mutterseelenallein in einer endlosen, menschenleeren Landschaft.

Drei Stunden später erreichte ich Khan Mahtarzai, genau rechtzeitig, denn der Gouverneur sollte in der nächsten halben Stunde eintreffen. Bis dahin zwängte ich mich durch die versammelte Menge. Es waren Männer vom Stamm der Pashtoon, sie trugen Pluderhosen und Hemden und über den dunkelbraunen, hageren Gesichtern einen Turban, Fez oder Hut. Viele hatten grüne Augen. Die meisten hielten ein altes Gewehr im Arm. Es waren mehrere tausend Männer, keine Ausländer, und nicht eine einzige Frau. Das war vielleicht ein Gefühl – als einzige Frau unter so vielen Männern! Auf einer Anhöhe hinter dem Dorf, wo der Berg anfing, hatten sie schon begonnen, ihre Gewehre anzuwärmen und feuerten auf weit entfernte Ziele. Unterhalb des Dorfes zog sich eine grasbewachsene Ebene weit bis zum Gebirge am Horizont hin. Die Feier war auf einem leicht angehobenen Terrain neben dem Dorf ausgerichtet, dort standen auch ein paar Reihen Stühle und ein Baldachin für den Gouverneur und seine Begleiter.

Die Ankunft General Musas wurde von Sirenengeheul, Miliz und

Gewehrschüssen angekündigt. Die offizielle Abordnung und fünfzig „maliks" (dörfliche Würdenträger) nahmen ihre Plätze unter dem Baldachin ein, und der Gouverneur erhielt einen geschmückten Turban, einen „kula", wie man ihn hier trägt, zum Geschenk. Ein junger Mann trat vor und sang einige Verse aus dem Koran, dann begann das Fest mit „kushati", einer alten Form des Ringkampfes.

Die Männer stellten sich paarweise auf, beugten sich vornüber, Schulter gegen Schulter, und packten einander beim Gürtel, dabei traten sie mit den Füßen und versuchten, den Gegner zu Fall zu bringen. Wer umfiel, schied aus, und die Gewinner traten wieder gegeneinander an, bis zum Schluß einer übrigblieb. Es war eine wilde, leidenschaftliche Demonstration von Geschicklichkeit und Kraft. Am meisten gefielen mir zwei alte, weißhaarige Kämpfer, die sich sehr anmutig und schnell bewegten. Dem kleineren Mann gelang es, seinen Fußknöchel um das Bein des anderen zu haken und nicht mehr loszulassen, selbst als dieser ihn hoch in die Luft hob. Die Menge schrie vor Begeisterung. Ich konnte alles hervorragend sehen, denn der Wachtposten hatte mir einen Stuhl unter dem Baldachin zugewiesen.

Zum Schießkunstwettbewerb ging ich hinüber bis zur Abschußlinie. Ein bewaffneter Soldat führte mich hin, er hatte den Auftrag erhalten, mich für den Rest des Festes zu begleiten. Ich bewunderte die Gewehre der Männer, einige waren wirklich sehr alt und mit herrlichen Silberintarsien geschmückt. Sie trafen die über hundert Meter entfernte Zielscheibe mit erstaunlicher Genauigkeit, nur wenige verfehlten sie ganz, und ins Schwarze traf ein großer, gutaussehender Mann mit einer Wolfspelzmütze, der so diesen Wettstreit für sich entschied.

Unten auf dem eingeebneten Grund ging es weiter mit Tauziehen. Zur allgemeinen Begeisterung gewann die Heimmannschaft. Danach begann der Tanz: Die Männer bildeten einen Ring, ein Trommler saß in der Mitte und schlug mit Stöcken auf beide Seiten einer länglichen Trommel. Jedes Dorf hatte seine eigene Tanzgruppe mitgebracht, einige wirbelten um sich selbst, drehten kleine Kreise im großen Kreis, gingen auseinander und wieder zusammen, der Trommelschlag hämmerte ununterbrochen, und ein Schleier von Staub begann die Szene einzuhüllen.

Gegen Ende des Festes wurde Tee angeboten und Kuchen mit leuchtendgrünem und rosafarbenem Zuckerguß. Der Gouverneur ließ mich rufen, damit ich ihm vorgestellt würde, danach stellte er mich den Dorfvorstehern vor. Als ich erklärte, daß ich auf dem Weg nach Ziarat sei, schlug General Musa vor, ich solle doch bis zum nächsten Tag hier bleiben. Er bat Aziz, den Organisator des Festes, sich darum zu kümmern, daß ich gut untergebracht würde.

Aziz nahm mich mit zu sich nach Hause; er wohnte in einem Weiler, ein paar Kilometer entfernt, und unterwegs erzählte er mir, wie er auf die Idee gekommen war, dieses Fest zu veranstalten und den Gouverneur dazu einzuladen – in der Hoffnung, dadurch auf diese Region aufmerksam zu machen. Nach dem, was ich bisher gesehen hatte, war die Gegend wirklich arm und unterentwickelt, obwohl das Land fruchtbar war und sicher mehr Ertrag liefern könnte, wenn die Regierung in seine Entwicklung investieren würde. Seit zehn Jahren forderte Aziz den Anschluß an die Stromversorgung; dank seiner Beharrlichkeit hatte man sie endlich vorigen Monat ans Stromnetz angeschlossen. Er bot an, mir am nächsten Morgen seine Obstplantagen zu zeigen, nicht jetzt, denn jetzt war es Zeit für das „Eid"-Festessen – Schaf, Joghurt, Auberginen, Gurken, Tomaten und Chapatis –, und nach dem Essen lehnten wir uns zurück und schlürften heißen Tee mit Schafsmilch.

Aziz' Familie war ein vergnügter kleiner Haufen aus sechs Töchtern und der Mutter. Sie hatte ihren Schleier zur Seite geschlagen, als aber ein Vetter auftauchte, zog sie ihn rasch wieder vors Gesicht und sagte kein Wort mehr, solange er dablieb. Als es Schlafenszeit war, legten wir uns alle auf den Boden des Hauptraumes, der mit Teppichen und Steppdecken ausgelegt war. Die Nacht wurde etwas unangenehm kalt in diesen 2800 Metern Höhe.

Wir erwachten in der schon heißen Morgendämmerung, vertilgten ein nahrhaftes Frühstück aus Eiern, Schafsbutter, Chapatis und Tee, und dann sah ich zu, wie die Frauen einen neuen Tagesvorrat an Chapatis zubereiteten. Sie zündeten ein Reisigfeuer an, setzten einen riesigen, nach oben gewölbten Metalldeckel darüber und legten, als er heiß war, die Teigfladen darauf, die sie zuvor mit den Händen so lange bearbeitet hatten, bis sie fast einen halben Meter Durchmesser hatten. Neben dem Ofen standen Eimer mit frischem Wasser – es waren alte Lkw-Reifen, die man geschickt aufgeschnitten und zu urnenförmigen Gefäßen zusammengenäht hatte.

„Ich zeige Ihnen unseren Brunnen", sagte Aziz stolz. Er hatte etwas in sein Land investiert, darauf konnte er mit Recht stolz sein. Der

Brunnen war mehr als dreißig Meter tief. Die Gräber hatten einen zweiten, einen Arbeits-Schacht ausgehoben, der schräg zur Erdoberfläche hinauflief. „Sie können bis zum Wasser hinuntergehen", schlug Aziz vor; ich tat es und stellte fest, daß die Luft drinnen köstlich kühl war.

Nachdem ich wieder an der Erdoberfläche aufgetaucht war, zeigte mir Aziz seine Obstplantage, sauber angelegt und vollständig bewässert. Pfirsiche, Aprikosen und vier Sorten Äpfel zog er, daneben pflanzte er Luzerne an, um im Winter seine achtzig Schafe füttern zu können, wenn das Land unter einem Meter Schnee verschwand.

Ein unternehmerischer Mann, tatkräftig und fortschrittlich. Ich würde dem Gouverneur schreiben, wie sehr ich Aziz' Gastfreundschaft geschätzt habe, und würde seine Bemühungen für die Kultivierung des Landes lobend hervorheben. Aziz brachte mich an die Straße nach Ziarat und hielt einen Jeep an. Er war zwar schon voller Leute, aber es waren Freunde von Aziz, und sie rückten zusammen, damit ich noch hineinpaßte.

Die Straße führte bergab und lief dann am Fuß eines hohen Berghanges entlang. Man sah die unterschiedlichen Gesteinsschichten, die Muster und Strukturen bildeten – scharf gezacktes Grau lief gegen runde Flecken Schwarz und welliges Grün, jedes Material war anders ausgewaschen. Als wir uns der Paßhöhe von 2900 m näherten, entdeckte ich einzelne Wacholderbäume. Die Gegend um Ziarat ist berühmt für diese Bäume, es gibt hier den größten Wacholderwald der Welt. Als wir über den Paß kamen, wurden die Bäume zahlreicher, aber ihr Wuchs war kümmerlich, und sie standen nicht so dicht, daß man schon von einem Wald sprechen konnte. Wir waren noch eine Stunde von Ziarat entfernt, die Straße war holprig und zerfurcht, riesige, graue, scharf gezackte Felswände ragten seitlich empor, von tiefen Schluchten durchschnitten. Knorrige Bäume reckten ihre winkligen Silhouetten aus den Felsspalten.

Wir hielten in einem Tal, um einige Tüten schwarzer Kirschen zu kaufen, und setzten uns dann ans Flußufer, um sie zu essen. Eine afghanische Familie kam zum Fluß, um ihre Ziegenhäute mit Wasser zu füllen. Die hochgegürteten Kleider der Mädchen in typisch afghanischem Grün und Rot hatten reich bestickte Mieder. In der Stickerei waren kleine Spiegelchen eingesetzt, die unter den Sonnenstrahlen mit den Wasserreflexen um die Wette blitzten. Die Mädchen lächelten uns ohne Scheu an.

In Ziarat sagte ich dem Jeep adieu und machte eine lange Wanderung durch die Wacholderwälder. Einige der Bäume sollen 5000 Jahre alt sein, sagt man. Am Ende meines Marsches gelangte ich an eine Quelle mit kühlem Bergwasser, von Leuten umlagert, die hier ihr Feiertags-Picknick genossen. Jemand pries mir die vielen Verwendungsmöglichkeiten des Wacholders an: die erbsenartige grüne Frucht eigne sich zum Geleekochen oder für einen Breiumschlag, um die Heilung von Knochenbrüchen zu beschleunigen, die alten Zweige ergäben einen guten Dünger, die grünen Zweige seien das beste Reisig, das sogar in feuchtem Zustand brenne, und mit der Rinde würde man die Dächer der Häuser decken, da sie ein guter Schutz gegen Kälte und Regen seien und es durch sie im Inneren des Hauses gut rieche.

Um etwa vier Uhr nachmittags war ich wieder in Ziarat und aß in einem Café, etwas verspätet, zu Mittag. Dabei konnte ich einem traditionellen „Eid"-Spiel zusehen, dem Eierknacken. Für gewöhnlich wird es von Kindern gespielt; sie lassen ein gekochtes Ei auf ein anderes fallen, dann dieses auf jenes, bis eines zerbricht. Der Gewinner erhält dann beide Eier. Männer sammelten sich zu einem Ringkampf, aber sie hatten kaum begonnen, da kam der Mullah und schickte sie alle in die Moschee zum Gebet.

Ein Lastwagen brachte mich nach Quetta zurück. Inzwischen war es auch Zeit geworden, mein Visum in Karatschi abzuholen. Ich nahm einen Minibus, der eine erst kürzlich eingeweihte Straße befuhr. Rote Felsen und rosa blühende Oleanderbüsche säumten sie, es war eine der schönsten Wüstenrouten, die ich jemals gefahren war. In Karatschi besichtigte mein großzügiger Freund Brigadier Heski Baig mit mir ein Gestüt für Polopferde. Den Rest des Tages verbummelte ich bei Weihnachtseinkäufen im Bazar, packte die Sachen gleich in ein Paket und gab alles im Postamt auf. (Weihnachtseinkäufe im Winter in London hasse ich.) Pakete müssen in weißem Tuch eingenäht werden, damit verdienen sich viele Männer auf der Straße vor dem Postamt ihren Lebensunterhalt. Die Nähte müssen mit Wachs versiegelt und gestempelt werden. Andere Männer haben Schreibmaschinen vor sich stehen, füllen Formulare aus und schreiben Briefe für die Analphabeten. Mitten im Verkehrsgewirr der Rush-hour stand ein Polizist auf seiner Kanzel und regelte mit einem strahlenden Lächeln und ausdrucksstarken Gesten, die eines Maestros vor seinem Orchester würdig gewesen wären, den chaotischen Verkehr.

Von Karatschi führte meine Reise über Quetta mit dem Bus zurück nach Westen in Richtung Iran, aber diese Fahrt sollte ein Alptraum werden.

VON PERSEPOLIS NACH
KURDISTAN

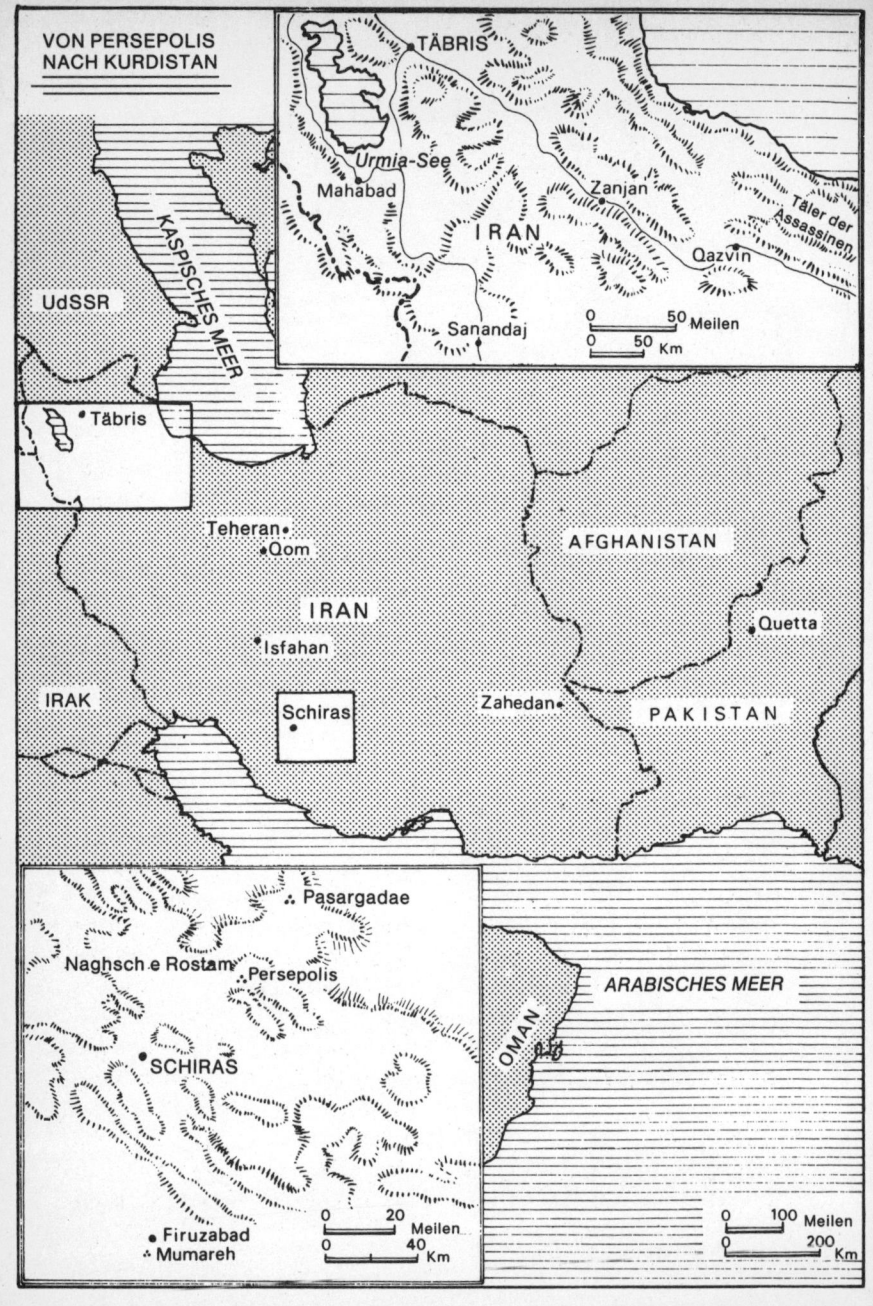

VON PERSEPOLIS
NACH KURDISTAN

TÄBRIS

Urmia-See

Mahabad

Zanjan

IRAN

Täler der
Assassinen

Qazvin

Sanandaj

0   50 Meilen
0   50 Km

UdSSR

KASPISCHES MEER

Täbris

Teheran
Qom

AFGHANISTAN

IRAN

Quetta

Isfahan

IRAK

Schiras

Zahedan

PAKISTAN

Pasargadae

Naghsch e Rostam   Persepolis

ARABISCHES MEER

SCHIRAS

OMAN

Firuzabad
Mumareh

0   20 Meilen
0   40 Km

0   100 Meilen
0   200 Km

Auf Kyros' Spuren

Da ich meine Fahrkarte frühzeitig gekauft hatte, nahm ich an, ich hätte mir gleichzeitig einen der vorderen Plätze reserviert, und ging Tee trinken. Bis ich bemerkte, daß die Fahrkarte keine Platzreservierung einschloß, war es zu spät, und ich ergatterte nur noch einen Sitz ganz hinten – sehr unklug bei einer siebzehnstündigen Busfahrt auf schlechten Straßen. Hinten wurde man fürchterlich durchgeschüttelt. Können Sie schlafen, wenn Sie dauernd vom Sitz hochfliegen? Sobald ich einnicken wollte, knallte ich mit der Stirn gegen den Fensterrahmen, während mir der Lautsprecher über meinem Kopf die Ohren mit näselndem pakistanischem Pop volldröhnte. Ich war ziemlich deprimiert.

Durch die offenstehende Hintertür strömte heiße, staubige Luft herein. Die Landschaft war völlig uninteressant, nichts war zu sehen, kein Mensch, kein Tier, keine Pflanze.

Wir erreichten die iranische Grenze morgens, als sie gerade geöffnet wurde. Ich passierte sie rasch und erwischte einen Bus nach Zahedan. Auf der kurzen Wegstrecke bis dahin mußten wir an sechs Straßensperren Sicherheitsüberprüfungen über uns ergehen lassen. Das Wetter kam mir jetzt beträchtlich heißer vor als bei meiner Herreise vor zehn Tagen.

Von Zahedan aus nahm ich einen Bus in westlicher Richtung nach Schiras und staunte über die besseren iranischen Straßen und die moderneren Busse, die mehr Raum für die Beine ließen und Flaschen mit Eiswasser mitführten. Ich lehnte mich bequem zurück und beobachtete eine riesige Windhose; sie drehte sich sehr schnell, bewegte sich aber nicht vom Fleck; sie war bestimmt zehn Meter im Durchmesser und über dreißig Meter hoch.

Graue Berge ragten wie Mondfelsen aus dem flachen Gelände. Zweimal mußten wir an Straßensperren anhalten, alle männlichen Passagiere wurden Leibesvisitationen unterzogen. An die Frauen wagten sich die Soldaten nicht heran. Mein Gepäck wurde geöffnet, aber niemand interessierte sich für den Inhalt. Das einzige, was mich beunruhigte, war, daß ich unter meiner langen Kittelschürze keine Socken anhatte, es war einfach zu heiß. Normalerweise sah man nichts, aber beim Ein- und Aussteigen in den Bus konnte ich es nicht vermeiden, daß mein nackter Fuß hervorblitzte. Das klingt vielleicht lächerlich, aber ich wußte, es genügte, um wieder im Gefängnis zu landen.

Bei der zweiten Straßensperre stiegen wir Frauen einfach nicht mehr aus. Ich hatte eine Sitzreihe für mich allein, und als es dunkel wurde, streckte ich mich aus und schlief das erste Mal seit drei Nächten wieder tief und fest. Leider gab der Bus um vier Uhr morgens mitten in der Wüste, 350 km vor Schiras, den Geist auf.

Als ein anderer Bus vorbeikam, drängten sich alle Passagiere hinein, es gab nur noch Stehplätze. Ich entdeckte, daß dahinter noch einer näherkam, fast leer, und winkte, um ihn anzuhalten. Der volle Bus fuhr ab, und der leere dahinter hielt nicht an. Da stand ich nun mit zwei Männern, Belutschen, die Morgendämmerung kroch langsam über die Berge, und uns blieb nichts anderes übrig, als uns die Straße entlang in Marsch zu setzen. Es gab wenig Verkehr, und niemand stoppte. Vielleicht hielten sie mich für eine sittenlose Ungläubige. Ich fragte meine Weggefährten, ob sie Ayatollah Khomeni mochten, und sah verblüfft, wie heftig sie reagierten: Sie machten Gesten des Halsabschneidens und spuckten mit Abscheu auf den Boden.

Schließlich hielt ein Lastwagen, und wir konnten auf der offenen Ladefläche mitfahren. Es ging am Ufer eines ausgedehnten Salzsees entlang, dessen weiß kristallisierte Salzkruste im Sonnenlicht gleißte. Am gegenüberliegenden Ufer hoben sich Berge und Hochflächen dunkel gegen den Horizont ab. Weiter im Süden waren die Berghänge voller Feigenbäume. Nach fünfzig Kilometern sagten mir die Belutschen, daß ihnen die rasende Geschwindigkeit des Fahrers Angst mache, und stiegen in der nächsten Stadt aus. Ich fand die 130 bis 140 Stundenkilometer lustig und blieb sitzen.

Wir stoppten vor einem Schlachthaus am Wege; der Fahrer suchte sich eine Ziege aus, und wir warteten, bis sie getötet, abgezogen und ausgenommen war. Daneben säuberte ein anderer Mann drei geschlachtete Fettschwanzschafe; die Schwänze sahen aus wie Rückenlappen aus festem Fett, das wegen seines guten Geschmacks sehr beliebt ist. Unsere enthäutete Ziege wurde komplett mit Kopf und Augen in einen Plastiksack gepackt und auf die Ladepritsche neben meinen Rucksack gelegt.

Nach Schiras wollte ich, um mir Persepolis und Pasargadae anzusehen, die beiden antiken Hauptstädte Persiens, die nur gut fünfzig Kilometer voneinander entfernt liegen. Als ich an einer Bushaltestelle nach der Richtung fragte, erklärte man mir, ich solle „to the police" gehen. Ich war verwirrt: „Nein, nein", erwiderte ich entschieden, die viele Fragerei hatte mich schon fast an den Rand der Verzweiflung gebracht. Dann ging mir plötzlich auf, daß der Mann „perse-polis" gesagt hatte, ich hatte mich nur verhört.

Trotzdem fuhr ich zuerst nach Pasargadae, der Stadt des älteren Königreiches. Als ich dort ankam, war ich enttäuscht: Es gab nur spärliche Überreste von Kyros' Palast, ein paar weiße Marmorsäulen auf schwarzen Sockeln. Das einzige, was noch an ihn erinnerte, war ein Steinportrait auf einer Felsplatte, von der die obere Hälfte fehlte. Seine Tunika war einst mit eingelegten Goldknöpfen besetzt gewesen, die Löcher dafür waren sauber leergekratzt. Auf der Rückseite des Steintores sah man die untere Hälfte eines Gottes mit Pferdefüßen und die eines anderen mit Fischschwanz und Beinen.

Ich setzte mich zwischen die wirr herumliegenden Pfeilerreste und Mauersteine, es war Mittag und sehr heiß, und dachte an „verrückte Hunde und Engländer". Gedankenversunken hob ich einen Felsbrocken auf und entdeckte auf dem darunter hervorschauenden Stein ein wundervolles gemeißeltes Miniaturrelief, es zeigte ein galoppierendes Pferd mit Reiter und eine sassanidische Inschrift.

Vom Palast führen heute ausgetrocknete Wasserkanäle weg, und weiter entfernt davon ist zu erkennen, daß sie früher mit Straßenpflastersteinen abgedeckt waren. Auch Bewässerungssysteme für Gärten hatte man damals, die so schön gewesen sein müssen, daß sie den Gedanken an ein irdisches Paradies entstehen ließen: Das Farsi-Wort „par-di-son" bedeutet „großer Garten". Die Überreste von Pasargadae liegen weit verstreut über ausgedehntes, von der Sonne verbranntes Brachland, auf dem erstaunlich verschiedenartige dornige, niedrige Pflanzen wuchsen, einige blühten sogar.

Etwa einen halben Kilometer weiter befindet sich eine Ruine mit höheren Säulen als der Kyros-Palast; eine davon steht noch aufrecht, zehn Meter hoch, sie gehörte einst zur Audienzhalle. Auf einer viereckigen Säule entdeckte ich eine Inschrift. Ein einarmiger Mann, der plötzlich aus dem Nirgendwo aufgetaucht war, übersetzte sie mir. Er zeigte mir auch einige arabische Inschriften und erklärte mir, wie die riesigen Steinblöcke mit großen Metallklammern zusammengehalten wurden, eine Technik, die schon Kyros' Vorfahren beherrscht hatten. Weiter nördlich fand ich die Wand eines Feuertempels und einen riesigen Solitärstein, das Überbleibsel eines eingestürzten Palastes. Er trägt ein Relief: ein Mann mit Flügeln (Taj Mesra), aus dessen Kopf eine flammenartige Konturlinie herauswächst. Einige Kilometer weiter weg erheben sich noch zwei Feueraltäre in der Form von Stufenpyramiden.

Das Grabmal von König Kyros steht allein, ein quadratischer, gedrungener Giebelbau aus zyklopischen Steinblöcken, der sehr schmucklos und bescheiden aussieht. Ich stieg den hohen, treppenförmigen Sockel hinauf und spähte durch den niedrigen Eingang. Drinnen konnte man gerade noch aufrecht stehen. Die Decke war rußgeschwärzt vom Lagerfeuer der Menschen, die hier im Laufe der Jahrhunderte Schutz gesucht haben. Auf einer Seite sind Motive in den Stein gehauen und eine Inschrift, sie lautet übersetzt: „Ich bin Kyros, Sohn des Kambyses, Gründer des Persischen Reiches und König von Asien. Mißgönne mir deshalb nicht dieses Monument."

Das Seltsame an diesem Bauwerk ist sein bescheidenes Aussehen, außer der Größe der Steinblöcke weist es nichts Großartiges auf. Das machte mich neugierig. In keiner der Beschreibungen, die ich darüber gelesen hatte, war die Frage aufgetaucht, ob dieses Grabmal nicht ursprünglich im Inneren eines prunkvoll geschmückten äußeren Monumentes gestanden hatte. Meine Nachforschungen hatten ergeben, daß man Spuren eines einstigen Überbaues um das Grabmal herum gefunden hatte. Das würde eher zur Grabstätte eines so bedeutenden und mächtigen Regenten wie Kyros passen. Hier in der Nähe hatte er 559 vor Christus mit seinem Heer die Meder geschlagen, danach war er mit neuen taktischen Waffen gegen die Lydier gezogen. Die persische Infanterie, angeführt von Bogenschützen in wehenden, safrangelben Gewändern, hatte gegenüber der lydischen Kavallerie mit ihren langen Speeren verloren ausgesehen. Aber im wichtigsten Moment teilten sich die Reihen der Perser und aus ihrer Mitte galoppierten Kyros' Kamele heraus. Die Pferde der Lydier erschraken über diesen ungewohnten Anblick und Geruch derart, daß sie umdrehten und flohen.

Durch diese Siege konnte Kyros sein Reich 3000 Kilometer weit ausdehnen. Er verwaltete es mit Klugheit und Erfolg und sicherte die transasiatische Handelsroute, die ihm reichlich Steuern und Zölle für seine Schatzkammern einbrachte. Nicht, daß Kyros Geld gebraucht hätte, er war ja bereits so reich wie Krösus, im wahrsten Sinne des Wortes, denn Krösus, der König der Lydier, hatte seine Schätze in einer Festung verborgen gehabt, die Kyros einnahm. Kyros nutzte seinen Reichtum sehr weise für den Ausbau und Erhalt seines neuen Reiches, das bald das größte sein sollte, das die Welt bis dahin gekannt hatte.

Beim Bau der Stadt Pasargadae verbesserte er die Architektur mit lydischer Technik; lydische Steinmetze arbeiteten für ihn, einige kamen sogar aus dem entfernten Ephesus an der Ägäischen Küste, wo man sie vom Bau des Artemistempels, eines der sieben Weltwunder, wegholte. Kyros ermutigte sie, ihren traditionellen Baustil harmonisch mit dem seiner persischen Vorfahren zu verschmelzen.

Nach dem Bau von Pasargadae fiel Kyros in Babylon ein, befreite die Juden und baute deren Tempel in Jerusalem wieder auf. 529 v. Chr. wurde er von der Skythenkönigin Tomyris getötet. Der Sage nach hatte sie ihn gewarnt: „Herrsche du über dein Volk und versuche zu ertragen, daß ich über meines herrsche." Aber Kyros hatte eine Schlacht erzwungen, und sie ließ ihm aus Rache für den Tod ihres Sohnes den Kopf abschlagen und in ein Gefäß mit Menschenblut werfen. Seinen Körper hat man hier begraben, wo ich jetzt saß.

Heute sind keine Grundrisse oder Spuren irgendeines Überbaues mehr zu erkennen, besonders, seit der Schah 1970 für die 2500-Jahr-Feier der ältesten Monarchie der Welt den Boden rund um das Grabmal hat asphaltieren lassen. Allerdings ist der Asphalt inzwischen von Gräsern und Dornenbüschen überwuchert.

Vom Grabmal aus konnte man noch sehen, in welche Richtung die Straße der Könige verlaufen war, die von der Ägäis 3000 Kilometer nach Asien hinein führte und auf ihrem Weg nach Persepolis auch Pasargadae streifte. Hinter der Grabstätte führte sie in ein enges, tiefes Tal. Ich stand auf und folgte ihr.

Wenn man aus der Talschlucht herauskommt, folgt der gut begehbare Weg einem Fluß, dem Pulvar, der auf eine weite, fruchtbare Ebene hinausfließt, einst die Wasservogelebene genannt. Es ist ein sehr schönes, etwa 2100 m hoch gelegenes Plateau, umgeben von Bergzügen mit vielen natürlichen Höhlen. Einige von ihnen sind mit Lehmziegeln verschlossen, sie werden als Keller oder Vorratslager benutzt. Es gibt zahlreiche Dörfer mit Häusern aus Lehm und Stroh, gewölbten Torbogen und Vordächern aus lehmbedeckten Zweigen. In einem der Dörfer kaufte ich einen Beutel getrockneter Käsebällchen, die stark nach Ziege rochen und schmeckten. Aber der Clou waren die Ziegenhaare, die fest in dem trockenen Käse eingebacken waren, ich konnte sie nicht herausziehen, so blieb mir nicht anderes übrig, als sie mitzukauen.

Ritt nach Persepolis

Die Straße der Könige von Sardis nach Susa (mit Abzweigung nach Persepolis) hatte Poststationen im Abstand von einem Tagesritt. Königliche Botschaften konnten in einer Woche 2500 km weit transportiert werden, wenn Pferd und Reiter regelmäßig gewechselt wurden. Bei Bilbahan sind noch Fragmente der Steinpflasterung zu sehen, aber auf dieser Strecke mußte ich mich auf eine antike Karte und die Auskünfte der Einheimischen verlassen.

Als ich ein paar Dorfjungen mit Pferden traf, fragte ich sie, ob ich eines davon mieten könne, um nach Naghsch e Rostam und weiter nach Persepolis zu reiten. Sie fanden den Gedanken annehmbar und zankten sich, wessen Pferd das Geld verdienen dürfe. Ich unterbrach sie und suchte mir selbst eins aus, es war langbeinig und hell rötlichbraun. Der jüngste, ein etwa zehnjähriger Junge, versicherte mir, das Pferd gehöre ihm, und begann wie ein alter Hase mit mir zu feilschen. Ich befestigte meine Satteltaschen auf dem Pferderücken und stieg auf, aber das Pferd gehorchte mir nicht, es wollte nicht antraben, sondern fing an zu bocken. Entschlossen, nicht herunterzufallen, preßte ich meine Knie gegen den Sattel und ließ es bocken, soviel es wollte. Schließlich kamen wir doch vorwärts, sein Aufbäumen war lange nicht so schlimm wie bei einem noch nicht zugerittenen Pferd.

Bis der Weg aus der Grünzone heraus auf dürres Land führte, hatte das Pferd sich beruhigt und trabte nun mit großen leichten Schritten voran. Ich begann mich gerade zu entspannen, da hörte ich hinter mir Pferdegetrappel: ein losgerissenes Pferd galoppierte mir nach und hinter ihm die vier Jungen auf zwei anderen Pferden. Ohne große Aufregung fingen sie das entkommene Pferd ein, und einer der Jungen führte es nach Hause. Die anderen beschlossen, mich eine Weile zu begleiten.

Das Land wurde wieder fruchtbarer, und der Weg führte durch Weizenfelder und über eine Durchgangsstraße. Um die Mittagszeit bog ich in westlicher Richtung ab auf einen Feldweg, der an einem Fluß entlang lief. Das kühle Grün der Schilf- und Wasserpflanzen tat meinen Augen gut.

Einer der Jungen brachte sein Pferd auf gleiche Höhe mit mir, aber der Weg war nicht breit genug für uns beide, und mein Pferd wurde an den Rand der Uferfelsen abgedrängt. Ich zog die Zügel an. Aber bald rempelte mich der andere Junge an. Ich setzte mein Pferd in Trab und ritt ihnen davon. Aber es dauerte nicht lange, da fingen sie erneut an, mich zu belästigen, bis ich sie anschrie, da benahmen sie sich besser.

Wir durchquerten den Fluß an einer Furt und danach einen zweiten an einer Stelle, an der ein niedriger Damm das Wasser angestaut hatte. Am gegenüberliegenden Ufer mußte man steil hochklettern, ich hielt mich deshalb gut fest. Mein Pferd war recht tapfer, sein rotgesprenkeltes Fell war bald völlig mit Schlamm und Wasser bedeckt. Die drei Jungen ritten auf zwei Pferden, und der kleinste, der mir sein Pferd geliehen hatte, fragte dauernd, ob er nicht hinter mir als Sozius mitreiten könne. Ich lehnte ab.

Um ein Uhr mittags machten wir am Flußufer Rast, um die Pferde verschnaufen zu lassen. Ich setzte mich nieder und sah einem schillernden blauen Eisvogel zu, der im Wasser tauchte. Die Jungs saßen mir zu nahe, ich fühlte mich ungemütlich, dann förderte einer ein großes Messer zutage, ich sollte wohl Angst bekommen.

Da fing mein Heuschnupfen wieder an, und ich konnte vor lauter Niesen nicht mehr auf andere Dinge achten. Aber die Nieserei hielt mir die Jungs vom Hals, und als sie nachzulassen drohte, ging ich zu meinem Pferd hinüber und rieb mir heimlich etwas Staub von seiner Flanke in die Nase. Da ging's wieder tüchtig los. Schließlich beschlossen die Burschen, die Pferde wieder zu satteln, fingen jedoch erneut Streit an, bei dem der jüngste von ihnen meine Partei ergriff. Ich sagte ihm, er könne bei mir hinter dem Sattel mitreiten, wenn er die anderen dazu bringen würde, heimzukehren.

Er sprang also auf den Rücken meines Pferdes, setzte sich hinter meinen Sattel und beschimpfte die anderen so lange, bis sie wegritten. Wir trabten in entgegengesetzter Richtung auseinander, mein kleiner Verbündeter hatte keine Mühe hinter mir auf dem Pferd. Bedenkt man, daß viele Helden und Krieger des antiken Persien Banditen und Räuber waren, was nicht als unehrenhafter Beruf galt, dann war das Verhalten der Jungen durchaus rollengemäß. Persienreisende, die

Geld mit sich trugen, waren schon immer ein so hohes Risiko einge-
gangen, daß man bereits im neunten Jahrhundert Kreditnoten und
Schecks erfand. Unser Wort Scheck ist persischen Ursprungs.

Wir überquerten erneut einen Bach und gelangten auf ein flaches
Stück Land, bedeckt mit steinigem, goldgelbem Sand, auf dem Nomaden ihre schwarzen Ziegenhaarzelte aufgeschlagen hatten. Hinter
ihnen ragte eine Reihe hoher, stark gezackter Felsen auf. Der Junge
zeigte auf die letzte Felsspitze und rief: „Naghsch e Rostam". Ich
setzte das Pferd in Galopp, was mein Sozius nicht erwartet hatte, er fiel
fast hinten runter.

Allerdings machte der kleine Bursche hinter mir keine Schwierigkeiten. Nur einmal holte er erneut das Messer hervor und fuchtelte
damit herum, bis ich ihm sagte, er solle es wegstecken. Ich konnte
mich leicht an ihm rächen, wenn er nicht tat, was ich sagte, indem ich
das Pferd in Trab setzte, eine unangenehme Gangart, wenn man ohne
Sattel auf dem Rumpf sitzt. Aber der Junge begriff schnell.

Während wir uns Naghsch e Rostam näherten, konnten wir die
großen, in Kreuzform in die Felswände gehauenen Gräber immer
deutlicher sehen. Es sind die Grabstätten der großen Achämeniden-
könige nach Kyros, als da waren: sein Nachfolger Darius I., der noch
berühmter wurde als jener, dann Xerxes, der ausgesprochen macht-
besessen war, Artaxerxes, ein milder Fürst, der mit Griechenland ein
Friedensabkommen schloß, und Darius II., der vorletzte in der schwä-
cher werdenden Dynastie dieses ersten persischen Herrscherge-
schlechtes. Die Eingänge zu den Felsengräbern sind hoch oben in den
geglätteten Stein gehauen und mit Skulpturen geschmückt: Könige,
die von ihren Völkern verehrt und von ihren Göttern gesegnet werden.

Dieser Ort wurde schon von den Elamiten als heilig verehrt, wie
später von den Parthern und Sassaniden. Die letzteren, die nun im
Nordosten Irans angesiedelt sind, manifestierten ihre zentrale Macht
ebenfalls hier mit enormen Steinreliefs, die sie aus dem geglätteten
Fels herausarbeiten ließen. Man sieht kämpfende Männer auf Pferden, sie schwingen Lanzen, tragen dicke Gewänder und spitze Helme.
Auf einer der riesigen Felsplatten (10 x 5 m) ist König Shapur dargestellt, wie er die Huldigung des knienden römischen Kaisers Valerian
entgegennimmt, den er 260 n. Chr. gefangennahm. Auf anderen
Reliefs sieht man Krönungszeremonien, Siegeszüge und den König,
umgeben von seinem Hofstaat. Wenn man näher hinritt, konnte man

erkennen, daß einige der Reliefs viel stärker verwittert waren als andere – hier sind zwanzig Jahrhunderte Bildhauer- und Steinmetzkunst vertreten.

Es gibt noch mehr Reliefs an den Felswänden rechts und links daneben: zwei Reiter, der eine, ein Gott, händigt einem König eine Krone aus. Der König hat einen seltsamen hohen Haarbusch auf dem Kopf, während der Gott eine Krone trägt und sein Haar lang und lockig auf seine Schultern fällt. Ihre Pferde zertreten ihre Feinde, das Pferd des Gottes tritt auf Ahriman, der die Kräfte des Bösen symbolisiert. Wenn man Münzen zum Vergleich heranzöge, könnte man die Könige an ihren verschiedenen Kronen identifizieren. Während wir an einem Relief mit Reiterkämpfen vorbeiritten, bäumte sich mein Pferd plötzlich auf, und der Junge rutschte hinter mir zu Boden. Glücklicherweise war nur sein Stolz verletzt, ich gab ihm deshalb meine Kamera und bat ihn, ein paar Aufnahmen zu machen; da war sein Selbstbewußtsein wieder hergestellt. Eine grandiose Sache, die statische Würde dieses heraldischen Stils östlicher Reliefkunst, künstlerisch allerdings nicht immer sehr hochwertig. Die frühen sassanidischen Gruppen bestehen aus einfach hintereinander aufgereihten Figuren, der König ist die größte davon. Während der Regierungszeit Shapurs führten die Künstler eine neue Modellierart für den Faltenwurf ein; sie lernten von den Römern, wie man Kleidung aus dem Stein herausarbeitet und Gruppenszenen darstellt.

Einige der Reliefs schienen nur den Zweck zu haben, Macht zu demonstrieren und dadurch Angreifer abzuschrecken, wie zum Beispiel in Bisitun, wo in blutrünstigen Details die Niederschlagung von neunzehn Aufständen verewigt worden ist. Nicht sehr künstlerisch, aber ungeheuer effektvoll. Persien war ein riesiges und wohlhabendes Reich, die Friese waren keine Untertreibung.

Vor den Gräbern steht ein quadratisches Bauwerk aus weißem Marmor, das Fundament liegt fast sechs Meter tiefer als der Erdboden, ein ausgehobener Graben zeigt einen aus drei Schichten bestehenden Sockel und eine zerstörte Marmortreppenflucht. Ursprünglich umgab ein Wassergraben das Fundament. Die Fenster oben in den Wänden sind aus schwarzem Marmor und blind, ohne Durchblick, es gibt allerdings eine Türöffnung, aber keine Treppe zur Tür hinauf. Es ist schon viel darüber diskutiert worden, welchem Zweck dieses Gebäude gedient haben könnte, mir kam es vor wie ein Feuertempel. Der Feuerkult der Manichäer wurde unter Shapur offiziell anerkannt, die Religion war für ihn ein Faktor, der das Volk einte und ihn so bei seinem Kampf gegen das christliche Rom unterstützte. Dieses Bauwerk erschien mir ein idealer Ort für das heilige Feuer, das von einem Priester ständig am Leben gehalten wurde: durch die blinden Fenster konnte kein Windzug ins Innere dringen und die Flamme ausblasen.

In der Nähe der Gräber sind zwei kleinere Feueraltäre aus dem Fels herausgearbeitet, quadratisch, mit erhöhten, abgerundeten Ecken, etwa so hoch wie ich selbst. Ich kletterte an dem Felsen dahinter hoch, um auf sie herunterschauen zu können. Die Feuerschalen waren leer. Von oben entdeckte ich zwei steinerne Rinnen, sie sahen aus wie Wasserrinnen mit tiefen Seitenwänden und liefen in einer Handvoll weiterer Kanäle auseinander. Die einzige Erklärung, die mir dazu einfiel, war die, daß es sich vielleicht um Abflußrinnen für das Blut der Opfertiere handelte, von denen Xenophon berichtet.

Von hier aus ritt ich zurück zur Straße der Könige und folgte ihr am Fuß der hohen Felsen entlang bis zu einem Nomadenlager. Ein paar Qashga'i-Mädchen hüteten Schafe, sie hatten runde Gesichter mit hohen Wangenknochen, niedriger Stirn, Mittelscheitel und kurzen Ponyfransen unter roten und rosafarbenen, mit Glitzerfäden durchwirkten Kopftüchern. Sie trugen mehrere Röcke übereinander, in leuchtenden Farben und besetzt mit Gold- und Silberborten.

Ein alter Mann galoppierte auf einem weißen Esel vorbei. Ich mußte lachen, weil die Ohren des Tieres beim Laufen so lustig schlappten. Dann begegneten wir einem Mann auf einem Motorrad, der mit einer Hand eine störrische Ziege trug, die er im Nacken gepackt hatte. Ich griff in meine Satteltaschen und fühlte nach den stinkenden Käsekugeln. Der Junge und ich aßen ein paar davon, er fand sie köstlich.

Etwa drei Kilometer von Naghsch e Rostam entfernt, wo das Tal sich zwischen hohen Bergketten aus kahlem Felsgestein verengt, kamen wir durch eine weitere Ruinenstadt. Wir wären fast vorbeigeritten, denn nur eine Säule mit einem Doppelkapitell aus Stierköpfen deutete darauf hin. Aber um diese herum lagen viele Säulen verstreut, und weit in der Runde konnte man Grundmauern von Gebäuden erkennen. Nicht weit davon steht eine zerfallene Karawanserei, eine ihrer großen Lehmwände ist noch intakt.

Über Stoppelfelder setzten wir unseren Weg fort, auf unserer Ostseite zog sich ein langer Bergrücken hin. Schafherden und Ziegen fraßen gierig, was an Ähren noch auf den abgeernteten Weizenfeldern zu finden war.

Wir mußten durch ein noch nicht gemähtes Feld, und ich ließ das Pferd in einem trockenen Bewässerungsgraben gehen, um keinen Flurschaden zu verursachen. Der Weizen war höher als das Pferd. Stockrosen, blaue Skabiosen und riesige Purpurdisteln wuchsen darin. Eine verrostete Eisenbrücke, unter der Männer lagerten und badeten, führte uns über einen Fluß. Ich zog mein Kopftuch nach vorn, damit niemand erkennen konnte, daß ich keine einheimische Frau war.

Dann passierten wir Naghsch e Rajab, auch hier gab es Felswände mit Grabreliefs. Goldfarbene Weizenfelder wechselten mit grüner Luzerne und Zuckerrüben ab. Ich ließ das Pferd galoppieren, um über den nächsten Bewässerungsgraben setzen zu können. Der Junge hielt sich gut fest, ich hatte ihn völlig vergessen.

Über zwei langgezogene Hügel kamen wir hinunter auf eine Asphaltstraße, die am Fuß eines anderen Gebirgszuges entlanglief. Jemand verbrannte Reisig, und Rauchwolken versperrten uns die Sicht, aber als der Wind drehte und den Rauch in eine andere Richtung blies, entdeckte ich in der Ferne die Säulen von Persepolis. Mein Herz hüpfte.

Für das letzte Stück nahm ich wieder die Straße, sie war asphaltiert und jetzt so breit, daß sechs Fahrzeuge nebeneinander darauf Platz hatten. Im Moment war aber keines zu sehen, da ritten wir mitten drauf weiter, das Pferd ließ sein gemächliches Traben sein und galoppierte los. Normalerweise lasse ich ein Pferd auf einer Teerstraße nicht galoppieren, es tut seinen Beinen nicht gut, aber der Junge hinter mir trieb es mit lautem Geschrei an.

Die Säulen von Persepolis wurden größer, sie mußten über zwanzig Meter hoch sein. Ich konnte bereits Torbogen und die geflügelten Stiergötter der Hauptpforte sehen. Alles war auf einer hohen, steinernen Plattform errichtet, so daß es die ganze Ebene überragte.

In einer Gruppe blühender Bäume neben der Straße stand ein kleines Gasthaus. Vom Besitzer bekam ich zuerst ein Glas Eiswasser serviert – ah, es gibt nichts Besseres als kühles Wasser –, dann Tee. Leider hatte er kein Zimmer für mich frei, aber er sorgte dafür, daß einer seiner Mitarbeiter sein Zimmer räumte, so konnte ich bleiben. Später, als ich dem Jungen und seinem Pferd Lebewohl gesagt hatte, ging ich hinaus und sah mir die Ruinen an.

Nicht lange nach Kyros wurde Darius I. König, er wollte eine eigene Hauptstadt und gründete deshalb Persepolis. Die Stadt wurde später von Xerxes und Artaxerxes weiter ausgebaut. Aber Darius war der genialste von ihnen, ein wohltätiger und fortschrittlicher Herrscher. Nachdem er sein Reich militärisch nach außen gefestigt hatte, tat er das auch innenpolitisch, er führte fort, was Kyros begonnen hatte, und vervollkommnete es.

In Persepolis bestimmte Darius den Ausläufer eines heiligen Kalksteinberges zum Platz für seine Hauptstadt und ließ eine riesige Plattform bauen, die vom Fuß des Berges weit und hoch in die Ebene hinausläuft. Die Plattform verschmilzt mit dem Berghang und symbolisiert so die Verschmelzung von Mensch und Natur.

Zwei geflügelte, doppelköpfige Stiere von mehr als fünf Metern Höhe flankieren die Eingangspforte, sie schauen mit ihren Tierköpfen hinaus über die Ebene und mit ihren Menschenköpfen in die Stadt hinein. Dieses Tor, Xerxes-Tor genannt, öffnet sich auf einen großen Platz; er ist so geräumig, daß eine kleine Armee ihr Lager dort aufschlagen kann. Hinter dem Tor führen riesige doppelte Steintreppen zu den Palästen und der Apadana, der Audienzhalle, hinauf, deren Säulen fast zwanzig Meter hoch sind. Sie trugen einmal Doppelkapitelle aus gemeißelten Tierköpfen.

Die gegenüberliegende Halle der Hundert Säulen besaß einst eine Decke aus Zedernholz vom Libanon und war mit 12 000 gegerbten Ochsenhäuten mit zoroastrischen Inschriften aus Gold und Silber ausgeschmückt. Die Säulen waren ursprünglich mit bemaltem Gips bedeckt, der von Juwelen nur so glitzerte.

In den Palast des Darius führten einst große steinerne Pforten, jede bestand aus einer riesigen Steinplatte, die auf zwei aufrecht stehenden Steinblöcken ruhte. Die Innenseiten dieser Pforten trugen Steinreliefs, auf denen lebensgroße Männer mit Greifen kämpften und Löwen sich unterwarfen. Achtzehn solcher Steintore stehen noch, auch die Reliefs sind noch zu besichtigen: Menschen, die ihrem König huldigen, und Götter, die ihn segnen. Der Palast besteht aus dunklerem Material als das übrige Persepolis, und da er lange Zeit verschüttet war, ist der dunkle, polierte Stein noch gut erhalten. Die monumentale Kunst der Achämeniden erreichte unter Darius I. ihren Höhepunkt. Sein Nachfolger Xerxes manifestierte hier seinen Größenwahn in Stein.

Die Treppen verdienen besondere Aufmerksamkeit, sie steigen so leicht an, daß sogar Pferde auf ihnen gehen oder galoppieren konnten. An der gewaltigen Treppe auf der Ostseite zur Apadana läuft ein Steinfries entlang, der eine ganze Prozession von Gefolgsleuten aus über zwanzig Ländern zeigt. Jede Gruppe wird von einem Meder angeführt und zu Hofe geleitet, man erkennt ihn an seinem runden Hut. Die Delegationen bringen Geschenke und Abgaben, die so verschieden und exotisch sind wie die Völker selbst: Waffen, Juwelen, Geschirr, Stoffe, die besonderen Produkte dieser Länder, sogar Vieh, zweihöckrige baktrische Kamele aus China und Dromedare aus Arabien. Als Darius' Herrschaft zu Ende ging, waren ihm neunundzwanzig Völker untertan.

Dann besann ich mich auf den wichtigsten Grund meines Besuches: ich war nach Persepolis gekommen, weil ich herausfinden wollte, ob es bei diesen Völkern bereits kaspische Kleinpferde gegeben hatte. Auf den Reliefs sind viele Pferde dargestellt, und zwar im richtigen Größenverhältnis zu den Begleitpersonen. Manche gehen den Männern bis zur Schulter, andere sind etwas kleiner und haben lange Mähnen. Es gibt kleine, gedrungene Pferde mit kurzgeschorenen Mähnen und Steppenpferdnasen, vorgewölbter Stirn, anderem Körperbau und anderen Merkmalen. Die Männer, die diese Pferde führen, kamen aus unterschiedlichen Völkerstämmen, das war an ihrer Kleidung und ihren Helmen zu sehen.

Bei diesen Betrachtungen kam der Wunsch in mir auf, kurdische Araberpferde in ihrem Herkunftsland zu besuchen. Aber Kurdistan lag weit weg, und ich war mir nicht sicher, ob mir für so einen Abstecher noch genügend Zeit blieb, ich wollte ja auch in die Assassinentäler.

Dann entdeckte ich tatsächlich ein Paar kaspischer Kleinpferde, sie zogen einen Streitwagen mit einem in einen Mantel gehüllten Wagenlenker. Und an einer anderen Treppe fand ich ein Kaspier-Gespann vor einem Wagen, auf dem eine Delegation bärtiger Männer saß, die Gefäße und Urnen in den Händen hielten. Es waren eindeutig kaspische Kleinpferde, denn Esel haben lange Ohren, Kaspier dagegen kleine, leicht nach innen gebogene Ohren.

Neben der letzten Stufe dieser Treppe ist ein afrikanischer Volksstamm aus Äthiopien dargestellt: Männer mit Kräuselhaar, die einen großen Elefantenstoßzahn tragen und ein eigenartiges Tier mit sich führen, es sieht aus wie eine übergroße Hyäne, wahrscheinlich eine Giraffe, mit langem Hals und schräg abfallendem Rücken.

Die Architektur von Persepolis erschlägt einen fast mit ihrer Größe und Kraft, es gibt nichts Subtiles hier. Von der Zurückhaltung von Pasargadae ist hier nichts zu spüren, man wollte den Sterblichen Ehrfurcht und Demut einflößen. Details und Technik wirken durch Wiederholung und strenge Ordnung, ihr Zweck war es, die Macht zu verherrlichen, nicht die Schönheit.

Ich verließ den Palast und folgte dem Berg bis zu den Gräbern in den Felswänden. Weiße Quarzadern durchzogen den glattpolierten schwarzen Stein, in den man sie geschlagen hat. Ihr kühles Inneres war erfrischend nach der Hitze. Eines der Gräber enthielt einen riesigen Steinsarkophag mit einem Fries aus Menschen, die ihrem Herrscher huldigten. Ich kehrte zu den Hauptruinen zurück. Die Sonne ging am wolkenlosen, orangeroten Himmel unter, und von einem Dorf in der Nähe klang der Ruf des Mullahs zum Gebet herüber. Ich hörte zu. Langsam verblaßte das Glühen des Abendrots auf den Mauern der Achämeniden, die schon 1200 Jahre vor der Ankunft des Islams hier gewesen sind.

Im Korridor des Gasthauses beteten Männer. Ich aß Reis und Kebab zum Abendbrot, draußen sang jemand eine alte persische Ballade.

Am nächsten Morgen ging ich noch einmal in die Ruinenstadt. Außer mir waren nur noch ein paar iranische Familien zu sehen; im blendenden Sonnenlicht vor den hellen Steinen wirkten die Frauen wie schwarze Krähen. Hier und da sah ich einen etwas helleren Tschador, aber alle waren schlicht und völlig schmucklos. Während ich im Schatten des Dariuspalastes saß, kam ich mit einer Gruppe aus Teheran ins Gespräch. Wir knipsten ein paar Fotos, und sie lachten, weil ich dabei mein Kopftuch in den Nacken zurückschob. Zwei der Frauen folgten meinem Beispiel und schüttelten ihr Haar frei. Sie sagten, der Tschador mache das Haar leblos und muffig. Später setzte ich das Kopftuch wieder auf, ließ aber Gesicht und Stirn ganz frei, und schon wurde ich vom Museumswärter ausgeschimpft, weil ich mich nicht ordnungsgemäß verhüllt hatte.

Schwierigkeiten am Mittelpunkt der Welt

Schiras ist eine charakterlose moderne Stadt geworden. Das Beste an ihr war für mich die reizende Familie, der ich dort zufällig begegnete. Sie bestand aus einem jungen Ehepaar, einer Schwester, einer Mutter und fünf Tanten, die mich einluden, bei ihnen zu wohnen. Mozhgan, die Schwester, zeigte mir die Stadt und das Grab des berühmten Dichters Harvesan, der zwar schon vor tausend Jahren gestorben ist, dessen Grabstätte aber immer noch mit Blütenblättern bestreut wird. In einem kühlen Teehaus im Bazar mit Brunnen und Vogelgezwitscher tranken Mozhgan und ich geeisten Grapefruitsaft. In Schiras hat man früher zwei oder drei exzellente Weine produziert, aber das Khomeni-Regime hat die Kellereien geschlossen. Heute macht man aus den Trauben Saft und Rosinen oder verkauft sie als Obst.

Das Abendessen in der Familie war köstlich (endlich einmal ohne die obligatorische geronnene Ziegenmilch). Wir aßen draußen im Hof auf einem dicken Perserteppich. Besonders gut schmeckte die Suppe, „horosh bademjam" (sie enthielt Nudeln, Gemüse und Tomaten), und einer der Puddings, „baludeh", aus dünnen Teigfäden in süßem, geeistem Sirupgelee.

Wegen der Hitze schlief ich unter einer Steppdecke im Hof, aber als der Morgen kam, war es fast kalt geworden. Um mich herum schliefen mehrere Tanten und eine Katze mit ihren drei Jungen, die fast die ganze Nacht in einem Haufen trockenen Laubes gespielt hatten. Als ich mich am Morgen verabschiedete, schenkte mir Mozhgan eine Halskette aus Waldsamen, die dufteten, wenn man sie zwischen den Handflächen rieb.

Als nächstes plante ich, mit dem Bus in die Gegend von Firuzabad zu fahren, dort haben die Qashga'i-Nomaden ihr „qishlaq", ihr Winterquartier; außerdem gab es dort ein paar historische Sehenswürdigkeiten. Aber es wurde ein Fehlschlag. Die Qashga'i sind einer der größten, am weitesten entwickelten und wohlhabendsten Nomadenstämme des Iran. Ihre Herkunft ist nicht genau geklärt, aber sie sprechen Türkisch. Reza Schah hat versucht, die Macht der Nomadenstämme durch einen Zwangsansiedlungsplan zu brechen, aber für Nomaden ist es lebenswichtig, von Zeit zu Zeit die Lagerstellen zu wechseln. Ihre Herden begannen zu sterben, sie konnten ohne Wanderungen nicht überleben. Erst als das Fleisch in den Städten knapp wurde, mußte der Schah nachgeben, aber bis dahin war bereits die Hälfte des Viehs umgekommen. Nachdem der letzte Schah abgedankt hatte, vertrieben die Qashga'i das iranische Militär aus ihrem Territorium und zogen sich zurück, um ihre Herden wieder auf den alten Stand zu bringen.

Flaches Land folgte auf enge Täler, der Bus hielt an einer Obstpflanzung, damit die Passagiere Zuckeräpfel kaufen konnten. Wir kamen langsam voran, die Straße war zum größten Teil noch unbefestigt. Mein Nachbar sagte, die neue Straße wäre bestimmt in Jahren noch nicht fertig, weil man die Arbeiter in den Krieg geschickt habe.

Die Stadt Firuzabad war von den Sassaniden gegründet worden; sie war kreisrund angelegt, damit wollte man ihre Lage und Bedeutung als Mittelpunkt der Welt zum Ausdruck bringen. Nach der Legende stammen die Drei Weisen aus dem Morgenland, die sich aufmachten, um dem Jesuskind ihre Gaben zu bringen, aus dieser Gegend.

Zuerst hatte ich die Absicht, ein Pferd zu mieten, weil ich wußte, daß die Qashga'i ausgezeichnete Pferdezüchter sind – ihre Darashuris sind berühmt. Angeblich besitzen sie Hengste, deren Stammbaum vierhundert Jahre zurückverfolgt werden kann. Während des Wanderungsverbotes waren zwar einige davon gestorben, aber ich war überzeugt, daß ich noch den einen oder anderen aus einer solchen alten Zucht finden würde. In Firuzabad sagte man mir jedoch, es seien keine Pferde mehr zu haben. Ich konnte nirgendwo eine genaue Auskunft kriegen. Ein kleiner Mann mit Halbglatze sprach mich an, er wirkte vertrauenerweckend und schien einigermaßen Englisch zu sprechen. Er lud mich nach Hause zu sich und seiner Familie zu Tee und Wassermelone ein. Dort fragte er nach meinem Paß und begann mich eingehend über meine Reise auszufragen. Dann ging er weg. Ich spielte mit seinen Töchtern und brachte ihnen „Schiffe versenken" bei. Dann hörte ich das Telefon klingeln und den Mann zurückkommen. Er sagte zu mir, er würde mich jetzt zu den Revolutionsgarden bringen. Warum? Um ihnen meinen Paß zu zeigen. Dabei hörte der Mann nicht auf zu lächeln, aber es war ein schleimiges Lächeln.

Ich hatte keine andere Wahl, als zu tun, was er sagte. Auf der Polizeistation paßte ich höllisch auf, daß man meine unbestrumpften Füße nicht entdeckte. Die ganze Zeit saß ich verkrampft herum, die Beine schliefen mir ein, aber ich wagte nicht, in einem Raum voller Revolutionsgardisten die Füße auszustrecken. Der schleimige Glatzkopf war auch da, lächelte wichtigtuerisch und berichtete alles, was ich ihm von meiner Reise erzählt hatte. Nur mir wollte er nicht sagen, wo das Problem lag. Ich erklärte immer wieder, ich sei nur Touristin und mein Paß sei völlig in Ordnung, und er lächelte immerzu und nickte.

Um ein Uhr mittags konfiszierten die Gardisten meinen Paß, und der Kahlkopf fuhr mit mir zurück zu seinem Haus, um zu Mittag zu essen und die weitere Entwicklung abzuwarten. Jetzt erst fielen mir die Bilder von Khomeni an den Wänden auf, und ich fragte ihn, was er von Khomeni hielte. Er antwortete, Khomeni sei sehr gut. Von den vielen Menschen in Iran aus unterschiedlichen Bevölkerungsschichten, denen ich dieselbe Frage gestellt habe, war er der einzige, der Khomeni gut fand – was für ein Kriecher.

Um drei Uhr nachmittags riefen die Revolutionsgardisten an, ich solle wiederkommen. Also fuhren wir wieder hin. Man schloß mich ein und ließ mich warten. Dann erschien der Chef der Gardisten zusammen mit einem unsympathischen Mann mit einer Narbe im Gesicht und erklärte, ich könne nicht in Firuzabad bleiben, ich müsse sofort nach Schiras zurück und mich dort bei der Polizei melden.

Ich spielte die empörte, begriffsstutzige Touristin und antwortete, es mache mir überhaupt nichts aus, mit dem Bus nach Schiras zurückzufahren, aber zuerst wolle ich mir die Sehenswürdigkeiten dieser Stadt anschauen. Er versuchte, mir das zu verbieten, aber ich stellte mich völlig dumm und hartnäckig, bis er einlenkte. Ich wurde freigelassen und erhielt meinen Paß zurück. Der Glatzkopf setzte mich an der Bushaltestelle ab und erklärte mir, ich müsse mit dem nächsten Bus die Stadt verlassen.

Zum Glück kam ein Taxi vorbei und hielt auf mein Winken an. Es gelang mir, mit dem Fahrer eine Rundfahrt zu den Ruinen in der Umgebung auszuhandeln, so war der Rest des Nachmittags ausgefüllt. Hier lag einst Gur, die Stadt, die König Ardeshir vor 2000 Jahren auf dem Schlachtfeld seines größten Sieges erbauen ließ. Sein Palast steht zum Teil noch.

Unser erster Halt nach vier Kilometern Schotterstraße war Mumareh, ein enormer klotziger Steinturm ohne Eingang und Innenraum.

Er war schon von weitem sichtbar; ich hätte von seiner Spitze einen weiten Blick in die Umgebung gehabt, wenn eine Treppe vorhanden gewesen wäre. Ich fragte mich, wofür er wohl gebaut worden war. Als ich um den Turm herumschlenderte, störte ich einen kleinen braunen Fuchs auf, der davonlief, und sah einem jungen Adler zu, der Flugversuche vom Turm herunter machte. Der Taxifahrer hatte den Vogel auch entdeckt und kletterte zum Nest hoch, in dem er den Bruder des kleinen Adlers fand, der noch nicht fliegen konnte. Er griff nach ihm, der Kleine flatterte hoch, plumpste aus dem Nest und fiel senkrecht herunter auf die Erde. Ich hoffte, er würde wegfliegen, aber er hinderte sich selbst daran, weil er auf einem seiner Flügel stand. Der Fahrer fing ihn ein und setzte ihn ins Taxi. Er sagte, er würde ihn für die Jagd ausbilden.

Wir fuhren durch ein Qashga'i-Dorf, aber als ich aus dem Taxi stieg, um mit ein paar Frauen zu reden, fing ein altes Weib an, mich zu beschimpfen – kein freundlicher Ort. So fuhren wir weiter, noch einmal fünf Kilometer bis zur wichtigsten Sehenswürdigkeit, die ich mir anschauen wollte: die Ruinen des Ardeshir-Palastes, erbaut ca. 300 v. Chr. und angeblich der älteste noch erhaltene Kuppelbau der islamischen Welt. Er soll auch die allerersten Stützbogen aufweisen, eine architektonische Errungenschaft, mit der es zum ersten Mal möglich wurde, einem quadratischen Grundriß eine runde Kuppel aufzusetzen, also ein Meilenstein in der Entwicklung der Architektur.

Ich betrat den Palast, drei große dunkle Hallen hintereinander, jede mit Kuppeldach und einem Loch in der Mitte einer jeden Kuppel. Die mittlere Kuppel war die höchste, die östliche zum Teil eingestürzt. Im hereinfallenden Sonnenlicht konnte man sehen, wie die Stützbogen in die Wölbung der Kuppel übergingen, so daß aus dem Viereck ein Rund wurde. Ich wandte mich dem westlichen Kuppelbau zu, kletterte über herumliegende Trümmer zum ersten Stock hoch und von dort aus über das Bruchmauerwerk zum zweiten. Dort kroch ich außen auf die Kuppel aus Ziegelsteinen und Mörtel und sah liegend durch das Loch in der Mitte nach unten. Die Halle war dunkel, es ging schwindelerregend in die Tiefe. Aber die Kuppel fühlte sich stabil an.

Von hier aus konnte ich den ganzen Grundriß überblicken: Räume mit Tonnengewölbe und Zimmer mit Bogendurchgängen. Ihre groben Mauern aus Stein und Mörtel waren früher mit Lehm verputzt gewesen. Die Bogendurchgänge hatten Steinreliefs getragen. Nach

Osten hin entdeckte ich ein rundes Brunnenbecken mit frischem Wasser, ein tiefblaues, makellos rundes Bassin, umgeben von einem Schilfring, aus dem ein Bach abfloß. Eine Gruppe Qashga'i-Frauen näherte sich, sie kamen zum Baden. Sie legten sich in voller Kleidung samt Kopfbedeckung flach in den Bach. Dann schüttelten sie ihre vielen übereinander getragenen Röcke aus, schlugen ihr nasses Haar nach vorn, flochten es über den Ohren in Zöpfe und gingen wieder zurück in ihr Dorf.

Der junge Adler war aus dem Taxifenster entkommen, was ich keineswegs bedauerte. Der Fahrer brachte mich gerade noch rechtzeitig nach Firuzabad zurück, um den letzten Bus nach Schiras zu erwischen. Spät am Abend untersuchte ich mit meinen Freunden meinen Paß und mein Visum nach irgendwelchen Fehlern.

„Am 17. habe ich Iran betreten."

„Jetzt haben wir den 31.", ergänzte Mozhgan.

„Nein", erwiderte ich, „erst den 21.", und wir stritten über das Datum, bis uns eine Tante darauf aufmerksam machte, daß der iranische Kalender nicht mit den westlichen Datumsangaben in meinem Paß übereinstimmte. Gegenwärtig schrieb man in Iran das Jahr 1365 und bei uns 1986.

Wie befohlen, ging ich am nächsten Morgen um neun Uhr zum Polizeihauptquartier, um dort zu erfahren, daß mein Paß und mein Visum absolut in Ordnung seien und daß die „pastares" (Revolutionsgardisten) ein Haufen ungebildeter Dummköpfe seien. Ich war versucht, dem beizupflichten.

Weil ich eine wirklich schöne Stadt sehen wollte, fuhr ich mit dem Bus nach Isfahan. Neben Rom und Paris soll sie eine der prächtigsten Städte der Welt sein. Ich kam um fünf Uhr morgens dort an. Als wir über den Fluß fuhren, verloschen die bernsteinfarbenen Lichter der Straßenlampen allmählich im hellen Rot der aufgehenden Sonne.

Was fängt man um fünf Uhr morgens in einer Stadt an? Ich ging zu Fuß zum Fluß zurück, er hieß Zaindeh Rud, das bedeutet Fluß des Lebens, und sah mir die drei ältesten Brücken an. Die Khadju-Brücke zerteilt das Wasser in schmale Kanäle wie ein altes Schleusenwehr. Fußgänger und Radfahrer eilten zur Arbeit, und auf der Plattform der Ufereinfassung planschte ein Junge durchs flache Wasser und schnappte mit den Händen nach Fischen. Ich saß nicht weit davon entfernt und frühstückte gekochte Eier, Brot und Äpfel.

Flußaufwärts kommt als nächstes die Pol-i Tschoubi, eine Steinbrücke mit Spitzbogen, und weiter oben die Sio-Seh Pol, das heißt dreiunddreißig Bogen (pol heißt Brücke), aber ich zählte mehr. Außer dieser Serie von Bogen, die den mächtigen Strom zerteilen, besitzt sie zwei Fußgängerüberwege mit sehr vielen kleineren Blindbogen. Während ich dasaß und sie zu zählen versuchte, kam ich mit einem jungen Mann ins Gespräch. Er hieß Esak, war Fabrikarbeiter und sprach gut Englisch. Er sagte mir, er habe heute seinen freien Tag, wenn ich Lust hätte, würde er mich gerne herumführen, wohin ich wollte.

„Ich möchte die ‚Zitternden Minarette' erleben", antwortete ich. Angeblich gab es hier Zwillingsminarette mit einer Besonderheit: wenn man an einem davon rüttelte, begann auch das andere zu zittern. Wir fanden die Minarette aus dem 14. Jahrhundert in einem Park in der Vorstadt, leider waren sie wegen Restaurierungsarbeiten geschlossen. Da hielten wir ein Auto an und ließen uns drei Kilometer weiter in die Außenbezirke der Stadt mitnehmen. Ich hatte gelesen, daß es dort noch einen antiken Feuertempel gab. Er war nicht als Touristenattraktion vermarktet, wir mußten deshalb durch einen Maschendrahtzaun schlüpfen, ehe wir den hohen, steilen Fels hochklettern konnten, auf dem der Tempel stand.

Auf dem Gipfel gab es mehrere Gebäuderuinen, und auf dem höchsten Punkt entdeckten wir den gesuchten Feuertempel, ein zylindrisches, achtbögiges Bauwerk mit etwa vier Metern Durchmesser. Von ihm aus hatte man eine herrliche Aussicht. Esak und ich setzten uns in seinen Schatten und unterhielten uns zwei Stunden lang über alle Fragen, die man hier normalerweise nicht beantwortet bekommt, weil die Leute Angst haben, es könnte sie jemand belauschen. Da diese Provinz Fars im Kriegsgebiet lag, kam Esak oft auf den Krieg zu sprechen. Das Netz der Einberufungen würde immer enger gezogen, erzählte er, und die Wehrpflicht sei jetzt auf zwei Jahre verlängert worden. Aber nur mit Glück überlebte man diese Zeit, denn die vielen, durch die Zwangseinberufung rekrutierten Männer mußten Menschenwellen bilden, die dem irakischen Feind entgegenlaufen und Verwirrung stiften müssen, dann aber in großer Zahl niedergeschossen werden, worauf die regulären iranischen Truppen nachrücken. Außerdem setze Irak die schlimmsten chemischen Waffen ein.

Familien, die einen Sohn verlieren, dürfen in Märtyrerkaufhäusern einkaufen, dort gibt es Dinge, die der normalen Öffentlichkeit nicht zugänglich sind. Märtyrertum wird von Khomeni hoch gepriesen, ich hatte das schon auf den Bildern gesehen, die in vielen Städten entlang der Straßen aufgehängt waren. Die Rekruten erhalten einen „Schlüssel zum Himmel" überreicht, den sie sich um den Hals hängen können. Manche der „Freiwilligen" sind erst vierzehn Jahre alt, sie werden von ihren Mullahs angeworben – auch eine Art, mit Störenfrieden fertig zu werden.

Esaks Bruder war auch in den Kampf geschickt worden, aber nach einem Monat war er mit vier Freunden geflohen. Sie hatten es geschafft, über die Grenze in die Türkei zu kommen. In Istanbul hatten sie sich falsche Pässe besorgen können, jetzt befanden sie sich in Ostdeutschland und versuchten, im Westen Asyl zu bekommen. Was den Verlauf des Krieges anging, sah es für Iran im Augenblick schlecht aus, denn die fünf wichtigsten Ölquellen waren bombardiert worden. Aber die Offensive im Frühjahr war erfolgreich gewesen.

Für die jungen Männer, die nicht einberufen waren, gab es keinerlei Unterhaltungsmöglichkeiten. Musik, Tanz und Alkohol waren verboten, ebensowenig war es erlaubt, in der Öffentlichkeit mit einem Mädchen spazieren zu gehen oder auch nur Tee zu trinken. Das gesellschaftliche Leben war gleich null. Dabei hatte Esak noch Glück, denn er besaß eine Arbeitsstelle, trotz der sehr hohen Arbeitslosigkeit.

Er lud mich zum Mittagessen zu seiner Familie ein. Wir waren zwölf Personen, alle saßen rund um ein am Boden ausgebreitetes Tuch und aßen Hühnchen in Tomatensoße, „mast" (Joghurt), grünen Salat und Brot. Sie redeten und lachten alle durcheinander, und ich sagte ihnen, ich würde sie bestimmt nicht so schnell vergessen, schon allein wegen des Lärms und des Gelächters. Esak erklärte mir, sie seien einfach nur glücklich, sich mit einer Touristin unterhalten zu können, denn seit zehn Jahren sei kein Fremder mehr hier gewesen. Ihr Vater war ein einfacher Mann mit freundlichem Gesicht und offenem Lächeln. Er hatte sehr gespart, damit Esak Englisch lernen konnte.

Nach dem Mittagessen brachen wir einige von Khomenis Tabus, schalteten den Kassettenrekorder ein und tanzten. Es war persische Musik, die Mädchen wollten mir unbedingt Bauchtanz beibringen. Es machte ihnen solchen Spaß, daß sogar das Mädchen, das die Teller wegräumte, mitsamt Geschirr und Suppenschüsseln in die Küche hinaustanzte. Eine der Töchter machte nicht mit, sie war im achten Monat schwanger. Es ging ihr sehr schlecht, denn ihr Mann war in irakische Gefangenschaft geraten, und es war unwahrscheinlich, daß sie ihn jemals wiedersehen würde.

Am Spätnachmittag zeigte mir Esak die Freitagsmoschee. Er verstand nicht, warum ich sie besichtigen wollte; er mußte jede Woche zum Gebet dorthin und sagte, sie sei nicht interessant. Aber als ich trotzdem aufbrach, ging er mit. Ordnungsgemäß verschleierte Frauen können zwar Moscheen betreten, aber beten dürfen sie nur hinter einem Vorhang oder in einem anderen, nicht einsehbaren Bereich, der ausschließlich Frauen vorbehalten ist.

Die späte Sonne ließ die Kacheln der Moschee glänzen und warf Schatten in die Winkel der Eingangsportale. Es ist ein Bauwerk aus dem 11. Jahrhundert mit Eingängen auf drei Seiten des quadratischen Gebäudes. Sein Inneres klingt hohl und leer, nur Tauben haben ihren Schlafplatz darin. Die Decke ist ein einziges geometrisches Puzzle aus kleinen Kuppeln, halbmondförmigen Bogen und gewölbten Dreiecken, die Ecken und Nischen füllen und nach oben mit größeren Kuppeln verschmelzen. Auch hier hatte man Stützbogen eingeführt, aber sie waren sehr viel kunstvoller als in Ardeshirs Palast. So viele Stützbogen in einem einzigen Bauwerk hätte ich nie für möglich gehalten.

Bis zum Sonnenuntergang war noch viel Zeit. Mein Bus fuhr erst um zehn Uhr abends, deshalb schleppte ich Esak zum Maidan-i-Imam, dem Königsplatz, einem weiten, offenen Gelände, zweimal so groß wie der Rote Platz in Moskau und flankiert von Moscheen, Palästen und dem Königspavillon (Ali Qapu), in dem einst die Fürsten saßen und sich Ringkämpfe, Gladiatorengefechte und Polospiele ansahen. Polo soll angeblich in Persien aus einem alten Spiel der Nomaden entstanden sein, bei dem abgehauene Ziegenköpfe als Bälle dienten. Als der noch junge Alexander der Große nach seinem Vater die Herrschaft übernahm, sandte ihm der Perserkönig einen Poloschläger, damit wollte er ihm mitteilen, er solle sich lieber mit Sport als mit Kriegen beschäftigen.

Der Maidan und die ihn umgebenden Moscheen wurden im 17. Jahrhundert von Schah Abbas erbaut. Im Gegensatz zu den komplizierten Mosaiken der älteren Bauwerke Isfahans sind hier die Wände mit großen, farbenfroh bemalten Emaillekacheln bedeckt. Die Kacheln sind zum Teil glasiert, zum Teil unglasiert, so daß beim Vorübergehen ein abwechslungsreiches Glanzmuster entsteht.

Die Dämmerung begann, als wir Schah Abbas' Harem erreichten. Er stand in einem Park, der bereits geschlossen war, aber der Parkwächter ließ uns noch hinein, damit wir den „Palast der Vierzig

Säulen" besichtigen konnten. Er wird so genannt, weil seine zwanzig Säulen sich in einem davor angelegten Wasserbecken spiegeln. Wandmalereien zeigen Abbas beim Picknick mit einigen seiner Gespielinnen (in seinem Harem soll er mehrere hundert Frauen und über zweihundert Knaben gehabt haben) und beim Weintrinken, einem seiner weniger schlimmen Laster.

Eigentlich sehe ich mir nicht gerne Städte an, und nach Isfahan bin ich nur gefahren, weil es auf dem Weg lag und ich das Gefühl hatte, ihm wenigstens einen kurzen Besuch abstatten zu müssen. Trotzdem war ich sehr beeindruckt, denn diese Stadt hat ihren besonderen Ruf verdient. Ihre vergehende Pracht und die Gastfreundschaft, die ich hier genoß, werde ich nicht vergessen.

Im Kriegsgebiet

Hundertfünfzig Kilometer westlich von Teheran, wo das Elburs-Gebirge zum Kaspischen Meer abfällt, liegen die Assassinentäler. In dieser Region haben Narcy und Louise Firouz ihre zweite Ranch, und sie hatten mich eingeladen, sie auf meiner Rückreise in die Türkei dort zu besuchen.

Die Assassinen beherrschten vom späten 11. Jahrhundert an zweihundert Jahre lang dieses Gebiet, sie waren als gedungene Mörder bekannt. Die Sekte entstand unter Hasan Sabbah (einem Schulfreund von Omar Khayyam). Er kämpfte gegen die Seldschuken, die die Menschen zum sunnitischen Islam zwingen wollten. In einem grausamen Heiligen Krieg zog sich der harte Kern der extremen Schiiten in die Berge zurück. Die Sabbah-Sekte baute über 350 Burgen. Eine davon, auf dem Alamutfelsen, wählten sie zu ihrer Hauptfestung. Von dort aus nahmen sie Rache an den Seldschuken. Der Name Assassinen kommt von „hashishin", Haschischesser, denn die Führer sollen ihre Anhänger mit Haschisch manipuliert haben. Die Assassinen waren gefürchtet, weil sie sich kaltblütig an ihre Opfer heranschlichen und sie meuchelten. Sie verbreiteten Terror, während sie selbst den Tod als Eintritt ins himmlische Paradies begrüßten. Das klingt sehr nach Khomeni und seinen Märtyrern mit ihren „Schlüsseln zum Himmel".

Die Scheune von Ghara Tepeh Sheikh war mir noch gut in Erinnerung, ich erwartete also kein Wohnhaus auf der Ranch. Amüsiert mußte ich feststellen, daß man eilig eines gebaut hatte. Es hatte sogar elektrische Stromversorgung, obwohl sie im Moment nicht funktionierte, weil irakische Bomber erst kürzlich ein paar iranische Elektrizitätswerke zerstört hatten. Aber es war schön, wieder bei Louise und Narcy zu sein und auf prächtigen Pferden über die Vorläufer des Elbus-Gebirges reiten zu können.

Mein Pferd hieß Shanaza – eine herrliche schwarze Yamoud-Turkmenen-Stute. Sie war Paßgänger, das heißt, sie bewegte Hinter- und Vorderbeine auf einer Seite gleichzeitig, anstatt diagonal. Es war ein Vergnügen, sie zu reiten, gleichgültig ob schnell oder langsam. Mit spitzen Ohren und vibrierenden Nüstern betrachtete sie die Umgebung, durch die wir ritten, ich hatte das Gefühl, sie genoß alles genauso wie ich. Ich ließ sie galoppieren, es war wundervoll, hoch über den Felsen im Wind dahinzubrausen. Am Rand einer steil abfallenden Schlucht zogen sich Weizenfelder entlang, weißgolden durchsetzt mit leuchtendroten Wicken. Das Rauschen des Windes im unreifen Getreide klingt anders als im reifen Ährenfeld. Hier im Gebirge war die Jahreszeit noch nicht so weit fortgeschritten wie unten in Ghara Tepeh Sheikh. Aber die Maulbeeren waren reif. Wenn ich mich unter den tiefhängenden Zweigen hindurchbückte, rieselten sie auf mich und Shanaza herunter. Es waren weiße Maulbeeren, man trocknet sie hier für den Winter und ißt sie wie Bonbons.

Während wir einem trockenen, sandigen Flußbett stromauf folgten und über noch mehr Hügel ritten, entdeckte ich eine Reihe Dörfer, in Tälern versteckt – fruchtbare Flecken im ausgetrockneten braunen Land. In den Bodenfalten unterhalb der Berge lagen noch mehr Dörfer. Dieses ganze Gebiet hatten einst die Assassinen beherrscht. Leider war von ihren Burgen nichts mehr zu sehen. Wie mir Narcy erzählte, war selbst die berühmte Festung auf dem Alamutfelsen bis auf ein paar kümmerliche Mauerreste eingestürzt.

Heute verstecken sich in dieser Region aufständische Mujahedins, und es ist bekannt, daß sie Revolutionsgardisten töten, wenn sie Gelegenheit dazu haben. Der Geist der Assassinen lebt weiter. Es gab noch jemanden, der diese Gegend bereist hat: Lady Freya Stark. Louise hat sie ein paarmal getroffen und ich in England auch. Ein Satz aus ihrer Philosophie hatte mich beeindruckt, sie sagte: „Ein großer und fast immer der einzige Trost, eine Frau zu sein, ist, daß man sich immer dümmer stellen kann, als man ist, und niemand wundert sich darüber." Eine Taktik, die mir in vielen Teilen der Welt – von China bis Afrika – aus manch verzwickter Situation herausgeholfen hat. Aber in Iran schien ich damit nicht immer Erfolg zu haben, denn die Revolutionsgardisten waren meist selbst noch dümmer! Freya Stark war mit dem Maultier auch ein Stück den Euphrat entlanggeritten, und ein andermal hinauf zum Quellgebiet des Tigris im Südosten der Türkei. Ich hoffte, ihre Spur später erneut zu kreuzen.

Ich war erst vier Tage bei Louise und Narcy, als ein kurdischer

Freund von Louise an einem Spätnachmittag im Gestüt vorbeikam und sagte, er würde am nächsten Tag nach Kurdistan hinauffahren. Er bot an, mich mitzunehmen und mir die besten kurdischen Pferde zu zeigen. Was für eine wunderbare Gelegenheit! Ich mußte allerdings in einer Stunde fertig sein.

Ich war etwas betrübt, Louise und Narcy schon wieder verlassen zu müssen, aber sie waren beide auch der Meinung, Ardeshirs Angebot sei zu einmalig, um es auszuschlagen. Wir fuhren in seinem Lieferwagen mit offener Pritsche nach Qazvin, einer Stadt in der Nähe der Assassinentäler. Mit seinen paar Wörtern Englisch und meinen paar Wörtern Farsi konnten wir uns ganz gut verständigen. Trotzdem mußte ich feststellen, daß er mich völlig mißverstanden hatte, denn er brachte mich in ein Hotel und ließ mich nicht bezahlen. Er ließ mich da, damit ich mich waschen könne, und sagte, er würde später wiederkommen. Aber ich war sicher, er hatte keine anderen Motive – Kurden sind als Männer von Ehre bekannt.

Er kam wieder und führte mich zum Essen aus. Dann gab er mir die Hand und sagte, er würde mich am folgenden Morgen um fünf Uhr abholen, um mit mir nach Kurdistan aufzubrechen.

Um sechs Uhr stand Ardeshir mit einem Auto vor dem Hotel, und wir starteten. Es ging durch die fruchtbare Ebene am Fuß des westlichen Elburs-Gebirges entlang, weiter durch flaches Land bis Zanjan und dann nordwestlich in die Berge und durch offenes Hügelland. In einem Café an der Straße machten wir Frühstückspause, es gab Eier, dünne Brotfladen und Tee. Ein paar Esel trabten vorüber, sie waren so dick mit Heu beladen, daß nur Hufe und Nasen herausschauten. Ein Junge stand auf dem Rumpf seines Esels, Platz zum Sitzen gab es nicht. Im Gehen zupfte der Esel ab und zu ein Maulvoll Heu aus seiner Ladung.

Wir fuhren weiter bergauf und kamen auf eine wellige Hochebene voller Farbkontraste: senfgelbe Dornenblüten neben rosa Lupinen, dunkelrote Luzerne und Felsen in bleichem Grün, Braunlila und Honiggelb. Ab und zu wurde die Einsamkeit von kleinen Dörfern aus Lehmhäusern unterbrochen. Zwischen den Häusern sah man überall spitze, kegelförmig aufgeschichtete Haufen aus getrocknetem Dung, den die Leute hier als Brennmaterial benutzen. Wir befanden uns jetzt in Nord-Luristan. Hier holen die Bauern aus alten Grabstätten, deren Lage sie eifersüchtig geheimhalten, immer wieder erstklassig erhaltene Schätze und Bronzefunde heraus.

Dann waren wir in Kurdistan. Wir hatten keine merklich steilen Anstiege bewältigt, sondern waren allmählich immer höher gekommen, aber die Höhenänderung merkte ich daran, daß es jedesmal zischte, wenn ich meine Wasserflasche öffnete.

Die Dörfer bestanden jetzt aus rotem Lehm, einige aus Ziegelsteinen; auf den Flachdächern lag Heu zum Trocknen. Wir sahen alte, zerfallene Festungen und neue, von den Revolutionsgardisten errichtete Stützpunkte. Hier kämpften nicht nur die Iraner gegen die Iraker, sondern auch die Revolutionsgardisten, die „pastares", gegen die Kurden. Von morgens neun bis abends sechs Uhr galt das Gesetz der „pastares", davor und danach das Gesetz der Kurden. Ardeshir versicherte mir, daß ich in seiner Begleitung vor beiden sicher sei.

Das Problem der Kurden, so hatte ich die, die ich hier und in London kennengelernt hatte, verstanden, besteht darin, daß sie ein Volk ohne Land sind. Sie zählen zwanzig Millionen und behaupten, der drittgrößte Volksstamm im Nahen Osten zu sein. Ihr Volk verteilt sich über Iran, Irak, Syrien und die Türkei bis nach Rußland hinein.

Die Kurden wurden in der Vergangenheit ungerecht behandelt. England, Amerika und Rußland hatten ihnen versprochen, sie in ihrem leidenschaftlichen Wunsch nach einem unabhängigen Staat zu unterstützen. Sie sollten die Unabhängigkeit als Belohnung für ihren Einsatz im Krieg erhalten. Die Kurden hielten sich an ihre Abmachungen, aber die anderen Mächte nicht. Im Vertrag von Sèvres von 1920 hatten die sich zwar verpflichtet, den Kurden Autonomie zu gewähren, aber das wurde von Atatürk über den Haufen geworfen, der kein Stück seines Landes abgeben wollte.

An einer Weggabelung bogen wir nach Süden und folgten einem kleinen Fluß. Das Land wurde bergiger, der Fluß mußte sich zwischen Felsen hindurchwinden, dazwischen lagen jedoch Wiesen, auf denen Männer mit Sensen Gras mähten. Ab und zu sah man Soldaten, die mit ihren Maschinengewehren und Blechhüten in dieser friedlichen Gegend völlig fehl am Platz wirkten. Sie bewachten die Straßen. Auf ihren Fahrzeugen hatten sie Geschütze montiert, aber sie machten einen relativ freundlichen Eindruck. Auch einige der Kurden trugen Gewehre über der Schulter.

Die Straße wand sich in die Höhe, vorbei an tiefblauen Seen, und wir genossen herrliche Ausblicke über Täler und wieder andere Seen, über weites, offenes Weideland, durchsetzt von Ackerflächen, über Felsen, die aus der Talsohle ragten, und große Flecken kobaltblauen

Vergißmeinnichts. Wir kamen immer höher. In Sanandaj hielten wir Mittagspause und aßen „arpusht", einen Eintopf aus Fleisch, Tomaten, Kartoffeln und Kichererbsen, in den man viel Brot brockt. Sanandaj ist eine rein kurdische Stadt, die Männer auf den Straßen tragen Pluderhosen, die an der Taille mit einer Schärpe gehalten werden, und auf dem Kopf ein Käppchen oder eine hohe Kappe mit einem darum herum geschlungenen Turban. Die meisten Turbane waren silberfarben und schwarz mit langen Fransen. Die Frauen trugen selten den Tschador, sie bevorzugten ihre traditionellen Pluderhosen, Überhemden und ihre mit Glitzerfäden durchwirkten Kopftücher.

„Wir wollen uns ein paar Pferde ansehen", schlug Ardeshir vor, und wir fuhren zu einem Hof hinauf. Der Besitzer war zwar nicht da, aber ein alter Mann führte uns herum: dreißig Schafe, fünfzig langbeinige Bantamhühner und zwei schöne kurdische Hengste, Stockhöhe 1,44 m, mit elegantem Körperbau.

Auf einer anderen Farm zeigte man uns zwei viel stämmigere kurdische Hengste, 1,42 m hoch und rundbrüstig, mit schweren Köpfen, jedoch deutlich ausgeprägten Araber-Nüstern und gewölbter Stirn. Der Besitzer schätzte jeden davon auf 100000 Tumen (etwa 3200 DM). Ich fotografierte einen der Hengste, der andere war zu bösartig, man konnte ihn nicht aus dem Stall führen, er war am Kopf und an einem Hinterbein angebunden. Das Zaumzeug, das man zum Reiten benutzte, hatte ein traditionelles kurdisches Gebiß mit Dorn und Ring. Der Ring ging durch das Maul und außen um das Kinn herum; so wird die Zunge unten gehalten und die Wirkung des Dorns verstärkt. Der Dorn ist allerdings flach, nicht spitz; ich weiß nicht, ob er weh tut, aber mit einem weicheren Gebiß könnte man derartige Pferde nicht im Zaum halten. Trotzdem will ein Mann, der seine Pferde schätzt, ihnen keinen Schaden zufügen. Die Sattelkammer roch nach gut gepflegtem Leder, es wurde mit Bienenwachs behandelt, Sattelseife gab es nicht. Sie hatten konventionelle Sättel, die jedoch mit Quasten und Troddeln geschmückt waren, und die Steigbügel besaßen eine große Trittfläche und dreieckige Seiten.

Wir saßen draußen auf dem Hof neben einem kleinen Teich, aßen Wassermelone und unterhielten uns. Der Brunnen plätscherte beruhigend. Auf meine Frage, warum das Haus nur halb fertig sei, zuckte der Besitzer mit den Schultern und antwortete: „Khomeni". Wohlhabende Leute bemühen sich, nicht aufzufallen. Sie versuchen klug, nichts zur Schau zu stellen, das es wert wäre, konfisziert zu werden. Farmer, denen es gut geht, müssen sehr schnell dafür büßen. Deshalb nutzte dieser nur einen Morgen Land, auf dem er Trauben, Erdbeeren, Äpfel, Pfirsiche, Aprikosen, Kirschen, Kürbisse, Kartoffeln, Tomaten und Rosen anbaute, alles nur für den Eigenbedarf.

Er sagte, es gebe hier nicht mehr viele kurdische Araberpferde, die meisten seien von den „pastares" erschossen worden, damit man sie nicht für terroristische Aktionen verwenden konnte. „Pastares" können für gewöhnlich nicht reiten, sie sind im Nachteil, wenn sie gegen berittene Kurden kämpfen müssen.

Von hier aus fuhren wir zu einem Gestüt an der Straße nach Hamadan. Dort lieh ich mir einen kurdischen Hengst für einen Ausritt. Zuerst wollte mich sein Besitzer davon abbringen, weil erst vor kurzem hier geschossen worden war, aber ich sagte, ich würde nicht weit reiten. Das Gestüt lag zwischen niedrigen Hügeln voller Weizenfelder. Ich ritt quer über das wellige Land, und da der Weizen zum Teil schon abgeerntet war, konnte ich ungehindert über die Stoppelfelder galoppieren. Hinter einem Abhang begegneten mir fünf einheimische Kurden auf drei Pferden und zwei großen Maultieren, die auch ihr Gepäck und ihre Kinder trugen. Sie hatten große, plumpe Sättel wie für Esel, mit einem gepolsterten Holzrahmen, der dem Reiter kein Gefühl für sein Pferd läßt, er hält nur das Gleichgewicht.

Später traf ich an einem Fluß ein paar Jungen, die Vieh ans andere Ufer trieben. Ich sammelte ihre zurückgebliebenen Tiere und trieb sie ihnen nach, dann galoppierte ich in westlicher Richtung weiter. Die spitzen Felsen, die aus den Hügelkuppen ragten, sahen aus wie natürliche Festungen. Als ich ein Stück näher hinaufritt, bemerkte ich, daß manche als militärische Ausguckposten benutzt wurden. Ich duckte mich und verschwand schnell hinter einem Berg. Dieser Ausflug machte mir großen Spaß, das Pferd galoppierte munter und ohne zu ermüden drauflos. Ich kam an ein paar Hütten mit flachen Dächern vorüber, auf einem davon saßen etwa zehn Frauen und beobachteten mich. Normalerweise können kurdische Frauen reiten, diese hier erschienen mir allerdings zu fett dazu. Ihre bunten Kopftücher und Kleider leuchteten im Abendlicht. Es war schon nach sieben Uhr, und ich hatte nicht vergessen, daß man mich vor der Gesetzlosigkeit, die hier herrschte, gewarnt hatte. Aber vor halb neun würde es nicht dunkel werden. Dann hörte ich Gewehrschüsse und gleich danach eine zweite Salve, da kehrte ich um und ritt zurück.

Als ich wieder im Gestüt war, führten die Männer ihr bestes Pferd vor. Alles stand da und schaute, als es an der Longe herausschritt – ein herrlicher Palomino-Hengst mit kräftigem Körperbau und 1,52 m Stockhöhe. Man sattelte ihn, aber jedesmal, wenn ein Mann versuchte, aufzusteigen, bäumte er sich hoch auf und schlug mit den Vorderhufen aus. Kurden gehen mit Pferden behutsam um. Einem der Männer gelang es doch, aufzusitzen und eine kurze Zeit oben zu bleiben. Er bot uns ein herrliches Schauspiel im Abendlicht vor der wild zerklüfteten Felskulisse, die dem hoch aufsteigenden Pferd noch mehr Wildheit verlieh.

Ardeshir und ich sagten adieu, denn die Straßen waren holprig und das Zwielicht schon am Verlöschen. Der Weg lief durch eine Furt, wir durchquerten das Wasser, aber als wir am anderen Ufer hochbrummten, fing der Motor zu stottern an und ging aus. „Kein Problem", sagte Ardeshir, öffnete die Motorhaube und hatte innerhalb kürzester Zeit die Maschine wieder flott. Ich war beeindruckt. Wieder auf der richtigen Straße, hatten wir einen Unfall. Ardeshir war müde geworden, und die Windschutzscheibe war so schmutzig, daß er den Bordstein und die Bäume zu spät bemerkte. Er trat fürchterlich auf die Bremse, und wir schlitterten über den Bordstein in ein paar kleine Bäume hinein. Zum Glück entstand kein großer Schaden, und wir wurden nicht verletzt, nur durchgeschüttelt.

Ardeshir entschied, daß es für uns zu gefährlich sei, in Sanandaj zu bleiben. Heute nacht würden dort die Kämpfe wieder losgehen. Er beharrte darauf, die 200 Kilometer bis zum Dorf seiner Familie weiterzufahren. Aber dieses Vorhaben schien man uns vereiteln zu wollen, denn die Armee hatte eine Straßensperre errichtet. Wir wurden zwar durchgelassen, aber schon standen wir vor der nächsten, diesmal vor „pastares". Ardeshir sagte, sie seien sehr gefährlich, aber auch hier erreichte er mit seiner Überredungskunst, daß wir passieren durften. Auf der kurvenreichen Gebirgsstraße schaltete Ardeshir die Scheinwerfer aus. „Ohne Licht ist es sicherer", meinte er. „Das glaube ich nicht", erwiderte ich, denn ich hatte bemerkt, wie müde er war, und zudem schien der Mond noch nicht, es war stockdunkel.

Um ihn wach zu halten, sangen wir abwechselnd englische und kurdische Lieder. Ardeshirs Gesang hatte lange Passagen ohne Worte, nur langgezogene Töne, und wurde erst beim Refrain melodisch. Er merkte offensichtlich selbst, daß wir die 200 Kilometer nicht schaffen würden. Schließlich fuhr er nach etwa der Hälfte der Strecke von der Straße herunter und stellte das Auto neben einem Bach ab, um zu schlafen. Die Nacht war kalt, zum Glück hatte jeder von uns eine Wolldecke. Eine für beide wäre problematisch geworden, denn Ardeshir trat im Schlaf mit den Füßen um sich, schnarchte und knirschte mit den Zähnen. Es kam mir vor, als teilte ich einen Stall mit einem kurdischen Hengst.

Ich konnte nicht viel schlafen und war beim ersten Licht hellwach. Wir fanden ein Café, das früh öffnete, und frühstückten: „mast", Brot und süßen Tee. Die anderen Gäste diskutierten über einen Zwischenfall in der Nacht, etwa 10 Kilometer von der Stelle entfernt, an der wir übernachtet hatten. Aber Ardeshir sagte mir, es sei nichts von Bedeutung gewesen.

Dann fuhren wir weiter durch das für Kurdistan typische hügelige Hochland, zu beiden Seiten der Bäche breitete sich Ackerland aus, dahinter lagen Weiden, und auf jedem Felsvorsprung wachte eine Soldatenpatrouille. Das ging so die nächsten hundert Kilometer weiter, auch mußten wir wieder mehrere Straßensperren passieren. Beim Fahren fiel mir auf, wie tierliebend Ardeshir war: Einmal wich er einem Frosch aus, und ein andermal war er ganz betrübt, daß er eine Maus überfuhr, die uns unter die Räder lief. Gegen Mittag erreichten wir Mahabad und aßen in einem Café im Bazar „arpusht"-Eintopf. Ardeshir traf ein paar Freunde, zwei davon, ziemlich schneidige junge Kurden, wollten uns einige gute Pferde etwa elf Kilometer weit weg zeigen. Obwohl ich Ardeshir versicherte, daß ich genug Pferde fotografiert hätte, wollte er hinfahren und sie anschauen.

An einer Straßensperre im Gebirge etwas außerhalb von Mahabad wurden wir alle von den „pastares" verhaftet und eingesperrt. Den zwei schneidigen jungen Kurden wurden die Augen verbunden, dann führte man sie ab. Ein bewaffneter Gardist stieß Ardeshir und mich in unseren Wagen und befahl, zum Hauptquartier der Revolutionsgarden nach Mahabad zu fahren.

Als ich die anderen beiden wiedersah, saßen sie immer noch mit Augenbinde in einem bewachten Zelt im Hauptquartier, einem Innenhof mit hohen Wänden, von deren Rand Stacheldrahtrollen herunterstarrten. Mein Gepäck wurde auf dem Hof geöffnet und der Inhalt im Dreck verteilt. Die Gardisten durchsuchten alles aufs genaueste. Als ich versuchte, ihnen mit Erklärungen behilflich zu sein, schickten sie mich in das bewachte Zelt, dort mußte ich mich hinsetzen und warten. Ardeshir wurde zum Verhör geführt, dann wurden auch die beiden Männer weggebracht, und mich ließ man mehrere Stunden schmoren.

Ich schloß die Augen und wurde sofort scharf angeschrien: Schlafen war nicht erlaubt. Eine Zeitlang bewachte mich ein etwa dreizehnjähriger Junge, der ständig an seinem Maschinengewehr herumfingerte. Er lehnte es ab, seine Vorgesetzten oder jemanden, der Englisch sprach, zu holen. Das einzige, worauf er einging, war meine Bitte, auf die Toilette gehen zu dürfen. Als ich zurückkam, sah ich einen auffallend bemalten Jeep in den Hof hereinfahren. Erneut bestand ich darauf, den Chef zu sprechen, da wurden sie auf mich aufmerksam und führten mich vor einen Offizier. In den nächsten fünf Stunden folgte ein mir schon vertrauter Ablauf, fast wie bei meiner ersten Verhaftung in Gonbad, mit dem Unterschied, daß man hier mein Gepäck wiederholt gründlich durchsuchte.

Trotzdem übergingen sie dabei meine Tagebücher, sie interessierten sich hauptsächlich für die Bilder auf meiner alten Touristenkarte von Quetta und für meine Fotos von zu Hause. Zeitweise stieg Wut in mir hoch, oder ich fühlte mich hilflos, aber ich ließ mir nichts anmerken, selbst als man mir die Augen zuband und mich einschloß. Mein gesamtes Gepäck und meine Papiere wurden konfisziert, Ardeshirs Auto ebenso, und ich hatte keine Ahnung, was mit meinen Begleitern geschah.

Es war eine vierundzwanzigstündige Zerreißprobe. Die Wurzel unseres Problems schien darin zu stecken, daß wir uns im Kriegsgebiet befanden und die „pastares" nichts Besonderes zu tun hatten, außer die Kurden zu terrorisieren. Es erleichterte die Situation keineswegs, als in der Nacht, bei Kämpfen 30 Kilometer entfernt an der irakischen Grenze, Iran zurückgeschlagen wurde. Aber am nächsten Morgen strömte Verstärkung durch Mahabad, und in dem Chaos wurden meine Entlassungspapiere unterzeichnet.

Dann kam der härteste Teil. Ich mußte ihnen erklären, daß ich nicht gehen konnte, ehe nicht auch meine drei kurdischen Freunde und das Auto freikamen. Die „pastares" machten Gesichter, als wollten sie mich gleich wieder einsperren. Mit viel Beharrlichkeit und Würde kam ich doch zum Ziel, und gegen zwei Uhr nachmittags saßen Ardeshir und ich wieder im Auto und rasten aus der Stadt.

Ardeshir ließ mich nicht den Bus nach Täbris nehmen; er behauptete, er wolle dort einen Vetter besuchen. Als wir in einem Dorf unterwegs Mittagspause machten, lächelte er mich an und sagte:

„Kommen Sie, wir sehen uns ein paar Pferde an", was wir dann auch taten.

Danach fuhren wir am größten iranischen Salzsee, dem Urmia-See, entlang, bogen falsch ab und blieben in faulig stinkendem grünem Schlamm stecken. Das Auto bekam Wasser in den Auspuff und blieb mitten in der tiefsten Stelle der großen Schlammpfütze stehen. Ardeshir gelang es, die Motorhaube zu öffnen und die Zündkerzen zu trocknen, ohne seine Füße naß zu machen – ein bemerkenswerter Mann!

Als es in Täbris Zeit wurde, mich von ihm zu verabschieden, sahen wir einander an und brachen in Lachen aus. Ein kleines Stück unseres Lebens hatten wir zusammen verbracht und gemeinsam in Schwierigkeiten gesteckt, das schweißt zusammen. Wir gaben uns die Hand und sagten einander Lebewohl.

Als Ardeshir fort war, fühlte ich mich verloren. Es wollte keine Begeisterung für Täbris in mir aufkommen. Die Stadt schien in einem Zustand militärischer Alarmbereitschaft zu sein, und ich hatte Schwierigkeiten, ein Hotel zu finden, das mich aufnahm. Der „otogar" (Busbahnhof), auf dem ich eine Fahrkarte für den morgigen Bus zur türkischen Grenze kaufen wollte, war überfüllt, aber ein paar Soldaten halfen mir, den letzten Platz noch zu ergattern.

Während der Busfahrt haderte ich mit mir, weil es mich betrübte, Iran zu verlassen. Hatte ich vergessen, daß ich nur hierher gefahren war, weil die Osttürkei noch zu winterlich für eine Reise zu Pferde gewesen war? Es war jetzt Anfang Juli, auch dort oben mußte inzwischen der Sommer eingezogen sein, und ich konnte meine ursprünglichen Reisepläne verwirklichen.

Als ich die Grenze zur Türkei überschritt, hatte ich das Gefühl, als ob die Wolken sich davonmachten und die Sonne durchbräche. „Sie können jetzt ‚mantau' und Kopftuch ablegen. Ihr Visum gilt für drei Monate. Willkommen in der Türkei."

MEINE REISEN MIT KEYIF

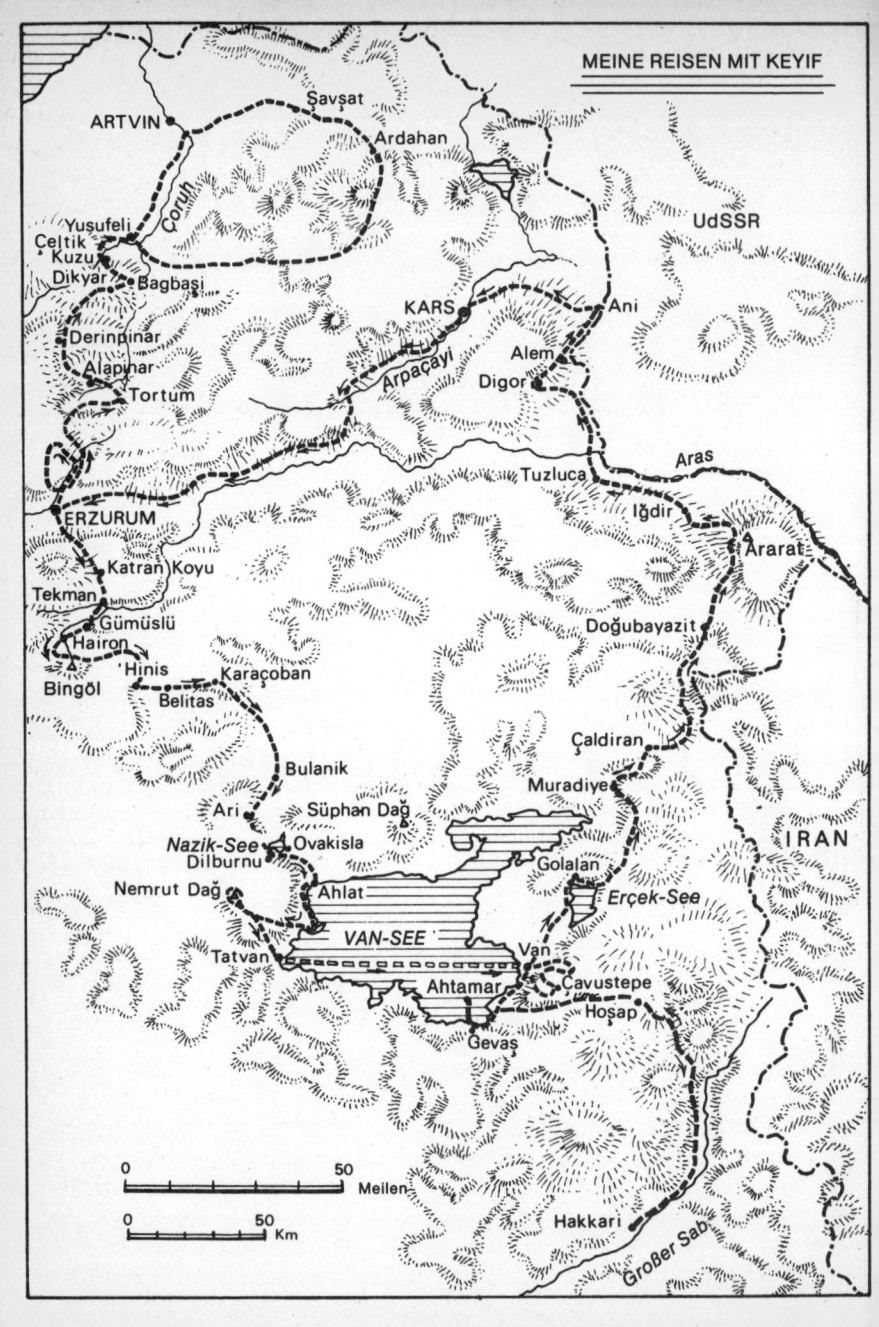

MEINE REISEN MIT KEYIF

ARTVIN
Şavşat
Ardahan
Yusufeli
Çeltik
Kuzuy
Dikyar
Bağbaşi
Coruh
KARS
Ani
Derinpinar
Alem
Alapinar
Digor
Tortum
Arpaçayi
ERZURUM
Tuzluca
Aras
Iğdir
Katran Koyu
Ararat
Tekman
Gümüslü
Doğubayazit
Hairon
Hinis
Bingöl
Karaçoban
Belitas
Çaldiran
Bulanik
Muradiye
Ari
Süphan Dağ
Nazik-See
Ovakisla
Golalan
Dilburnu
Erçek-See
Nemrut Dağ
Ahlat
Tatvan
VAN-SEE
Van
Çavustepe
Ahtamar
Hoşap
Gevas

UdSSR

IRAN

0   50
Meilen
0   50
Km

Hakkari
Großer Sab

Pferdekauf

Wieder in Erzurum, ging ich als erstes zu Sema, die mich mit herzlicher Wärme empfing. Ich freute mich sehr, bei Sema und ihrer Familie wohnen zu können, es war viel schöner bei ihnen als in einem unpersönlichen Hotel. Was ich an Sema besonders mochte, war ihre frische, offene Art und ihr gesunder Menschenverstand. Im Aufzug zu ihrer Wohnung traf ich sowohl verschleierte Frauen, deren Kleidung nur die Augen freiließ, als auch moderne, aufgeschlossene Frauen, die sich modebewußt kleideten. Sema war keines von beiden. Sie liebte die Natur und war eher ländlich orientiert. Ihre Arbeit im Landwirtschaftsamt führte sie auf Dörfer, wo sie Getreideanbau- und Viehzuchtprogramme vorschlug und organisierte. Sie war nicht der Auffassung, daß türkische Frauen härter arbeiteten als die Männer oder daß sie unterdrückt oder ausgebeutet würden. Sie sah das anders. Und sie war begeistert über meinen Plan, ein Pferd zu kaufen.

Sie entdeckte, daß ihr Kollege im Amt einen Bruder hatte, der „çirit" spielte, ein traditionelles Reiterspiel dieser Region. Sie vereinbarte mit ihm, daß er mich nach Dienstschluß in ein nahegelegenes Dorf mitnahm, wo zwei „çirit"-Pferde zum Verkauf standen. Unterwegs erzählte er mir, daß beim „çirit" wagemutige Reiter mit Holzspeeren gegeneinander kämpften. Dieses alte Turnierspiel gibt es schon seit dem Anfang der türkischen Geschichte, als Menschen aus den Steppen Mittelasiens sich hier ansiedelten.

Çirit-Pferde haben einen kurzen Hals und einen kräftigen Körperbau. Bei ihrer Zucht achtet man auf Schnelligkeit und die Fähigkeit, plötzlich und ruckartig anzuhalten. Ich ritt beide Pferde zur Probe, beide machten mir großen Spaß, aber sie waren extrem hartmäulig, und als ich nachsah, entdeckte ich Wunden und entzündete Stellen in ihrem Maul, die von der groben Handhabung auf dem Spielfeld herrührten. Sie waren leicht reizbar beim Reiten, deshalb kroch der Besitzer unter ihren Bauch, um mir zu zeigen, wie zahm sie sein konnten. Ich vergewisserte mich, indem ich bei jedem den Hinterhuf hochhob, um zu sehen, ob es Schwierigkeiten machte. Leider konnte ich mir keines der „çirit"-Pferde leisten. Eines der beiden war sogar ziemlich berühmt. Ich brauchte ja nur ein normales Reitpferd, außerdem würde ein so teures mir vielleicht schneller gestohlen.

Sema sagte, sie würde sich erkundigen, an welchem Tag der Wochenbazar stattfände. In der Zwischenzeit erkundete ich das alte Erzurum. Einige Studenten, die froh waren, ihr Englisch anwenden zu können, zeigten mir die seldschukische Universität aus dem 13. Jahrhundert, wo man früher Astronomie, Physik, Mathematik und den Koran studieren konnte. Sie sagten, man könne jedes seldschukische Bauwerk an einem in Stein gehauenen Adler erkennen, und zeigten mir ein Adler-Relief neben dem Haupteingang.

Die ehemaligen Schlafsäle der seldschukischen Studenten, Çift Minareli Medrese genannt, wurden 1253 erbaut, ein wunderschönes Gebäude, mit kunstvoll in Stein ziselierten Ornamenten geschmückt. Die Zwillingsminarette waren aus kannelierten Ziegelsteinen mit quadratischen, türkisfarbenen Kacheln. Die Studenten erzählten mir dazu folgende Geschichte: Eines der Minarette wurde von einem Baumeister erstellt, das andere von dessen Lehrling. Das von dem jungen Mann geschaffene wurde aber schöner als das seines Meisters, darüber war dieser so unglücklich, daß er auf sein Minarett stieg und sich von ihm herunter in den Tod stürzte.

Die Schlafsäle liefen über zwei Stockwerke um einen als Garten angelegten Innenhof. Tauben und Schwalben schossen durch die Bogengänge, die mit feinen, in den Stein gemeißelten Arabesken geschmückt waren. Der rauhe Klang eines Jagdhorns von einem vorüberfahrenden Lastwagen zog draußen vorbei. Es war ein Hochzeitszug, die Braut wurde gerade von ihrem Haus zur Familie ihres Bräutigams gebracht.

In einem Laden sah ich mich nach Sätteln um. Es gab die in Europa üblichen spanischen Sättel und osmanische, die aus einem dicken Lederpolster bestehen. Ich hatte so einen auf einem der „çirit"-Pferde ausprobiert und war nicht begeistert davon gewesen, denn man saß ziemlich hoch über dem Pferderücken. Es gab Geschirre mit verschieden harten Gebissen, unterschiedliche Kandaren-Versionen.

Auf dem Wochenbazar fand ich drei Pferde, eines davon schien mir für meine Reise geeignet, aber die Männer, die um mich herumstanden, ließen durch ihre Gesten erkennen, daß es nichts wert war. Einer bot mir an, zwei seiner eigenen Pferde holen zu lassen, damit ich eine größere Auswahl hätte. Sie wurden im Galopp durch die Straßen hergebracht, und ich probierte beide aus. Das eine war unbequem, das andere eine Schönheit. Aber sein Preis lag sehr viel höher als die Summe, die ich auszugeben bereit war, und ich beschloß, den Kauf nicht zu überstürzen.

Ich konnte in Erfahrung bringen, wo und wann das nächste große Markttreffen der Türken stattfand. Vielleicht fand ich dort ein Pferd. Außerdem sollten bei diesem Ereignis Dorftanzgruppen auftreten und „çirit" gespielt werden, was ich unbedingt sehen wollte.

An jenem Nachmittag brach ich zu Fuß auf. Sema war zur Arbeit gefahren, und ihre Mutter und ihre Großmutter interessierten sich für solche Dinge nicht, also ging ich allein hin. Festzugslärm erfüllte die Straßen. Es waren zwölf „çirit"-Reiter; und als ich einen davon fragte, wann das Spiel beginnen sollte, stieg er ab und bot mir sein Pferd an; so ritt ich in der „çirit"-Mannschaft zum Markt.

Am Eingang stieg ich ab und schloß mich der Menge an, die den einheimischen Tanzgruppen zusah: Männern und Frauen, Musikanten, die die Trommel und die „zouna" spielten, eine Art Trompete, die wie die Flöte eines Schlangenbeschwörers klingt. Die Tanztruppe aus Bitlis kam gerade an die Reihe: Männer in dunkelroter Kleidung mit Goldschärpen bildeten eine Mauer, die sich in wiegenden Schritten rhythmisch zum Takt der Musik bewegte, dann trennten sie sich, bildeten Paare und kämpften miteinander, wobei sie die Hände mit voller Kraft gegen die des Partners schlugen.

Die Männertanzgruppe von Trabzon sah zu meiner Verblüffung fast aus wie „Hell's Angels": schwarz gekleidet, mit schwarzen Stiefeln, mit Silberketten und Dolchen. Ihr Tanz war ein wildes Auf und Ab mit hohen Sprüngen; die Trommler wirbelten nicht nur mit ihren Schlegeln, sondern benutzten Ellbogen und Knie noch dazu, ohne aus dem Takt zu kommen. Die meisten Trommler hatten einen löffelförmigen Schlegel für die dumpfen Schläge und eine biegsame Rute, mit der sie schwirrende Zischlaute erzeugten. Die Tänzer aus Van trugen einen roten Fez, um den ein gelbes Tuch geschlungen war, und bestickte Westen. Ihre Frauen hatten lange, volantbesetzte Röcke an und bunte Kopfbedeckungen. Sie wurden nur noch von den Frauen aus Erzurum in ihren langen Samtkleidern mit Goldstickerei übertroffen. Sie zeigten einen Tüchertanz, der sehr würdig und distinguiert wirkte.

Am meisten gefiel mir die Gruppe aus Adiaman: die Männer mit Fez, Pluderhosen und bauschigen Oberteilen, die Frauen in gewebten Kleidern über weiten, gestreiften langen Hosen und mit weißem arabischem Kopfschmuck. Die Trommel forderte ein Mädchen nach dem anderen zu einem Solo heraus. Sie wirbelten und wiegten sich vor dem Trommler, aber jede entkam, bevor er nach ihr greifen konnte. Das hübscheste Mädchen floh nicht, sie tanzte dicht an den Trommler heran und beugte sich schließlich tief hinunter zum Zeichen ihres Einverständnisses – eine willige Beute. Beim Erntetanz brachten die Mädchen den Männern Gefäße mit Wasser, während diese mit Sicheln Weizen mähten. Sie tanzten paarweise, sehr wendig und anmutig. Ich entdeckte Männer, die „saz" spielten, ein traditionelles Zupfinstrument mit acht Saiten, tiefem kugelförmigem Klangkörper und einem einen Meter langen Hals. Das einzige, was ich nicht ausmachen konnte, waren Touristen, obwohl die Menge riesig war – es waren alles Türken.

Für mich war der Höhepunkt des Festes die „çirit"-Veranstaltung. Vierundzwanzig Pferde galoppierten in die Arena, teilten sich in zwei Mannschaften und stellten sich an den entgegengesetzten Enden des Platzes auf. Einer der Reiter begann das Spiel und galoppierte zur Mitte. Von der anderen Seite kam ihm ein anderer mit Karacho entgegen. Sie schwangen Stöcke aus Holz, einen Meter lang, und sahen aus, als wollten sie sich damit gegenseitig bewerfen, was sie dann auch taten. Als sie noch etwa fünf Meter voneinander entfernt waren, schleuderte der eine seinen Stock wie einen Speer nach vorn, er zischte knapp am anderen vorbei, der schnell herankam und ebenfalls zielte. Als er mitten im wildesten Ritt seinen Stock losließ, duckte sich der anvisierte Gegner und glitt seitlich an der Flanke seines Pferdes hinunter in Deckung. Die Menge schrie begeistert auf, als der Stock sein Ziel verfehlte und über das Pferd hinwegsauste.

Einen Augenblick später wurde der Beifall noch lauter, als ein vierter Reiter ins Gefecht galoppierte und seinen Gegner traf. Der Stock berührte ihn im Rücken, er schien unverletzt, aber der Treffer brachte dem anderen Team drei Punkte. Der Getroffene schied nicht aus, das mußte man nur, wenn man den Schiedsrichter traf. Für Würfe, die vorbeigingen, bekam die andere Mannschaft drei Punkte. Jeder Mann galt als Zielscheibe, besonders wenn er seinen Speer schon geworfen hatte und sich nicht mehr verteidigen konnte. Er mußte die Flucht antreten und versuchen, hinter seine Mannschaft am Ende der Arena zu reiten, wobei er seine Gegner mit Armschwenken und Gestikulieren irritierte. Manchmal geriet ein Reiter gegen eine Überzahl der anderen Mannschaft stark in Bedrängnis, dann konnten ihm nur Schnelligkeit und Wendigkeit zur Flucht verhelfen. Wenn jemand dem anderen so nahe kam, daß ein Treffer unvermeidlich war, verzichtete der Mann auf den Wurf und bekam Punkte dafür, daß er „getroffen haben könnte". Wer „nach Hause" kam, konnte sich einen neuen Stock holen.

Es war ein scharfes, schnelles Rennen die Arena auf und ab. Staub stieg auf, und immer, wenn das Spiel etwas langweilig zu werden drohte, feuerten Trommeln und Trompeten die Reiter wieder an.

In einer Mannschaft erkannte ich das Pferd, auf dem ich hierher geritten war, und in der anderen spielte Semas Bruder mit. Er saß auf dem berühmten Pferd, das ich in der Stadt probegeritten hatte.

Ein paarmal gelang es dem anvisierten Reiter, den auf ihn geschleuderten Stock aufzufangen. Die Menge liebte das, obwohl es keine Punkte brachte. Die verlorenen Stöcke wurden von den drei Schiedsrichtern aufgelesen, die auf dem Spielfeld herumrannten. Für sie war das Spiel genauso gefährlich wie für Pferde und Reiter und selbst für Zuschauer, obwohl man ein modernes Freiluftstadion mit Maschendrahtzaun zum Schutz des Publikums dafür gebaut hat. Ein Ambulanzwagen stand jedenfalls bereit.

Einmal traf ich auf meinem Weg zu Semas Büro den Besitzer des schönen grauen Hengstes, den ich auf dem Bazar probegeritten hatte. Das Pferd sah herrlich aus, wie es so die Straße hinunterschritt, jung und feurig. Bunte Troddeln schwangen an Zügel und Sattel hin und her. Der Mann und ich setzten uns in ein Teehaus und sprachen darüber, ob ich das Pferd kaufen sollte oder nicht. Ich zögerte, aber der Mann war sehr beharrlich und sagte, wenn ich dieses Pferd nähme, würde ich das nie bereuen. Es klang überzeugend. Ich wußte, er war ein ehrlicher und sehr geachteter Mann, denn er war Vorsitzender des „çirit"-Clubs. Ich hatte ihn inzwischen bereits um zwanzig Prozent heruntergehandeln können und war nun bei 300 000 türk. Lire (950 DM) angekommen, einschließlich Zaum- und Sattelzeug. Die Riemen des Zaumzeuges waren wunderschön mit Perlen besetzt, im Stirnband war zwischen den Perlenschnüren ein kleiner runder Spiegel eingearbeitet, und vier Quasten hingen, ebenfalls an Perlenschnüren, davon herunter.

Das Pferd war zwar nicht so hochklassig wie die besten iranischen

Araber, aber nach türkischem Standard sah es wirklich gut aus. Es hieß Keyif, das bedeutet „feurig".

In welche Richtung Keyif und ich aufbrechen würden, überließ ich dem Los. Ich warf eine Münze, und diese entschied, daß unser erstes Ziel der Van-See sein sollte, etwa 200 Kilometer im Südosten. Ich würde einen Bogen um den See schlagen und nach Norden zum Ararat und in die nordöstlichen Berge reiten. Für diese Strecke würden wir mindestens zwei Monate brauchen.

Willkommen beim Fest

Der Tag begann heiß und staubig, ich wachte mit der ersten Sonne auf und packte meine Satteltaschen fertig. Da Sema wußte, wie gern ich Kartoffeln aß, kochte sie während des Frühstücks welche, die ich als Wegzehrung mitnehmen konnte.

Keyif wurde gebracht; auf dem Weg hatte er ein Hufeisen verloren, also suchte ich als erstes einen Schmied und fand ihn in einer Nebenstraße, wo ich mich hinter einem Pferd mit Karren in der Reihe anstellen mußte. Während des Beschlagens blieb Keyif relativ ruhig, obwohl man ihm ein paarmal die Ohren verdrehen und beruhigend auf ihn einreden mußte. Ich ließ beide Hinterhufe neu beschlagen, wegen des Ausgleichs, denn die Nagelköpfe standen etwa einen Zentimeter unter dem Eisen heraus. Türkische Hufeisen sind geschlossene Platten mit nur einem kleinen Luftloch. Ich überlegte, ob sich der hohle Innenraum nicht leicht mit feuchter Erde füllen und Fußfäule verursachen könnte, aber hier wurden alle Pferde mit diesen geschlossenen Eisen beschlagen. Na ja, ich würde ja sehen, wie wir damit zurechtkamen. Der Schmied schlug auch ein paar neue Nägel in die vorderen Hufeisen, um ihnen zusätzlichen Halt zu geben.

Ich ritt in südlicher Richtung durch die erwachende Stadt und hielt kurz auf einem Markt, um ein paar Tomaten und „bastirma" zu kaufen (gebratenes Fleisch mit Knoblauch und Pfeffer), das ich zu Semas Kartoffeln essen wollte. Keyif stoppte jedesmal, wenn er ein anderes Pferd sah, scharrte mit dem Fuß und wieherte angriffslustig.

Zwei Stunden lang kletterten wir bergauf, es war steil, aber nicht anstrengend, denn das Pferd ging willig, mit raschem, schwingendem Schritt. Die Straße war staubig, aber ohne Steine. Das einzige Fahrzeug, das uns überholte, war ein Traktor mit Anhänger, er war nur wenig schneller als Keyif. Auf dem Anhänger saß eine Nomadenfamilie; sie hatten schwarze Schirme gegen die Sonne aufgespannt. Alle winkten und riefen mir Grüße zu.

Später kamen wir an ein paar kleinen Naturstein-Bauernhäusern an einem Bach vorbei und hielten an dessen Quelle, wo wir Mittagspause machten. Keyif teilte das Picknick mit mir, denn trotz der Quelle gab es nicht viel Gras hier. Es war von kleinen braunen Murmeltieren weggefressen, die zuerst flohen, sich dann aber an uns gewöhnten, wieder aus ihrem Bau herauskamen und umhertrippelten.

Ich fühlte mich voller Tatendrang und begann, Keyifs Mähne und Schwanz zu kämmen. Man kam schwer durch, ich glaube, sie hatten noch nie einen Kamm gesehen. Den Schwanz bekam ich nicht hin, aber seine Mähne sah wunderbar aus. Als ich ihn gerade satteln wollte, legte er sich auf den Rücken und wälzte sich im Schlamm neben der Quelle. Ich mußte warten, bis der Schmutz trocken war, denn ein feuchtes, dreckiges Pferd zu satteln, bedeutete später wunde Stellen. Er hatte nämlich schon eine, die ich vorher nicht entdeckt hatte, weil ich ihn nie ohne Sattel gesehen hatte. Dumm von mir. Beim Kauf eines Pferdes sollte man wirklich genau hinsehen. Aber irgend etwas vergesse ich immer. Die Scheuerwunde war nicht schlimm, sie war schon teilweise verheilt und sah ganz gut aus.

Von hier bogen wir auf einen Grasweg ab, der steiler und direkter in die Berge hinaufführte. Gegen vier Uhr am Nachmittag waren wir so weit oben, daß wir die ersten Schneereste erreichten. Ich lief an einer großen Schneebank entlang und wusch mein Gesicht in dem Gletscherbach, der darunter hervorplätscherte.

Im Schnee verlor ich den Weg, sah ihn aber weiter oben in Serpentinen weitergehen. Wir zogen deshalb quer über die Hänge, folgten unserem Instinkt. Die kurz abgeweidete Grasnarbe war sehr angenehm. Ich stieg oft ab und schlenderte neben Keyif her, um seinen Rücken zu schonen. Bald sahen wir unter uns die Sommerzelte der Hirten, die wie Tupfer über die Bergsättel gesprenkelt waren. Eisige kleine Bergseen bildeten Wasserreservoire für sie und ihre schwarzen Schafherden.

Hier gehörte man schon mehr zum Himmel als zur Erde. Die Sonne war heiß, aber der Wind frostig kalt. Höher hinauf schien ich nicht mehr reiten zu können.

Wir kamen an einer noch nicht ausgegrabenen quadratischen Festung vorbei. Ihr Grundriß zeichnete sich unter der Grasnarbe ab, und die steinerne Wehrmauer schaute stellenweise heraus. Schneewehen hatten sich hinter ihr angehäuft. Auf einem anderen Gipfel konnte ich eine größere Festung ausmachen, ebenfalls von Gras überwachsen. Eine der Mauern ragte aus dem Grün. Ich konnte mich nicht sattsehen, obwohl die klaren Umrisse von Dunstschleiern verwischt wurden. Weiter hinten schrie ein Jagdvogel, der in den Windströmungen über dunkelroten Felsen und grünen Bergmatten seine Kreise zog.

Von Zeit zu Zeit kamen wir wieder auf den alten Weg, man konnte meilenweit mit den Augen verfolgen, wie er sich über die Berge wand. Ein paarmal ritt ich an alten Maschinengewehrständen aus dem Zweiten Weltkrieg vorüber. Wie die Festungen sind auch sie Zeugnisse der strategischen Bedeutung der Türkei während vieler Jahrhunderte. Dieser Teil der Türkei wurde von Sumerern, Urartäern, Kimmeriern, Babyloniern, Skythen, Medern, Persern, Römern, Byzantinern, Arabern, Seldschuken und Mongolen angegriffen, und dabei sind wir erst im 13. Jahrhundert angelangt. Kyros und Alexander der Große haben dieses Gebiet erobert, und 36 v. Chr. überwinterte die Armee des Marcus Antonius hier und verlor 24 000 Mann, hauptsächlich durch Hungersnot und Krankheit, nachdem ihre einheimischen Verbündeten für den Winter nach Hause zurückgekehrt waren.

Manche Hänge, über die Keyif federnd trabte, waren übersät von blauen Blumen. Die Felsen waren hell ausgebleicht und umkränzt von leuchtendroten, niedrigen Sträuchern. Hinter der nächsten Biegung breiteten sich Wiesen voller Gänseblümchen, Löwenzahn und Butterblumen vor uns aus. Keyif war immer noch frisch und munter. Wenn der Boden flach genug wurde, um schneller zu gehen, trabte er im leichten Dreitakt los. Er war Paßgänger und trabte nicht wie andere Pferde im Zweitakt. Der Unterschied zwischen den beiden Paßgängern Keyif und Shanaza, der schwarzen Stute, die ich in den Assassinentälern geritten hatte, war, daß Shanaza Paßgehen gelernt hatte und Keyif es von Natur aus tat. Er konnte eigentlich nicht traben, sondern ging entweder gemächlich oder schnell im Paß. Ich ließ ihn die Geschwindigkeit bestimmen, aber ich wählte die Richtung. Wir zogen weiter südlich auf der alten Route quer übers Land.

Als die Sonne zu sinken begann, kamen wir an einen Fluß, von dem eine Wagenspur wegführte – vermutlich zu einem Dorf. Wir folgten ihr, und ich entdeckte auch bald ein paar steinerne Bauernhäuser. Kleine Mädchen standen am Weg, sie erwiderten jedoch meinen Gruß nicht, sondern sahen mich nur entsetzt an und stoben davon. Der Weiler hatte fast verlassen ausgesehen, aber kaum war ich hineingeritten, da war ich auch schon von einer ganzen Menge Leute umringt, die alle dastanden und mich stumm anstarrten. Ich stellte mich vor und fragte, ob ich mein Pferd in einem ihrer Gehege unterbringen könnte. Die waren zwar mit Dornen umzäunt, aber in den Hecken klafften große Lücken; ich band Keyif deshalb sicherheitshalber an. Er tanzte wiehernd herum. Ich setzte mich in der Nähe hin und versuchte, mit den Leuten ins Gespräch zu kommen. Sie sagten mir, ihr Dorf heiße Hasan Aga Köyü; die Männer gaben mir alle die Hand, die Frauen nicht, sie streckten die Arme aus und befühlten meinen Busen.

Das brachte mich etwas in Verlegenheit, aber ich lächelte, nahm einfach ihre Hände weg und versuchte einen Händedruck. Aber es passierte so oft, daß ich mich fragte, ob sie wohl testen wollten, wie ich reagierte. Einmal tat ich, als wäre ich entrüstet, und befühlte meinerseits den Busen der anderen Frau, aber die lachte nur. Die Frauen trugen trotz der Hitze mehrere Kleider übereinander und hatten Musselintücher mit bestickten Rändern um den Kopf geschlungen, unter denen schwarze seidene Troddeln hervorhingen. Über der Stirn waren die Troddeln kurz wie Ponyfransen und am Hinterkopf lang bis zur Mitte des Rückens. Horden von Kindern drängten sich dicht um uns herum, und wenn ich aufstand und ein Stück weiterging, folgten sie alle. Manchmal jagten die Männer sie mit Stöcken weg, aber sie kamen bald wieder zurück.

Keyif war unruhig, stampfte und wieherte. Winzige Ameisen plagten ihn, sie liefen an seinen Beinen zu seinem Rücken hinauf und bissen seine zugeheilte Druckstelle wieder auf. Die Dorfbewohner hatten keine Salbe oder ähnliches, so kramte ich schließlich meine Zahnpasta heraus und drückte einen Ring rund um die wunde Stelle als Barrikade gegen die Plagegeister.

Später fand ich einen leeren Stall für ihn, wo er schlafen konnte. Ich kam bei einer Familie unter, und nach dem Abendessen schliefen wir alle auf Matratzen am Boden unter dicken Wolldecken. Die Nacht war heiß und der Raum sehr stickig, weil die Fenster wegen der Stechmükken geschlossen blieben. Es waren trotzdem jede Menge Mücken drin, und ich mußte die Decke bis übers Kinn ziehen, um nicht völlig zerstochen zu werden. Meine Haut fühlte sich vor Schweiß unangenehm glitschig an, und ich träumte, mein Bett sei voller Ameisen. Das war es tatsächlich, ich wälzte mich ständig herum und versuchte, sie zu zerquetschen.

Am Morgen wollten mich die Leute nicht ohne Frühstück gehen lassen. Es gab warmes Brot und frisches „mast" (Joghurt). Sie mochten auch kein Geld nehmen, deshalb knipste ich einige Fotos von der Familie und versprach, ihnen die Bilder zu schicken. In sehr weit abgelegenen Dörfern wie diesem hier ist Geld nicht immer von praktischem Nutzen. Normalerweise habe ich deshalb immer einen Vorrat kleiner Geschenke bei mir, wie Feuerzeuge für die Männer oder Kopftücher und Ohrringe von Sheperd's Bush für die Frauen, um mich für die Gastfreundschaft erkenntlich zeigen zu können. Das klingt vielleicht etwas neo-kolonialistisch, aber die Leute freuen sich darüber, und es ist eine einfache und unmißverständliche Art, Dankeschön zu sagen.

Ich sattelte also Keyif und ritt über den Berg zurück zu der unbefestigten Straße, die zum Dorf Tekman führte. Die Morgenluft roch herrlich. Ich hoffte, irgendwann im Laufe des Tages ein verstecktes Plätzchen an einem Fluß zu finden, an dem ich baden könnte. Aber im Augenblick war Keyif ausgeruht und frisch, und wir legten in seinem flotten Dreitakt-Paßgang ein schönes Stück zurück.

Über eine Reihe sanfter Bergkuppen kamen wir langsam in ein Tal, in dem ich ein Dorf erspähte. Meine Karte hatte einen viel zu kleinen Maßstab, deshalb hatte ich angefangen, mit der Hilfe der Einheimischen mir eine eigene anzulegen. Nach dieser müßte dies das Dorf Katran Koyu sein. Ein alter Mann, der Brennholz die Straße entlangschleppte, bestätigte mir meine Vermutung. Er sagte, es gäbe eine Abkürzung über die Berge nach Tekman, wollte aber unbedingt, daß ich vorher bei ihm zu Hause haltmachte.

Sein Haus stand am Ende des Dorfes, aus Steinen gebaut, mit einem niedrigen Tunneleingang und mehreren Zimmern, deren Fußböden und Wände üppig mit roten und blauen türkischen Teppichen bedeckt waren. Überall an den Wänden lehnten Kissen als Rückenstützen. Es kamen viele Leute zum Tee oder einfach, um dazusitzen und mich anzuschauen. Einige der Frauen betasteten wieder meinen Busen und beschrieben ihn dann den Männern, aber die meisten gaben sich damit zufrieden, dazusitzen, zu schauen und zu lächeln. Mein türkischer Wortschatz war noch nicht groß, erweiterte sich aber von Tag zu Tag. Die nützlichsten Wörter waren „tamam" für „ja, stimmt" und „yok" für jede Art von „nein". Wenn Türken nein sagen, heben sie die Augen und nicken mit dem Kopf nach hinten, wie die Griechen.

Als ich das Gefühl hatte, Keyif hätte sich genügend ausgeruht und genug Heu gefressen, zogen wir weiter über die Abkürzung hinauf in welliges Bergland. Es war ein prächtiger Tag mit Sonnenschein und Wind, eine herrliche offene Landschaft mit steil aufragenden, gezackten roten Felsen. Der Pfad lief wie eine Kerbe durch Weideland mit niedrigem Gras und wilden Blumen. Es war ein Vergnügen, Keyif zu reiten. Man mußte ihn nie antreiben, er ging öfter schnell als langsam. Ich ließ die Zügel locker hängen, bis jetzt hatte ich noch kein einziges Mal meine Hacken gebrauchen müssen. Es hatte genügt, „yavaş" (langsam) oder „haydi gidelim" (los, auf geht's) zu sagen. Sein leicht schaukelnder Paßgang war in jeder Geschwindigkeit sehr angenehm. Meine Satteltaschen waren gut festgezurrt, so daß sie nicht herumschlackern konnten, selbst wenn er galoppierte. Vom Gipfel aus begann ein langer Abstieg bis zum Fluß, dem Aras oder Araxes, der durch Tekman fließt und später die Grenze zu Rußland bildet.

Tekman ist ein großes Dorf. Wir ritten an Salinen entlang, wo die Sonne in seichten Tümpeln das Wasser austrocknet und eine glitzernde Schicht aus Salzkristallen hinterläßt. Dann gelangten wir zu einem Nebenfluß des Aras; das Wasser sah zu tief aus zum Durchwaten, und die Brücke war zu klapprig, um ein Pferd mit Reiter zu tragen. Ich entschied mich doch für die Furt, zog die Satteltaschen so hoch es ging und wählte eine Stelle, die aussah, als läge eine Sandbank darunter. Wir wurden nicht sehr naß.

In Tekman fand ich einen öffentlichen Stall, dessen Besitzer mich auch zu sich nach Hause zum Mittagessen einlud; es gab Brot und Käse. An diesem Nachmittag sollte der türkische Premierminister Kenan Evran nach Tekman kommen und die Landwirtschaft und die Salinen besichtigen. Ich fragte, ob die Mädchen des Dorfes ihm zu Ehren tanzen würden; sie verneinten, fanden aber den Gedanken so anregend, daß sie anfingen, für mich zu tanzen, mit ausgestreckten Armen, schnellem Schulterschütteln und Fingerschnalzen. Sie schnalzten anders, als wir das tun, sie nahmen beide Hände dazu und ließen den Zeigefinger gegen die anderen Finger klatschen. Es gab keine Musik, wir improvisierten deshalb im Chor, und eines der Mädchen sang ein Solo. Schade, daß Kenan Evran das nicht sehen konnte! Ich hätte ihn gerne getroffen, aber das hätte zwei Stunden Wartezeit bedeutet, und eigentlich wollte ich gar nicht, daß man offiziell auf mich aufmerksam wurde.

Mir war eingefallen, daß ich keine Erlaubnis der Behörden für meinen Ritt hatte, war aber auch überzeugt, daß dies nicht nötig sei. Wenn ein Beamter ein Vorhaben genehmigt, übernimmt er vermutlich gleichzeitig die Verantwortung dafür. Warum sollte ich einen Fremden bitten, die Verantwortung für meine Reise zu übernehmen? Als Reisende bin ich selbst für das verantwortlich, was geschieht; das habe ich schon früh gelernt. Das Amt für Tourismus preist die Osttürkei als Land der Abenteuer an, und genau das suchte ich: ein langes, schönes Abenteuer.

Ich verabschiedete mich also während Premierminister Evrans Ankunft so unauffällig wie möglich. Wir überquerten den Aras-Nebenfluß, überstiegen den Bergzug dahinter und durchwateten schließlich an einer Biegung nach Süden den großen Aras. Dann ging es auf einer schmalen Straße aus festgefahrener Erde, auf der keinerlei Verkehr herrschte, langsam ansteigend in die kahlen Berge hinein. Den ganzen Nachmittag entdeckte ich kein Dorf, ich überlegte schon, ob ich in dieser Nacht im Freien kampieren müßte. Das Hauptproblem dabei war, ich mußte sicher sein, daß man uns nicht sehen konnte, denn wenn Männer ein Lager entdeckten, würden sie ohne Zweifel in der Nacht auftauchen und ihm einen Besuch abstatten. Meine größte Befürchtung dabei war, Keyif zu verlieren, denn es gab keine Bäume, die ein Pferd und ein Camp verborgen hätten.

Nach einiger Zeit entdeckte ich auf einem Berghang einige Männer beim Heuen; ihre Pferde grasten frei neben ihnen. Keyif begann beim Anblick der Stuten und Fohlen zu tänzeln. Ich galoppierte zu einer Gruppe der Männer hinüber und fragte nach Dörfern; sie sagten, etwa fünf Hügel weiter läge eines: Gümüslü. Der Weg folgte der Höhenlinie, deshalb kamen wir schnell voran; an diesem Tag hatten wir bestimmt fünfzig Kilometer hinter uns gebracht. Die schrägen Strahlen der späten Nachmittagssonne tauchten das Land in goldenes Licht.

In einem breiten Tal, in dem sich ein Bach in vielen großen und kleinen Windungen dahinschlängelte, sah ich Schwärme von Wildenten; die Luft summte vor Bienen, kein Wunder in einem Tal so voller Löwenmäulchen, Schlüsselblumen und tiefblauem Vergißmeinnicht. Es gab auch andere Blumen, die ich nicht kannte, und wilde Rosen, dunkelrot, rosa, violett, gelb und scharlach. Rote Flechten bedeckten die Felsen, die Einheimischen benutzten sie als eine Art Henna; und aus dem Schilf am Bach tönte Froschgequake. Wir kamen zu einem Basaltfelsen, der in Quader zersprungen war, einige Stücke waren herausgebrochen und zu Boden gefallen. Nicht weit dahinter sah ich eine Wagenspur, sie führte nach Gümüslü, einem Dorf aus alten Steinhäusern, in einem sehr engen Tal unter Bäumen gelegen. Als ich näherritt, begegnete ich einem jungen Paar, das mich zu sich nach Hause einlud und mir anbot, bei seiner Familie zu übernachten. Einer der unteren Räume ihres Hauses diente als Stall, und die Tiere, einschließlich Keyif, wurden durch die Haustür hineingeführt.

Keyif und ich waren mitten in ein Fest geraten. Leute tanzten zur Musik der traditionellen Gitarren, die Familie feierte das „sunnet" oder Beschneidungsfest. Zwei Jungen, vier und sechs Jahre alt, waren gerade beschnitten worden, und die Familie zeigte mit stolz deren Verbände. Ein Onkel war der Arzt. Siebenundzwanzig Mitglieder der Familie hatten sich im Haus versammelt, einige waren extra für dieses Ereignis von weither angereist. Die Eltern waren reizend; auch ihre erwachsenen Kinder und das junge verlobte Paar, Sonar und Gul, die ich unterwegs getroffen hatte, zeigten sich sehr liebenswürdig. Ein Onkel hatte Whisky mitgebracht, und einige der Männer waren bereits kreuzfidel. Im Wohnraum lagen mehrere Schichten Teppiche auf dem Boden, und wie in Katran Koyu lehnten ringsum an den ebenfalls mit Teppichen behängten Wänden Rückenkissen. Zwei Gaslampen beleuchteten den Raum.

Während ich den Gesprächen zuhörte, bemerkte ich, daß viele der Dörfler nicht Türkisch sprachen, sondern Zazaca, einen alten Dialekt. Sie erzählten, ihr Dorf bestünde schon seit byzantinischen Zeiten. Einige hatten inzwischen Kurden geheiratet. Zum Festessen gab es Rindfleisch und gefüllte Paprikaschoten mit Schafsmilchjoghurt, serviert, wie in der Türkei üblich, auf einem großen runden Tablett, leicht erreichbar von allen, die im Schneidersitz darum herum auf dem Boden saßen und sich selbst bedienten. Sie wickelten mit der Hand ein Stück Brot um jeden Bissen, den sie aus dem Tablett herausschaufelten.

Hinterher fragte man mich, ob ich ein Bad nehmen wolle. Ich bejahte erfreut, denn ich fühlte mich immer noch schmutzig und verschwitzt von den vorhergehenden heißen Nächten und den staubigen Ritten am Tag. Die Frauen brachten mich in die Küche, einen dunklen, verräucherten Raum mit schwarzen Dachbalken, setzten mich in einen flachen Zinnzuber und gossen Eimer voll heißen Wassers über mich. Dann schrubbten sie meine Haut, bis sie brannte.

Wir schliefen alle auf Matratzen im großen Wohnraum; es gab nur wenige Stechmücken, ich schlief jedenfalls zu tief, um irgendeine zu bemerken. Um fünf Uhr früh wachte ich auf, weil draußen Katzen miteinander kämpften, Enten schnatterten, Leute riefen und mein Pferd in dem Raum unter mir wieherte. Ich führte Keyif hinaus und versuchte, ihn auf der Hangwiese anzupflocken, damit er grasen konnte, aber er sprang kopflos herum und wieherte anderen Pferden nach, deshalb führte ich ihn wieder hinein und gab ihm einen Armvoll frisch gemähten Grases.

Wir aßen Schafskäse, vermischt mit Nußöl, und selbstgemachte Marmelade auf frischgebackenem Brot. Danach wanderte ich mit Sonar, dem jungen Mann, im Dorf herum und beobachtete, wie über den Lehmdächern in der frühen Morgensonne dünne Rauchsäulen in den Himmel wuchsen. Im Gegensatz zu anderen Dörfern bestanden die Häuser hier aus ungleichen, roh behauenen Steinen, die mit Lehmmörtel vermauert waren. Die Dächer aus Balken und Erde federten leicht, wenn wir auf ihnen gingen. Bunt gekleidete Mädchen hüteten schwarze Schafe, ihre großen, zottelhaarigen Hunde gähnten und streckten sich, Frauen trugen Eimer paarweise auf Schultertragen und schlenderten gemächlich zur Dorfpumpe, um Wasser zu holen. Eine Frau drehte an einem Spinnrad Wolle für Socken, andere schlugen Wollballen für neue Matratzen flach. Alle Leute grüßten uns freundlich. Bei einer Kurden-Zazaca-Familie kehrten wir zum Tee ein, die Frau hatte eine Halskette aus dicken Goldmünzen. Die meisten Frauen trugen Kopftücher, deren Säume in Makramee-Art mit Perlenschnüren besetzt waren. Sie erklärten mir, ich sei die erste Ausländerin, überhaupt der erste Fremde, der ihr Dorf besuchte.

Sonar erzählte, dies sei ein ehemaliges Räuberdorf, und sein Großvater sei noch ein berühmter Räuber gewesen. Soweit ich verstand, hat er 63 Menschen getötet. Die Familie bedrängte mich, noch nicht abzureisen: „Warum bleiben Sie nicht noch einen Tag und fahren mit uns zum Picknick?" Also blieb ich. Aber das Picknick war irgendwie geheimnisvoll, denn das Mittagessen wurde im Haus serviert, ein besonderes „sunnet"-Festessen mit Leber- und Nierengerichten, die einen hohen Eisengehalt hatten – für die beschnittenen Jungen. Später traf ein Lastwagen ein, und die ganze Familie, samt den vierzehn Kindern, kletterte auf die offene Ladefläche, einige ältere Leute setzten sich in die Fahrerkabine, und wir sechs aus der mittleren Generation mußten auf dem Kabinendach Platz nehmen, nicht ungefährlich, aber mit einer unvergleichlichen Aussicht.

Wir fuhren einige Kilometer das Haupttal hinauf, hielten an einem Bienenhaus, um Honig mitzunehmen, und kletterten dann zu Fuß in die Berge. Eine Quelle mit sehr kaltem Gebirgswasser war unser erstes Ziel, dann ging's weiter zu einem ehemaligen armenischen Dorf hinauf, von dem fast nichts mehr zu sehen war. Aber die Familie wußte noch, wo die Häuser gestanden hatten, und zeigte mir Feuerstellen und Gräber, sogar Kindergräber. Die christliche Bevölkerung war vor etwa 1200 Jahren von den einfallenden Moslems massakriert worden; aber wie Sonar mit erklärte, waren die Armenier böse Leute gewesen und hatten nur erhalten, was sie verdienten.

Also gehörte dieser Landstrich schon zu Armenien, das ich zum erstenmal auf einer von Ptolemäus gezeichneten Karte gesehen hatte. Es erstreckte sich von den Schwarzmeer-Alpen bis Mesopotamien, Georgien und Aserbeidschan und schloß zwischen seinen Nord- und Südgrenzen ein Plateau von 1300 bis 1800 m Höhe ein, in dem auch das Bassin des Van-Sees lag. Kriegsmüdigkeit und religiöse Zersplitterung machten es den Arabern leicht, in Armenien einzufallen und es niederzuwerfen. Die Griechen versuchten, das Königreich zurückzuerobern, aber dessen Bewohner zogen die Araberherrschaft vor, weil die Griechen zu hohe Steuern von ihnen verlangt hatten. Doch der Unabhängigkeitsgeist der Armenier vertrug sich auf die Dauer nicht mit der arabischen Oberherrschaft, und es heißt, daß der arabische Vizekönig im 8. Jahrhundert den armenischen Hochadel umbringen ließ. Doch das war noch nichts gegen den Völkermord, der später kommen sollte. In der Zwischenzeit eroberten die Griechen Armenien zurück, und ein Großteil der Bevölkerung wanderte aus.

Einige Kilometer weiter stiegen wir einen hohen Berg hinauf, der seltsam blankgescheuerte Felsen und eine Menge Fuchsbauten aufwies. Auf seinem Gipfel stand die Ruine der Hasbek-Festung, ein griechisches Bollwerk. Man konnte sehen, wo Schatzsucher in ihren Grundmauern gegraben hatten, und Sonar erzählte, sie hätten goldene Schmuckteile und Münzen gefunden. Ich stieß auf glasierte rote Tonscherben. Vier Täler liefen strahlenförmig von diesem Burgberg weg; in den üppig mit Blumen bewachsenen Talsohlen schlängelten sich Bäche. Die Gerstenfelder dazwischen legte der Wind in federnde Wellen, und hier oben riß er an meinem Haar. Auf einer felsigen Bergspitze in der Nähe konnten wir noch eine Festungsruine erkennen und weit im Süden einen schneebedeckten Gebirgszug. Sonars Vater Yusuf sagte, der Schneeberg würde mir am nächsten Tag die

Oben: Ich reite an einem der Steinreliefs in Naghsch e Rostam vorbei: hier kniet der römische Kaiser Valerian vor Shapur I. von Persien. *Unten:* Ein Teil des Steinfrieses an der großen Treppe in Persepolis. Rechts unten zwei kaspische Kleinpferde, die einen zweirädrigen Karren ziehen

Issas schwarzer Plateauperser-Hengst

Ein herrlicher kurdischer Araber

Ein turkmenisches Rennpferd mit dem typischen Langrücken

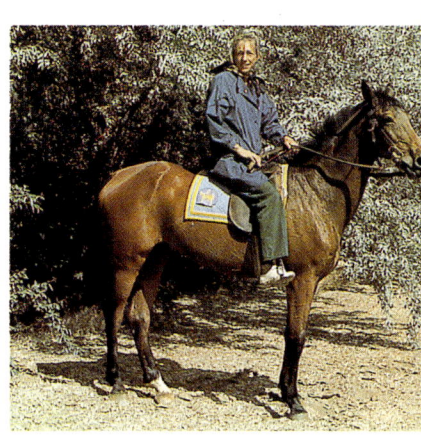

Die Autorin auf einem turkmenischen Rennpferd

Ardeshirs Stolz und Freude, auf der Stirn eine Fliegenbinde

Ein kurzbeiniger Baseri-Araber in Kurdistan

Oben: Schmackhafte iranische Hausmannskost bei Esaks Familie in Isfahan

Unten links: Eine Assassinenburg. Von diesem strategisch günstigen Punkt aus plünderten sie die Karawanen der Handelsstraßen durch das Elburs-Gebirge

Unten rechts: Cifte Minareli Medrese mit seinem Doppelminarett

Eine der Dorftanzgruppen

Ein altes Paar aus Gümüslü

Cirit-Reiter in Erzurum

Richtung weisen, denn mein nächstes Ziel, Hinis, lag in der Ebene dahinter.

Was das Picknick anging, so gab es geschälte Dornbuschstengel und abgezogene Sauerampferhalme mit strengem Nachgeschmack. Ich hatte immer angenommen, Picknick sei etwas zum Genießen! Das Wenden des großen Lastwagens auf der einspurigen Bergpiste erwies sich als problematisch, aber Beharrlichkeit bringt zum Ziel, und nach einer Stunde konnten wir den Rückweg antreten, wir sechs erneut mit schönem Ausblick, unseres teuren Lebens wegen ans Blech des Kabinendaches geklammert.

Am Abend waren wir alle zu einem Onkel draußen auf dem Land eingeladen. Er hatte ein Schaf geschlachtet. Wir hängten einige der Fleischstücke an einer Leine im Freien zum Trocknen auf und gingen dann zum Festmahl ins Haus. Die Hackordnung einer Sippe ist leicht daran zu erkennen, wer die besten Plätze beim Essen bekommt und wer aufsteht und sein Sitzkissen wem anbietet. Aber es geschieht alles mit Respekt und ohne Groll. Die Einhaltung dieser Hierarchie ist sehr wichtig für den gesellschaftlichen Umgang, so kennt jeder seinen Platz in der Gruppe.

Als wir meine Weiterreise besprachen, warnten mich die Männer: Ich würde durch eine Gegend kommen, in der es Banditen gäbe, vor allem um Hinis herum sollte ich sehr vorsichtig sein. Sonar sagte, was immer auch passieren würde, ich dürfe auf keinen Fall in der Nähe von Hinis anhalten, und ein Onkel gab mir zwei Empfehlungsschreiben für Freunde mit.

Auf dem Heimweg ins Dorf war der Himmel zwar mit Sternen übersät, aber der Mond schien noch immer nicht, und wir konnten die schmale Holzbrücke zum Haus kaum sehen. Drinnen wurden wir mit einer Überraschung empfangen: Sonar und Gul gaben ihre Verlobung bekannt. Sie waren schon seit ihrer Kindheit befreundet, jetzt war er einundzwanzig und sie zwanzig. Gul machte die Runde im Raum und küßte einige Frauen und Männer auf Hände und Wangen, Sonar tat dann bei anderen das gleiche. Guls Vater steckte der Braut zwei Ringe an, der wichtigere von beiden war ein breites Goldfiligranband für die rechte Hand. An die linke steckte er ihr einen Goldring mit Rubin, und um ihren Hals legte er eine goldene Kette mit Anhänger. Alle im Raum begannen zu lachen und die anderen zu küssen, einige weinten Tränen der Rührung. In einem Jahr würde das Paar heiraten, ich wünschte ihnen von ganzem Herzen Glück.

Über die Berge zum Van-See

Keyif und ich orientierten uns also nach dem schneebedeckten Gebirge, das ich von der Festung auf dem Berggipfel gesehen hatte. Einmal wollte er nicht an einer Gruppe Wolle waschender Frauen vorbeigehen, er hatte Angst vor den langen Stöcken, mit denen die Frauen auf die Wolle im Wasser schlugen. Als er sich drehte und aufbäumte, rannten die Frauen jedoch weg, um sich in Sicherheit zu bringen; so konnten wir passieren. Es ging hoch in die Berge hinauf, die Straße war jetzt zweispurig, und als wir den Gipfel erreicht hatten, kam es mir vor, als seien wir höher als der Schneeberg vor uns. Auf unserem Gipfel stand ein hoher Obelisk aus schwarzem Stein, er war alt und verwittert. Lerchen flatterten über uns in der Luft und sangen.

Der Weg führte auf eine wellige Hochebene; ich sah einige Frauen auf Pferden, und auf einem Hengst, der seinen Kopf hochwarf, als Keyif sein schrilles Wiehern ertönen ließ, saßen sogar zwei Frauen. Bei dem Dorf Hairon mußten wir einen stark abschüssigen Hang hinunter und dann über einen tosenden Fluß, danach ging es wieder steil in die Berge hinauf. Der Weg war so schlecht, daß ich mich fragte, womit er es verdient hatte, als Straße eingestuft zu werden. Er erinnerte mich an eine Straße, auf der ich in Afrika geritten war: Als ich damals etwas ungläubig fragte, ob hier schon jemals ein Auto gefahren sei, antwortete man mir: „Oh ja, viele! 1964 ist hier eines durchgekommen."

Wir erreichten ein anderes Hochland mit weicher Grasnarbe, so daß Keyif galoppieren konnte. Es lagen noch Flecken alten Schnees, wir waren auf dem Bingöl, den man auch „Berg der tausend Seen" oder „Tausend-Tümpel-Kessel" nennt. Hier entspringt der Aras.

Nach etwa fünf Kilometern auf dem Bingöl begegneten wir einer Nomadenfrau auf einer alten Schimmelstute, sie war in Begleitung ihrer vier Kinder – eines saß vor ihr auf dem Sattel, eines dahinter, und zwei gingen nebenher. Sie sagte mir, dieser Weg führe nicht nach Hinis, ich solle mit ihr kommen in ihr „yaila" (Sommerlager). Keyif war sehr geneigt, der alten Stute zu folgen, und ich war sehr froh über das Angebot der Reiterin.

Wir verließen den Weg und ritten quer übers Land, durchwateten Bäche, umrundeten wundervolle kleine blaue Seen, kletterten Felsen hinauf und hinunter. An einem der Felshänge wurde es für das Kind hinter dem Sattel der Frau zu gefährlich, sie setzte den Kleinen deshalb auf den Boden, wo er an der Hand seines Bruders weiterwatschelte, er hatte wohl gerade erst laufen gelernt. Überall lag Geröll herum, die beiden mußten fürchterlich klettern, deshalb bot ich an, den Kleinen vor mich auf den Sattel zu setzen. Damit waren sie sofort einverstanden.

Da war er gut aufgehoben, denn er saß zwischen meinen Armen, mit denen ich die Zügel hielt, und Keyifs Tritt war fest und sicher. Allerdings befürchtete ich, wenn wir über Bäche springen mußten, könnte das Kind herunterfallen. Ich packte ihn deshalb etwas fester, griff zusätzlich in die Pferdemähne und trieb dann Keyif zum Galopp an. Er sprang sauber hinüber. Kilometer um Kilometer wanderten wir über felsige Hänge, der kleine Bursche vor mir war inzwischen eingeschlafen. Schließlich entdeckte ich, fast nicht erkennbar zwischen den Felsen, ein paar Zelte und provisorische Felsunterstände.

Wir wurden mit Tee empfangen, und ich band Keyif an einer der Felshütten fest, aber er war sehr unruhig und wieherte nach der weißen Stute und den anderen Pferden. Das „yaila" bestand aus 35 Zelten und Felsunterständen für 140 Menschen, meist Frauen und Kinder. Die Frauen fingen wieder das übliche Busenfühlen an, und mir ging plötzlich auf, daß sie wahrscheinlich nur prüfen wollten, ob ich tatsächlich eine Frau war. Eine allein reisende Ausländerin, angezogen wie ein Mann, in Hemd und langen Hosen, das lange Haar unter einer Männermütze versteckt, das hatten sie vermutlich noch nie gesehen.

Das Innere der Unterstände war zu niedrig für mich, ich konnte nicht aufrecht stehen, aber sie waren ziemlich geräumig. Wir tranken Tee in einem Zelt, an dem der starke Wind riß und rüttelte. Jedes Jahr ziehen sie für drei oder vier Monate hier herauf, wenn der meiste Schnee weggeschmolzen ist; es sind fast nur Frauen, denn ihre Männer arbeiten im Dorf bei der Heuernte. Die Kinder hüten die Herden, und die Frauen melken jeden Tag die Schafe, Ziegen und Kühe und verarbeiten die Milch zu Joghurt und Käse. Auf den flachen Dächern der Unterstände lag Feuerholz, es gibt hier Unterholz, das vorzüglich brennt, sogar wenn es noch grün ist. Der Gipfel hinter dem Lager war noch schneebedeckt und der Wind eiskalt, aber erfrischend. Wir befanden uns in etwa 3000 m Höhe, die Bergspitze hinter uns war fast 500 m höher. Ich hatte meine Tasse halb leer getrunken, da entstand draußen Unruhe, und jemand schrie „Ihr Pferd ist ausgebrochen!"

Ich stürzte hinaus, in diesem Moment galoppierte Keyif gerade auf den Berg zu, ich sah ihn schon im Geist den ganzen Weg nach Erzurum zurücklaufen. Zehn Leute schlossen sich mir an, wir folgten Keyif über den Bergsattel und verteilten uns, um ihm den Weg abzuschneiden, falls er einen Bogen schlagen sollte. Er brachte eine Gruppe Pferde in Aufruhr, aber es gelang uns, ihn zum Lager zurückzutreiben, wo er zwischen den Zelten hindurchpreschte. Erschreckte Frauen schwenkten die Arme und kreischten, als er auftauchte, das machte die Sache nur schlimmer.

Jemand fing die alte weiße Stute ein und ritt mit ihr auf Keyif zu – Gott sei Dank gab es diese alte Stute, denn Keyif wieherte voller Zuneigung und begann sich zu beruhigen. Trotzdem brauchten wir nochmals eine halbe Stunde, bis wir ihn einfangen konnten. Ich ging hinter der Stute und benutzte ihre Schulter als Deckung, während ich versuchte, Keyifs am Boden schleppendes Seil zu erhaschen.

Als wir ihn endlich hatten, band ich ihn sehr gut und nicht weit von der Stute entfernt an, dann kehrte ich zu meinem Tee zurück. Ich blieb noch zum Mittagessen, es gab Brot und Käse, und sah dann den Frauen zu, wie sie Schafe und Ziegen molken. Das Lager wurde von großen anatolischen Schäferhunden bewacht, einmal begegnete mir einer von ihnen mit dem Kopf eines toten Schafes im Maul. Es war ein sehr friedlicher Ort, nur der Wind heulte manchmal böse.

Ich verabschiedete mich und ritt, diesmal auf dem richtigen Weg, nach Hinis, aber ich verirrte mich erneut in den Bergen. Ich hatte angenommen, meine Route verlaufe über den Berg und dann zur Ebene hinunter, aber das war ein Fehlschluß. Trotzdem war die Landschaft wunderschön: Myriaden von kleinen blauen Bergseen, dazwischen wild zerklüftete Felsen, zu schön, um sich zu ärgern, weil man sich verlaufen hatte. Ab und zu erspähte ich andere „yailas" oder hörte die Stimmen junger Hirten, wenn sie einander etwas zuriefen und das Echo ihrer Rufe durch die Einsamkeit hallte.

Da ich das Gefühl hatte, im Kreis geritten zu sein, versuchte ich, das erste „yaila" wiederzufinden; aber den Hauptgipfel des Bingöl konnte man nicht auf geradem Weg erreichen, seine Hänge waren eher für Ziegen als für Pferde geeignet. Das „yaila" war so gut versteckt, daß ich es erst bemerkte, als ich kurz davor stand. Diesmal bot sich der Sohn meiner vorherigen Begleiterin an, mir eine Abkürzung nach Hinis zu zeigen. Wir kamen in ein Dorf, durch das ich vorher schon geritten war. Hier hatte ich die falsche Richtung eingeschlagen. Jetzt konnte ich die Straße nach Hinis sehen, sie war durch einen anderen Berghang verdeckt gewesen.

Als ich aus dem Dorf ritt, wieherte Keyif zwei Pferden zu, die sofort auf uns zu galoppierten und eng aufschlossen, um anzugreifen. Ich hätte nicht überrascht zu sein brauchen, denn Hengste attackieren oft fremde Hengste, die sich auf ihr Territorium wagen. Fast zu spät bemerkte ich, daß das größere Pferd hinter mir hochstieg und mit den Vorderhufen auszuschlagen begann. Zum Glück hatte ich das lange Ende von Keyifs Halfterseil in der Hand, ich schwang es in schnellen Kreisen herum. Das verknotete Ende traf den angreifenden Hengst auf die Nase, der schnaubte wild, drehte sich und sprang in entgegengesetzter Richtung weg, dabei schlug er wütend mit den Hinterhufen aus. Aber er traf uns nicht, auch der andere Hengst konnte uns keinen Schlag versetzen; ich wirbelte ununterbrochen das Seil herum und bahnte uns den Weg, so daß uns die Pferde passieren ließen.

Der Weg schmiegte sich eng an eine Felswand, während er sich ein kurvenreiches Tal hinunterwand. Ein alter Mann ging schwerfällig und gedankenversunken vor mir dahin. Ob ich an ihm vorbeireiten könnte, ohne daß er entdeckte, daß ich eine Ausländerin war? Er achtete nicht auf das Pferdegetrappel, aber als wir ihn überholten, schaute er auf und schnappte vor Überraschung so heftig nach Luft, daß er stolperte. Er fing sich jedoch, und ich verkniff mir das Lachen.

Einige Kilometer weiter stürzten in einem Dorf ein paar große Hunde auf uns zu, knurrten böse und sprangen zu mir in die Höhe. Ich zog meine Knie ganz nach oben, aber es war zu schwierig, auf dem sich aufbäumenden Keyif das Gleichgewicht zu halten. „Keine Panik", versuchte ich ihn zu beruhigen, „sie wollen mich, nicht dich!" Tatsächlich probierten sie auch kaum, nach seinen Beinen zu schnappen, sie wußten wohl, daß Pferde kräftig ausschlagen können. Außerdem war es nicht ihre Aufgabe, Pferde anzugreifen. Sie sprangen mit gelb entblößten Fängen nach mir. Wir versuchten, ihnen zu entkommen, aber sie umkreisten uns, ich bremste Keyif deshalb ab und bemühte mich, unbeteiligt zu erscheinen, in der Hoffnung, daß wir bald aus ihrem Terrain heraus wären.

Sie jagten uns fast drei Kilometer weit nach, dann liefen sie zurück. Zwei Angriffe an einem Tag – ich hoffte, daß die Menschen hier nicht genauso waren, denn ich erinnerte mich an Sonars Warnung: „Halten Sie auf dem Weg nach Hinis nirgends an."

Ich ritt schnell weiter bergab, dicht an den Hängen des steil eingeschnittenen Tales entlang. Herabgestürzte Felsbrocken und verkümmerte Eichen säumten den Weg, unter den tiefhängenden Zweigen pickten Rebhühner herum. Drei Stunden später war die Sonne kurz vor dem Untergehen, und ein Bauer sagte mir, bis Hinis seien es noch zwei Stunden. Es sah so aus, als könnten wir heute kein „sicheres Haus" mehr erreichen.

Ich hielt deshalb in einem Dorf und suchte den „muhtar", den Dorfvorsteher. Das Dorf sah wohlhabend aus, ich hoffte, das komme von harter Arbeit und nicht von unehrenhaft erworbenem Reichtum. Der „muhtar" war sehr gastfreundlich, er ließ Keyif in seinen Stall führen und erklärte mir, auf Räuber und Pferdediebe würde man hier schießen. Da hörte ich auf, mir Sorgen zu machen. Der „muhtar" hatte neun Brüder und sechs Schwestern, eine davon war Schwester Rahime, die Krankenbesuche zu Pferde machte. Am Abend erzählte sie mir, wie sie mit ihrer „ambulanten Klinik" zu den „yailas" reitet und nach den Kranken sieht.

Der ganze Haushalt war schon um fünf Uhr früh auf den Beinen, und ich ritt, nach einem Frühstück aus Brot und Käse, weiter talabwärts. Nach einer Weile spalteten sich mehrere Täler ab, und ich konnte in einem davon, immer noch mindestens zehn Kilometer entfernt, die Stadt Hinis erkennen. Es gelang mir tatsächlich, sie zu umgehen, so daß ich in ihrer näheren Umgebung nirgends haltmachen mußte.

Unsere Route führte in gerader Linie über Berg und Tal. An der Abzweigung nach Karaçoban machte ich an einer Tankstelle Rast – Tee für mich und eine halbe Stunde Ruhe für Keyif, aber die Fliegen plagten ihn entsetzlich. Ich hatte in meinem Gepäck eine Tube Creme gegen Insekten gefunden, damit schmierte ich ihn ein, aber er hätte Eimer voll gebraucht. Kurz nach unserem Aufbruch kamen wir an einen Bach, und ich stieg ab, um Keyif trinken zu lassen. Bevor ich recht merkte, was geschah, ließ er sich nieder und wollte sich im Bach wälzen. Nicht, daß ich es ihm nicht gegönnt hätte – das kühle Wasser würde seine Mückenstiche bestimmt lindern –, aber er hatte ja noch das ganze Gepäck auf dem Rücken! Ich schrie und stauchte nach ihm, bis er begriff.

Als nächstes suchte ich ein Dorf, wo er in einem kühlen und möglichst mückenfreien Stall Mittagsruhe halten könnte. Inzwischen hatte ich Sonars Warnung von Banditen und schlechten Menschen verdrängt und mich auf meinen gesunden Menschenverstand verlassen. Wenn Männer mir etwas Ungehöriges nachriefen, winkte ich nur und ritt unbeirrt weiter. Es gab wirklich nichts zu befürchten, die Leute waren im allgemeinen wundervoll zu mir. In einem Dorf mit Namen Belitas fragte ich einen alten Mann, ob es hier einen Stall gäbe, in dem mein Pferd ausruhen könnte, bis die Tageshitze nachließe, und er verstand sofort. Er nahm mich mit zu sich nach Hause, führte Keyif in seinen Stall, in dem fünf Kälber und zahlreiche kleine Enten untergebracht waren, und lud mich in den angrenzenden Raum zu einer Erfrischung ein. Wir saßen auf Kissen auf einem Podest, und in der Ecke kochte seine Frau Tee. Danach gab es Brot und ein Gericht aus Fleisch und Tomaten.

Nach und nach füllte sich der Raum mit lauter verschleierten Frauen, über uns in der Schornsteinöffnung erschienen Kindergesichter, Schmutz rieselte herunter. Wie bei den meisten Bauernhäusern auf dem Land waren auch hier die Dächer leicht gewölbt, hatten in der Mitte ein Loch und einen Rauchfang aus Weidengeflecht. Die Frauen brachten mir ein Tuch, damit ich Kopf und Gesicht verhüllen konnte. Sie waren entsetzt über meine Männermütze und bestanden darauf, mir beizubringen, wie man das Tuch um den Kopf drapierte: die Borte mit den Perlenfransen kam quer über die Stirn, ein Ende des Tuches wurde über Mund und Nase gelegt und nach hinten über den Kopf geschlungen, so daß die dekorativen Fransen der Saumborte schön zur Geltung kamen. Der Nasen-Mund-Überschlag konnte zum Essen und Trinken nach unten geschoben werden. Jedes Kopftuch scheint einen speziellen Namen zu haben: ein „tulbend" ist ein normales Kopftuch; wenn es geschlossen ist, nennt man es „yashmak", und „oya" wenn es bestickt ist. Ein geschlossenes großes Umschlagtuch ist ein „buruk", und der braune, den ganzen Körper bedeckende Umhang, den ich in Erzurum oft gesehen hatte, wird „ehram" genannt. Ich erklärte, daß mein Tuch keine überstehende Krempe gegen die Sonnenstrahlen hätte; da zog eine der Frauen den Rand des Überschlags wie ein Zelt nach vorn.

Die Frauen hatten große, etwas grob wirkende Gesichter, aber sie hatten ihren eigenen Reiz, und sie blickten mich aus ihren klaren, ehrlichen, weit auseinanderliegenden Augen gutmütig und offen an. Jede schien im Schnitt acht Kinder zu haben. Ali, der Mann des Hauses, war Bauer, seine Herden befanden sich zur Zeit in einem „yaila" im Gebirge. Als ich für den Weiterritt sattelte, bemerkte ich einen hübschen alten Ochsenkarren mit massiven Holzrädern. Ali sagte, er würde Ende der Woche damit zum „yaila" hinauffahren.

An diesem Nachmittag war die Strecke langweilig, die steinige Schotterpiste lief durch ein breites Tal, in dem Bohnen, Kartoffeln, Tomaten und Gerste angebaut wurde, dazwischen lagen Wiesen, auf denen die Leute mit langen Holzrechen Heu machten. Ich sah noch mehr Ochsenkarren mit großen Scheibenrädern, sie waren alle im Gebrauch. Schon die Vorfahren der Armenier in der Bronzezeit hatten ähnliche Karren gehabt, und auch die Sumerer etwa 2500 vor Christi hatten Wagen mit massiven Holzrädern benutzt.

Einmal führte die Straße über einen Fluß, in dem ich gerne gebadet hätte, und Keyif sicher auch; es war der heißeste Tag seit unserem Aufbruch. Wir ritten auf Karaçoban zu, ich hatte ein Empfehlungsschreiben für ein „sicheres Haus" in diesem Dorf dabei. Man konnte es schon am Ende der Ebene liegen sehen: eine langgezogene Ansiedlung aus zerstreut liegenden Steinhäusern, mit engen Gassen und vielen Teestuben, in denen alte Männer saßen und über das Geschehen im Dorf diskutierten. Laut meinem Wörterbuch hieß „kara" schwarz oder dunkel und „çoban" Hirte.

Für mich war es schwarz, denn der Mann, für den ich das Schreiben mitbekommen hatte, war nicht zu Hause, und seine Frau verstand kein Wort. Eine Menge sammelte sich um uns, sie lasen der Frau die Zeilen vor und sagten, daß ich natürlich bleiben müsse. Sie boten mir „ayran" an, ein Joghurtgetränk, und fragten, was mein Pferd fräße. Ich antwortete: „Viel Heu", und daß ich es selbstverständlich auch bezahlen würde. Nein, als Freund könne ich nicht bezahlen, das Heu würde gleich kommen. Bald wurde es dunkel, und kein Heu für Keyif kam. Ich konnte hinter dem Dorf den Weg sehen, den ich morgen nehmen würde, er führte hinauf in die Berge, wo sich die Konturen einer byzantinischen Festung in der Ferne gegen den violetten Abendhimmel abzeichneten – Zirnak Kale –, sie lag auf meiner Strecke. Und ich sah den schmalen Silberbogen des neuen Mondes heraufziehen.

Aus der Dämmerung wurde Nacht, das Heu fehlte immer noch, und als ich schließlich fragte, wann es kommen würde, sagten sie, morgen früh. Es ärgerte mich, daß in einer Gemeinde, die selbst Pferde besaß, ein hungriges Pferd die ganze Nacht ohne Futter zubringen mußte. Aber es war nicht das erste Dorf, in dem Keyif kein Futter bekam, ich hatte es schon öfter erlebt, daß ich sehr nachdrücklich darum bitten mußte. Auch hier mußte ich wiederholt darauf bestehen, daß mein Pferd Heu brauchte. Die Unterhaltung war schwierig, weil die Leute Kurdisch sprachen, aber einige der Männer konnten Deutsch, sie hatten ein paar Jahre in Deutschland in der Fabrik gearbeitet.

Eine winzige alte Frau kam herein; sie trug ein gelbes Hemd, eine rote, ärmellose Weste, aus der grüne Ärmel mit dunkelroten Manschetten hervorlugten, einen blauen Rock mit Blumenmuster und vielen Bändern und Borten, je eine schwarze Schürze vorn und hinten sowie rosa Socken und Plastiksandalen. Später, als die Frauen im Haus unter sich waren, zeigten sie mir, daß sie fünf Röcke übereinander und darunter lange Baumwollhosen trugen, auch die Oberteile waren fünffach. Ich fragte, ob sie darin nicht schwitzten, und sie sagten nein, überhaupt nicht. Na ja – vielleicht tragen sie das alles als Statussymbole, um zu zeigen, wie viele Kleider sie besitzen. Eine der Frauen hatte sechzehn Kinder, eine andere vierzehn. Unser mageres Abendessen bestand aus einer Schüssel gedünsteter Tomaten und Brot. Die Familie war zwar offensichtlich nicht arm, aber vermutlich war das Beste den Männern vorbehalten.

Geweckt wurde ich um fünf Uhr früh von einem Kätzchen, das in den Dachbalken spielte und eine Ladung Mörtel lostrat, die auf mich herunterprasselte. Ich brach früh auf, dabei hatten wir heute nur fünfzig Kilometer vor uns, gestern waren es mehr als sechzig gewesen. Nachdem wir einen Fluß überquert hatten, wand sich die Straße wieder bergauf. Wir mußten über zwei Bergketten, es gab keine Wildblumen, nur trockenes Gras, und das laute Sirren der Zikaden begleitete uns durch die Einsamkeit. An einer abgelegenen Stelle begegneten wir drei unfreundlich aussehenden Reitern, sie beäugten meine Satteltaschen und fragten nach Zigaretten oder Geld, aber zum Glück ritten sie in eine andere Richtung, und ich machte schnell, daß ich weiterkam, bis sie meinem Blick entschwunden waren. Der Morgen wurde stechend heiß, ich entdeckte einen Bach und lenkte Keyif zu ihm hinunter, aber das Wasser war salzig, man konnte es an der weißen Kruste sehen, die sich am Ufer langzog. Auch der nächste Bach war salzig.

Fliegen belästigten uns, und ein paarmal wurde ich sogar von Bienen angegriffen – plötzlich summte ein Schwarm von mindestens fünfzig Stück um uns herum. Sie stachen mich und Keyif, aber nicht, weil sie sich verteidigten, sie saugten Blut. Verzweiflung begann in mir hochzusteigen, da entdeckte ich eine Ziegenherde und ritt mitten durch sie hindurch, in der Hoffnung, die Bienen an die Ziegen loszuwerden. Das gelang. Nach zwanzig Kilometern führte der Weg aus den Bergen heraus in eine Ebene hinunter, die Hitze wurde schlimmer. Zwei Dörfer mußte ich passieren, in einem warfen Lausbuben mit Steinen nach meinen Pferd, ich verlor die Beherrschung und schrie die Burschen so gellend an, daß sie verdutzt aufhörten. Im zweiten fragte ich einen älteren Mann, ob er einen Stall für mein Pferd hätte, da rief er seiner Frau im Haus zu, er bringe einen Gast und ein Pferd mit, sie solle alles Nötige vorbereiten.

Nachdem ich die Mannsleute begrüßt und „ayran" getrunken hatte, verließen die Männer das Haus, und die jungen Frauen nahmen mich in Beschlag. Sie drehten das Radio voll auf, türkische Musik, zündeten sich Zigaretten an, nahmen ihre Schleier ab und begannen zu tanzen – sie wiegten die Hüften, schnalzten mit den Fingern, drehten sich um ihre eigene Achse, umkreisten sich gegenseitig und schüttelten ihre Schultern. Sie wollten unbedingt, daß ich auch tanzte und ihnen einen westlichen Tanz zeigte. Eine der Frauen stand am Fenster und hielt Wache, bis sie den Vater zurückkommen sah; da drehten sie schnell das Radio aus und schlugen ihre Schals wieder über die Köpfe.

Eines der Mädchen war mit einem Mann in Karaçoban verlobt und fragte mich, ob es mir dort gefallen habe. Ich warnte sie, daß sie dort wahrscheinlich fünf Röcke übereinander tragen müsse. Hier trugen die Frauen nur einen Rock über den langen Baumwollhosen. Weil es so heiß war, genehmigte ich mir eine lange Mittagspause und sogar den Luxus eines einstündigen Schläfchens, wie die Familie es vorgeschlagen hatte. Aber es ist gar nicht so einfach, unter den Augen von zwanzig Zuschauern einzuschlafen, die auf jede kleine Zuckung starren. Ich zog meinen Schal übers Gesicht, aber alle paar Minuten hob eines der Mädchen ihn hoch, um nachzuschauen, ob ich noch wach war.

Bevor ich mich verabschiedete, fragte ich, ob es irgend etwas gegen

Bienen gäbe. Der alte Mann sagte, sie würden einen erst am Abend in Ruhe lassen, wenn es kühler würde, und gab mir einen dicht belaubten Zweig als Fliegenklatsche mit. Ich ritt um vier Uhr nachmittags los, die Bienen plagten uns immer noch scheußlich, wir hatten ständig einen Schwarm von etwa sechzig dieser Brummer um uns herum. Vermutlich wurden sie durch das Klappern von Keyifs Hufeisen auf der knochentrockenen Erde angelockt, denn Bienen fliegen bekanntlich auf scharfe Geräusche. Es gab auch jede Menge anderer Insekten, manche schwirrten dicht um meinen Kopf herum oder flogen mir in die Ohren. Dazu kam, daß ich wahrscheinlich Flöhe erwischt hatte, denn meine Beine und mein Bauch waren übersät mit juckenden roten Stichen – nicht gerade erheiternd.

Wir waren jetzt auf einer langweiligen, für Anatolien charakteristischen Hochebene, auf der großflächig Weizen und Gerste angebaut wurde. Die lange gerade Straße führte zum Murat-Fluß, der in den Elazig-See mündet. Mit der Abendkühle verschwanden tatsächlich die Fliegen und Bienen, ich ritt deshalb noch ein Stück. Im Südosten ragte in der Ferne der majestätische, 4850 m hohe Kegel des Süphan Dağ auf.

Erst lange nach Sonnenuntergang erreichten wir Bulanik. Vielleicht war es unklug von mir, in einer Stadt zu übernachten, es gab hier sicher kaum Pferdeställe. Aber ich hatte Glück und fand eine reizende Familie. Man sorgte gut für Keyif, und ich wurde gebadet, geschrubbt, abgetrocknet und gefüttert. Zu meinem Bedauern mußte ich feststellen, daß ich mein Wörterbuch irgendwo liegengelassen hatte, und auch meine Sonnenbrille hatte ich verlegt.

Ich wollte am nächsten Morgen ausschlafen, aber kurz nach Sonnenaufgang mußte ich aufstehen, weil ich entdeckte, daß eine Gans meine Schnürsenkel zu verschlucken versuchte. Diesen Morgen wurden wir von winzigen Mücken geplagt, deshalb holte ich mein Kopftuch heraus und verhüllte mich völlig, danach ging es mir besser. Dafür mußten wir aber eine Asphaltstraße mit Autoverkehr benützen, was wir beide haßten. Die Nägel in Keyifs Hufeisen waren fast flach geschliffen, zum Galoppieren war es hier zu rutschig. Etwas entmutigt bog ich ostwärts auf eine Traktorenspur ab, vielleicht würde sie auf eine kleinere Straße führen, die uns auch zum Van-See brächte.

Meine Enttäuschung verflog bald, denn der sandige Pfad lief durch welliges Hügelland und seichte Bäche. Ein einzelner Baum stand in der Landschaft; ich ruhte mich darunter aus, während Keyif sich im Bach wälzte. In dem Dorf, in dem wir Mittagsrast machten, wurde ich von Männern umringt, die mich völlig in Beschlag nahmen. Viele Leute kamen hinzu, sie wollten alle dem ersten Fremden Guten Tag sagen, der ihr Dorf besuchte. Ein Mann fragte, ob er Keyif kaufen könne, und als ich verneinte, nickte er und sagte, Keyif sei ein gutes Pferd.

Kinder saßen am Boden und flochten Seile aus grünen getrockneten Gräsern. Zwei Hähne kämpften miteinander, sie gingen mit scharfen Krallen aufeinander los und fuhren sofort schimpfend wieder auseinander. Dann ergriffen die Frauen von mir Besitz, ich ließ sie mich baden und meine Kleider waschen, nicht zuletzt, weil ich hoffte, dadurch die Flöhe loszuwerden. Aber dabei fiel mir ein, daß es vielleicht keine Flöhe waren, sondern Erntemilben – gar nicht unwahrscheinlich bei dem vielen Heu, das ich dauernd herumtrug.

Die Frauen nahmen mich auch mit in die Küche und zeigten mir, wie sie Brot buken. Sie schlugen Teigkugeln flink zwischen beiden Händen, bis daraus ein flacher, ovaler Fladen wurde, den sie dann auf die Außenwände eines im Boden eingelassenen Lehmofens klatschten. Die Hitze war entsetzlich, ich beneidete die Frauen um diese tägliche Plackerei nicht, obwohl ich auch gerne frisches, noch warmes Brot esse. Zum Mittagessen gab es eine leckere Mischung aus Schafskäse und gedämpftem Obst; ich wollte fragen, wie das Gericht hieß, aber ohne Wörterbuch hätte ich den Sinn der Wörter ohnehin nicht herausbekommen. Ich fragte trotzdem, und zu meinem Vergnügen deutete jemand auf die Schüssel und sagte: „Eric ist mein Name" – das erinnerte mich an meine Ankunft in der Türkei vor zweieinhalb Monaten, als mir im Bazar in Ürgüp zum ersten Mal türkische Pflaumen vorgestellt wurden.

Der Nachmittag war herrlich, wir flogen in leichtem Galopp auf weichen Wegen über eine sanft gewellte Ebene. Niedrige Berge am Horizont um uns herum verbargen die Ferne, auch die engen Schluchten, die die Hochebene zerschnitten, sah man erst, wenn man direkt am Rand stand, wo der Fels schroff nach unten abfiel. Spät am Nachmittag erreichten wir eine Straße und wandten uns auf ihr nach links – mit Bedauern, denn sie war steinig, und Keyif schritt nur noch langsam aus, wahrscheinlich wurde er allmählich müde. In den letzten drei Tagen nach seiner eintägigen Ruhepause in Sonars Dorf hatten wir große Strecken hinter uns gebracht. Ich beschloß, ihn in

Zukunft öfter ausruhen zu lassen und besser zu füttern. Er hätte eigentlich dreimal am Tag fünf Kilo frisches Heu bekommen müssen, besseres Futter gab es in dieser Jahreszeit nicht. Er war jetzt dünner als zu Beginn unserer Reise und wurde langsamer, gelegentlich mußte ich nun doch meine Absätze und einen etwas lauteren Ton zu Hilfe nehmen.

Es wurde Abend, und nirgends waren Anzeichen eines Dorfes zu erblicken. Als ich zu einem Heukarren hinüberritt und den Mann nach dem nächsten Dorf fragte, sagte der, es sei etwa fünfzehn Kilometer entfernt, ich solle besser in westlicher Richtung reiten, dort läge eines, nur vier Kilometer weit weg. Das tat ich dann auch, nahm den direkten Weg über den Berg und konnte trotz einbrechender Dunkelheit das Dorf schon von weitem sehen. Ein Junge kam mir entgegengeritten, es war der Sohn des „muhtar", man hatte ihn geschickt, um mich ins Dorf zu geleiten.

Der „muhtar" hieß Teksi und war ein liebenswerter, gastfreundlicher Mann. Sein Haus war bald überfüllt von Mitgliedern seiner Familie und Freunden. Das Abendgespräch drehte sich um Gold, das die Männer in den Bergen gefunden hatten. Einer zeigte mir seine Münzsammlung, die meisten Münzen trugen arabische Zeichen, und eine stark abgegriffene wies ein Adler-Emblem auf.

Am folgenden Tag brach ich früh auf und versuchte nicht, der Straße zu folgen. Ich hatte in meinem Gepäck meinen Kompaß wiedergefunden und benutzte ihn, um einen südöstlichen Kurs zu halten. Nach meiner Landkarte mußte vor dem Van-See noch ein anderer See kommen, der Nazik-See, und vor der Van-Niederung erwartete uns noch ein Paß. Die Ebene verengte sich zu einer schmalen Schlucht, in der Geröllfelder ein rasches Weiterkommen erschwerten. In dieser unberührten Natur gab es noch Schildkröten, ich zählte fünf an diesem Morgen, die größte war fast einen halben Meter lang.

Ab dem Dorf Ari folgten wir einer unbefestigten Straße südwärts in die Berge, aber sie lief im Gras aus, deshalb stiegen wir einfach geradeaus bergauf. Als wir oben waren, lag auf der anderen Seite im Tal der Nazik-See blau und glitzernd vor uns. Im Eiltempo ritt ich zum See hinunter, am Ufer nahm ich Keyif an einer üppig mit Gras bewachsenen Stelle den Sattel ab und ließ ihn grasen. Er wälzte den Klee platt, rieb sich den Rücken und hörte nicht auf, bis er dunkelbraun vor Erde war. In Dilburnu, einem Dorf am Seeufer, hielten wir ausgiebig Mittagspause. Das Dorf war so hübsch und der Dorfvorsteher so freundlich, daß ich beschloß, den Rest des Tages hierzubleiben. Zuerst ging ich mit Keyif baden, ich in voller Kleidung, wie sich das gehörte, nur die Männer dürfen in Badehosen schwimmen.

Keyif schnaubte zuerst mißtrauisch, als er die Wellen gegen den Sand klatschen sah, aber dem Anblick von so viel Wasser konnte er nicht widerstehen, und er watete hinein. Das Ufer fiel nur sanft ab, und er brauchte ein paar Minuten, bis er im tiefen Wasser war, aber dann schwamm er kräftig, und es gefiel ihm so gut, daß er danach noch einmal hineinging. Ein Stück weit im See schaute eine kleine Insel heraus, auf der einmal eine Festung gestanden hatte. Auf einer Landzunge konnte man die Reste einer Straße erkennen, die einst zu der Insel geführt hatte.

Später am Tag kamen viele Leute zum Angeln und Fischen, der See hatte Süßwasser. Der „muhtar" Zakin sagte, es gebe verschiedene Fischarten darin, eine davon, ein Plattfisch, könne bis zu 25 Kilo schwer werden. Zakin fügte hinzu, daß es ihrem Dorf gut gehe, die Leute hier seien glücklich und hätten genug zum Leben. Dieses Jahr hatte er sogar eine Sammlung für die Armen und Bedürftigen in Afrika veranstaltet, und er zeigte mir ihre Dankschreiben.

Am Abend saß ich bei den Frauen im Freien und betrachtete ihre großen, freundlichen, einfachen Gesichter, während sie Seile aus langen Gräsern flochten. Wenn der Strang dünner wurde, fügten sie neue Gräser hinzu, wanden sie zusammen, zwirnten und verdoppelten den Strang. Die Kinder halfen mit Handrollen beim Zwirnen. Andere Frauen drehten aus ausgekämmter Schafwolle Garn für Kelims; sie lachten über meine Versuche, Garn zu spinnen.

Früher war das Dorf einmal von einer Mauer umgeben, es besaß eine Festung und zwei Tore. Jetzt ist nur noch ein kurzes Stück dieser Mauer zu sehen, das zum See hin läuft. Jedes Mal, wenn ich Keyif zum Trinken an den See führte, hatte dieser eine andere Farbe – der Himmel und der Süphan Dağ mit seinen dunklen Schichten aus Vulkangestein zwischen Eis und Schnee spiegelten sich darin, tauchten auf und verschwanden. Ich fand es sehr schön hier. Ich mußte Keyif des öfteren trinken lassen, denn er hatte an einem Salzstein geleckt, und ich nahm mir vor, ihm, wenn möglich, jeden Tag Salz zu verschaffen.

Am folgenden Morgen blies ein starker Wind, der See war aufgewühlt. Ich ritt quer über den Berg vom See weg und genoß das herrliche Panorama auf der anderen Seite, als ich ins Van-Becken hinunterritt. Der Van-See selbst war noch nicht zu sehen, aber jetzt war zu erkennen, daß der Süphan Dağ nicht, wie es den Anschein gehabt hatte, am Nazik-See lag, sondern sich aus der Ebene nahe beim Van-See erhob.

Sieben Kilometer weiter kamen wir durch das Dorf Ovakisla. Ich sah einige halb in den Berg gegrabene ehemalige Behausungen, die jetzt als Schafställe benutzt wurden. Der Himmel war klar und wolkenlos, und dann tauchte hinter dem Horizont aus Frühlingsblumen der Van-See in voller Breite vor uns auf.

Legendäre Ufer

Ich ritt den Berg hinunter auf die frühere Uferstadt Ahlat zu – Gärten mit alten Häusern aus rosafarbigem Stein lagen am Weg und einige Seldschukengräber, hohe zylindrische Bauten, die aussahen wie kurze dicke Raketen, mit Kegeldächern aus Stein. Am Rand einer Senke begannen die Reste einer ehemals gigantischen Festungsmauer. Ahlats Stolz sind jedoch die Seldschukengräber, eines lag direkt am Weg, ein zweites verbarg sich unter großblättrigen Walnußbäumen hinter einem Haus, und fünfzig Meter weiter die Straße hinunter stand ein Grabmal mit angebauter, offener Vorhalle auf einer Steinterrasse. Überall um die Stadt herum findet man solche Grabstätten, mal auf dem freien Feld, mal halb verborgen in Gärten. Manche haben die Form eines zwölfseitigen Zylinders, andere stehen auf einem quadratischen Sockel und laufen oben spitz zu, einige besitzen sogar kleine Räume mit Blindbogen. Der Baustil der Seldschuken sollte ihrer Frömmigkeit Ausdruck geben.

Ich fand eine Unterkunft bei einer Familie in der Nähe von zwei dieser alten Gräber. Am Nachmittag stellte ich eine Einkaufsliste zusammen und ging nach einem Hufschmied suchen. Aber ich fand nichts von all dem, was ich suchte, weder Wörterbuch noch Sonnenbrille. Zwei Schmiede konnte ich zwar aufstöbern, aber keiner von beiden hatte Hufeisen. Meine Suche führte mich kilometerweit östlich von Ahlat im Galopp an den verlassenen sandigen Stränden des Van-Sees entlang in ein Dorf, wo man mich in einen von Weinlaub überschatteten Hof dirigierte. Ein idyllisches Plätzchen. Männer zimmerten einen neuen Karren, auch er hatte massive Holzscheiben als Räder, und der Wagenrahmen wurde mit Holzzapfen zusammengehalten, nicht mit Nägeln. Natürlich gab es auch hier keine Hufeisen, aber Keyif bekam einen Armvoll Gerste, das war etwas Besonderes, denn die diesjährige Gerste war noch nicht reif, und die letztjährigen Vorräte waren längst aufgebraucht.

Zurück in der Stadt, gelang es mir, etwas Luzerne für ihn zu organisieren, indem ich einen vorbeifahrenden Lastwagen anhielt. Gutes Futter macht glückliche Pferde.

Am nächsten Tag ritt ich in westlicher Richtung aus der Stadt, durch das seldschukische Gräberfeld mit seinen eleganten Grabsteinen, zwei bis drei Meter hoch, die fein ziselierte Steinornamente trugen, wie Spitzenmuster, und arabische Inschriften. Flechten überwucherten die Steine, die meisten standen leicht schräg und waren kreuz und quer im hohen Gras verteilt, fast ein Gräberwald, der sich bis zu den Felsen oberhalb des Sees hinzieht. Ein seltsamer, schöner Ort. Keyif wich zur Seite, fast hätte er auf eine Schildkröte getreten.

Dann ritt ich am Steilufer des Van-Sees entlang bis zum Strand, das seichte Wasser spritzte unter Keyifs Schritt. Wir waren noch nicht weit gekommen, da hatten wir militärisches Gelände erreicht – auf dem Sand parkten Reihen gepanzerter Fahrzeuge und Feldgeschütze, dazwischen marschierten Soldaten. Niemand beachtete uns, und ich beeilte mich, wegzukommen, ehe sie anfingen zu schießen. Aber als wir die Artillerie hinter uns gebracht hatten, gerieten wir in einen Morast. Ich versuchte, Keyif über ein trockenes Sumpfstück zu lenken, er war mißtrauisch, gab aber meinem Drängen nach. Als wir halb darüber weg waren, brach die trockene Kruste durch, und Keyif sank rasch bis zum Bauch ein. Seine Vorderbeine tauchten zuerst weg, und ich wurde abgeworfen, vielmehr ließ mich fallen, denn instinktiv hatte ich meine Füße aus den Steigeisen herausgerissen, weil ich wußte, Keyif könnte sich ohne mein Gewicht auf dem Rücken besser helfen. Gemeinsam arbeiteten wir uns mühsam aus dem Sumpf heraus ans trockene Land, wo ich ihn grasen ließ, um währenddessen mein Gepäck abzuladen und zu reinigen. Als alles sauber war, sattelte ich Keyif erneut, und wir setzten unseren Weg nach Westen am Strand entlang fort. Aber kaum war ich aufgesessen, da ging um uns herum eine explosionsartige Knallerei los – die Schießübungen hatten begonnen, ein ohrenbetäubender Lärm. Ein kleines Flugzeug erschien am Himmel, und sie richteten ihre Luftabwehrkanonen darauf. Ich tätschelte Keyifs Hals und sagte: „Keine Panik, es sind nur Kanonen."

Fast eine Stunde lang dauerte das Schießen, aber der Lärm schwächte sich hinter uns ab, je weiter wir uns entfernten. Mittags hielten wir in einem Dorf am Seeufer, um zu baden. Der Van-See ist alkalisch, das Wasser fühlt sich seidig weich, fast seifig an und friert nie zu. Die Dorfbewohner ziehen ihre Kleider zum Waschen einfach durch das Seewasser. Als ich badete, fühlte ich mich hinterher trotz voller Bekleidung richtig sauber. Das Trinkwasser wird durch einen Kanal vom Nazik-See herübergeführt, denn das Van-See-Wasser eignet sich weder für Menschen, noch für Tiere, noch zur Bewässerung. Trotzdem lebt darin eine Heringsart, und ich sah Frauen, die zu Mittag Fisch aßen. Eine Horde Kinder planschte um mich herum im See, viele hatten blondgebleichte Haare vom häufigen Baden.

Mein Mittagessens-Gastgeber hatte zwei Frauen, beide sehr jung und hübsch. Er versicherte mir, daß sie sich nicht stritten, und fügte hinzu, daß er für die zweite Frau vor drei Jahren 1200 DM bezahlt habe. Sie trugen beide Samtkleider und sagten mir, sie seien vierzehn bzw. sechzehn Jahre alt. Immer wieder war ich überrascht, wie viel älter die Leute hier aussahen. Ein Mann brachte eine Garbe Gerste herein, die von allen Männern begutachtet wurde, bis sie einstimmig der Meinung waren, bis zur Ernte müsse man noch zehn Tage warten. Ich freute mich schon darauf, denn Keyif konnte zusätzliches Kraftfutter brauchen.

Sie unterhielten sich auch über die 500 Kühe und 5000 Schafe des Dorfes, die auf dem Nemrut Dağ in einem „yaila" waren, etwa zwanzig Kilometer entfernt. Ich sollte das Lager besuchen, der Weg sei jetzt offen, nur etwa bis in den Juli hinein sei er wegen des Schnees nicht passierbar. Also änderte ich meine Richtung und ritt nordwestlich hinter dem Dorf bergauf zu den unteren Hängen des Nemrut, einem noch nicht ganz erloschenen Vulkan.

Der Aufstieg bis in 3300 m Höhe war nicht besonders schwierig oder steil, aber wir hielten oft an, weil es hohes üppiges Wildgras hier gab und ich vermutete, daß um das „yaila" herum alles ziemlich abgeweidet war.

Je höher wir kamen, desto besser war die Form des riesigen Vulkankegels zu erkennen. Die Spitze war durch die Explosion weggeflogen, und übriggeblieben war ein riesiger Krater von mehreren Kilometern Umfang. Vom Kraterrand sah man hinunter in ein Gewirr von erstarrten Lavabrocken und Felsblöcken, die der Vulkan ausgespuckt hatte.

Der Krater fiel nach innen steil ab; Keyifs Hufe wirbelten beim Abstieg Wolken von feinem, hellgrauem Aschestaub auf. Die Sonne begann schon unterzugehen, und ich beeilte mich, denn die Nacht würde kalt werden, wenn ich kein „yaila" fand. Die Kraterfelsen glühten im Abendlicht.

In der Kraterebene kamen wir an einen See, und nachdem wir ein Stück an dessen Ufer entlanggetrabt waren, entdeckte ich ein „yaila" mit etwa zwölf Unterständen aus Stein und Zeltbahnen. Es herrschte ziemlich Betrieb, denn das Vieh wurde gerade für die Nacht von den Weiden hereingetrieben, Kühe wurden gemolken, Wasser geholt und Feuer zum Kochen angezündet.

Die Frauen waren freundlich, aber sie wußten nicht recht, was sie mit mir anfangen sollten, sie konnten sich nicht vorstellen, daß ich bei ihnen bleiben wollte. Nachdem ich jedoch Keyif festgebunden hatte, luden sie mich zu sich herein; eine Gruppe bot mir Essen an, eine andere einen leeren Unterstand, in dem ich schlafen konnte, und es dauerte nicht lange, da wollten sie alle bei mir sitzen, plaudern und sich vergewissern, daß ich kein Mann sei.

Die Nacht wurde tatsächlich kalt, und ich schlief schlecht, weil Keyif draußen ständig nach den anderen Pferden wieherte und an seinem Seil zog, so daß meine Steinhütte zu wackeln anfing. Ich wachte vor dem Morgengrauen auf und wartete, bis der Himmel hell wurde, dann stand ich auf.

Alle waren bereits auf den Beinen und emsig beim Melken, Wasserholen und Teekochen. Zum Frühstück gab es flaches, auf beiden Seiten mit köstlich cremigem „mast" bestrichenes Brot. Eimer voll „mast" standen bereit für die Käseherstellung. Ich sattelte Keyif, um die Hügel, Seen und Rauchlöcher des Kraterinneren näher zu erkunden.

Am südlichen Kraterrand entdeckte ich einen nicht mehr benutzten Weg, der mehrere Kilometer weit einer Höhenlinie des Nemrut Dağ über dem Van-See folgte. Weit in der Ferne konnte ich die Stadt Tatvan erkennen, hinter der sich Buchten und Landzungen im Dunst verloren. Der Van-See ist fast dreieckig, 130 km lang und mißt an der breitesten Stelle 50 km. Sein Ursprung geht auf diesen Vulkan zurück, denn der Lavastrom hatte den Talausfluß zugeschüttet. Der See besitzt keinen Abfluß, und obwohl viele Bäche ihn speisen, bleibt der Wasserspiegel fast immer in gleicher Höhe, denn es verdunstet viel Wasser durch die Sonne. Dadurch erhöht sich natürlich der Natriumgehalt des Sees.

Tatvan war eine unattraktive moderne Stadt, auch hier hatte der Schmied keine passenden Hufeisen. Leute umringten mich überall, sie zogen an Keyifs Zügeln und fummelten an meinen Satteltaschen herum, und als ich irgendwo Tee trinken wollte, drängten sie sich so dicht um mich herum und schubsten sich gegenseitig, daß mein Teeglas umfiel, bevor ich auch nur einen Schluck hatte nehmen können.

Das einzig erheiternde Erlebnis in dieser Stadt, das meine schlechte Stimmung etwas hob, war, als Keyif sein Spiegelbild in einer Schaufensterscheibe erblickte und wiehernd darauf losgehen wollte. Dann fuhr ein Wasserwagen vorbei, der seitlich lange Wasserstrahlen auf die Straße sprühte, um den Staub am Boden zu halten, und Keyif und ich wurden völlig durchnäßt.

Ich wollte möglichst bald die Stadt Van erreichen, denn dort würde ich Keyif ein paar Tage Ruhe gönnen; deshalb beschloß ich, nicht um das Südufer herumzureiten, sondern eine Fähre über den See zu nehmen. Ich wußte, hier verkehrten schon seit frühester Zeit Fährschiffe. Keyifs Fahrkarte von Tatvan nach Van kostete genausoviel wie meine: 700 türkische Lire (1,10 DM) für die vierstündige Überfahrt.

Die ruhmreichste Zeit der Stadt Van liegt etwa 2500 Jahre zurück, damals war sie die Hauptstadt des Urartäer-Reiches. Aber ehe ich ihre Sehenswürdigkeiten erkunden konnte, mußte ich für Keyif sorgen, er brauchte einen Stall für mehrere Tage, viel Futter und außerdem neue Hufeisen.

Endlich fand ich auch einen Hufschmied, einen Kurden mit wettergegerbtem Gesicht und langjähriger Erfahrung im Pferdebeschlagen. Keyif ließ es sehr ruhig über sich ergehen. Der Schmied stellte mich einem jungen Mann vor, der einen nicht genutzten Stall besaß. Wir handelten den Preis aus, der drei Tage Verpflegung mit bestem Kleefutter einschloß; dann stellte ich mein Gepäck in einem Hotel unter und machte mich am Spätnachmittag auf den Weg zur Festung Van Kalesi, die auf einem Felsen über dem See thronte.

An den Felswänden konnte man auf den glattgeschliffenen Steinflächen große Schrifttafeln in Keilschrift erkennen. Oben auf die schmalen Felsspitzen hatten die Urartäer ihre riesigen Steinquader gesetzt, die Zinnen waren erst später hinzugefügt worden. Die Torbogen wiesen seldschukische Einflüsse auf, sie waren mit kleinen roten Ziegelsteinen eingefaßt. Ich kletterte an der Zitadelle vorbei und sah über den Abgrund hinunter auf die zerstörte Stadt Eski Van (Alt-Van), die von hier oben aussah wie ein Stadtplan, auf dem die Grundrisse der Häuser eingezeichnet sind.

Die Sonne ging bald unter. Zwei Falken zogen ihre Kreise über dem

Schwemmland, und gegenüber, am anderen Seeufer, ragte die Silhouette des Süphan Dağ empor, umgeben von grauen und orangeroten Wolken; er leuchtete und glühte wie geschmolzene Lava.

Der Kellner in dem Café, in dem ich zu Abend aß, besaß einige Van-See-Katzen; sie haben ein weißes Fell und ein grünes und ein braunes Auge. Die Gegend ist bekannt für diese Art Katzen, ihr Markenzeichen sind die verschiedenfarbigen Augen. Und noch eine besondere Rasse kann Van bieten: Schwimmkatzen. Ihr Fell ist weiß und kaffeebraun, sie schwimmen gern und jagen die kleinen Heringe im See, die sie mit den Pfoten fangen. Aber sie sind sehr selten, und ich mußte lange herumfragen, bis jemand mir eine zeigen konnte.

Am folgenden Tag nahm ich die Fähre von Gevaş zur Insel Ahtamar, auf der im 10. Jahrhundert der Armenierkönig Gagik einen Palast und eine Kirche errichten ließ, angeblich eines der ersten und schönsten Beispiele romanischer Architektur des christlichen Mittelalters, eine Vorläuferin der großen romanischen Kirchen des Mittelmeerraumes.

Von der Fähre aus, einem kleinen Fischerboot, konnte man beim Näherkommen die Kirche auf der Insel erkennen, ein Bauwerk aus warmem, rötlichem Stein, in Kreuzform angelegt, mit einer Kuppel in der Mitte. Aber meine Aufmerksamkeit wurde von einigen Türken abgelenkt, die sich über eine „bayan" (Frau) und ihr „at" (Pferd) unterhielten. Offensichtlich hatten sie uns nach Van hereinreiten sehen.

Am Landesteg angekommen, eilte ich durch die zugewucherten Gärten des ehemaligen Palastes und das zerstörte Kloster den Berg hinauf zur Kirche. Ich wanderte um sie herum und betrachtete überwältigt die Reliefbilder – lebensgroße, in Stein gemeißelte Portraits von David und Goliath, Kain und Abel, Adam und Eva neben dem Baum der Erkenntnis und der Schlange, und Daniel mit den Löwen, die ihm die Füße lecken. Die interessanteste Szene war für mich ein kleines Relief hoch oben in der Südwand, es zeigte ein Schiff mit quadratischem Segel. Aus dem Schiff fiel Jonas heraus geradewegs in das Maul des Wals, aber es war ein Wal mit Schuppen und einem Bärenkopf.

Am oberen Rand der Wände lief ein Fries aus Vögeln und Tieren entlang, alle fliegend oder laufend, und darüber sah man eine Reihe Wasserspeier mit Menschenköpfen. Pilger haben in Augenhöhe ihre Graffiti in die Wände geritzt: griechische, lateinische und maltesische

Kreuze, manche sind wunderschön verschlungen in Rosenblatt- oder Lilienform, und armenische Pilger haben Gebete und Gelübde hinzugefügt.

Die Blumenmotive auf den Grabsteinen der Armenier bildeten einen starken Kontrast zu den abstrakten geometrischen Ornamenten der Seldschukengräber in Ahlat. Die Sonne brannte heiß, in der Kirche war es sicher kühler. Ich brauchte eine Weile, bis sich meine Augen an das Schattendunkel gewöhnt hatten, aber dann sah ich die herrlichen Fresken überall auf den Innenwänden, die die Geschichte des Neuen Testaments erzählten: Josefs Traum mit einem Engel, der über ihm schwebt; die Flucht aus Ägypten; der Kindermord in Bethlehem mit einem langen schwarzen Schwert auf blaßblauem Untergrund; Christus erweckt Lazarus von den Toten; sein Ritt nach Jerusalem auf einem weißen Esel; das Abendmahl; der Ölberg; die Gefangennahme durch Pontius Pilatus; die Kreuzigung; der Engel am Grab. Es war ein wunderbares, auf Stein gemaltes Bilderbuch.

In den Tagen, die ich in Van und Umgebung verbrachte, konnte ich mich nicht über einen Mangel an Sehenswürdigkeiten beklagen. Keyif erholte sich prächtig, wir machten nur kleinere Ausflüge miteinander, zum Beispiel brauchten wir nur zehn Minuten bis Toprak Kale, dem alten Schloßberg hinter der Stadt Van. Die Felsen hinter der heutigen Stadt Van tragen persische Inschriften, sie berichten von der Macht des Königs Xerxes von Persepolis, und am Fuß einer Riesenwand fand ich sogar eine assyrische Inschrift.

In der ganzen Umgebung von Van stehen urartäische Ruinen. Was mich besonders beeindruckte, war ihr Aquädukt- und Kanalsystem aus den Jahren 1000 bis 600 vor Christus. Einer der Kanäle, sechzig Kilometer lang, versorgte einst fünfundzwanzig Dörfer in einer völlig unfruchtbaren Gegend mit Wasser. Natürlich gab es eine ganze Reihe Festungen zu deren Schutz, denn Forts und Burgen waren notwendig, weil Van nur 330 Kilometer von Ninive entfernt lag, der Hauptstadt des Assyrerreiches am linken Ufer des Tigris, und die beiden mächtigen Nachbarn selten miteinander im Frieden gelebt haben.

Die Urartäer nutzten für ihre Bauten die natürliche Form der Felsen, auf die sie ihr der Felsform angepaßtes Mauerwerk aus exakt behauenen, zyklopischen Steinblöcken setzten. Manche dieser Bausteine wogen zwanzig bis dreißig Tonnen. Innerhalb der Mauern wurde mit Lehmziegelsteinen gebaut – geräumige Stadthäuser und Tempel, deren Säulen und geschmückte Giebel Vorbilder für den späteren klassisch-griechischen Stil wurden. Breite Serpentinenstraßen für Ochsenkarren und Streitwagen führten einst zu der Gipfelfestung hinauf.

Die Urartäer waren gute Bauern, intelligente Baumeister und kluge Geschäftsleute. Archäologische Funde von Figurinen und Portraits auf Stein und Metall zeigen sie als kräftige, untersetzte Männer mit lebhaftem Gesichtsausdruck. Sie sind immer in Bewegung – im Krieg, bei der Jagd auf wilde Tiere oder beim Ausritt. Reiten war ein beliebter Sport. König Menua ließ an einem Fels eine Inschrift anbringen, weil dort sein Pferd Artsibi mit dem König auf dem Rücken zweiundzwanzig cubits (mehr als 11 m) hinuntergesprungen war.

Krieg führten sie nicht als barbarische Horden, ihre Kriegskleidung ähnelte derjenigen der Hethiter, von denen sie vermutlich abstammten: sie trugen eine Tunika mit breitem Gürtel und einen kegelförmigen Helm mit einer Schutzklappe über Hinterkopf und Nacken. Im Museum von Van sah ich einen Bronzehelm, auf dem eine Reihe von Löwen eingehämmert war, und breite Gürtel aus Bronze, geschmückt mit Pferden und Löwen, Jagd- und Kampfszenen. Die urartäische Kunst war so hoch entwickelt, daß ihre Arbeiten sogar in Griechenland und Italien berühmt waren. Die Kriegsbeute aus einem ihrer Tempel umfaßte dreiunddreißig silberne Streitwagen, sechs goldene Schilde und über 350 verschiedenartige Silberkelche.

In Çavustepe besichtigte ich eine Burgfeste aus typischem schwarzem Mauerwerk, erbaut von König Sardus etwa 750 v. Chr. Man sieht noch den Lagersockel der großen Weinkrüge, sie hatten einen Meter Durchmesser und standen in Reihen halb eingegraben, damit sie nicht kippen konnten. 1000 Liter faßte ein solcher Krug, die Angaben über seinen Inhalt ritzte man in die Außenseite.

Fast verborgen im hohen Gras neben einem zugewachsenen Weg entdeckte ich die schwere Steinplatte einer Weinpresse in einem Felsbottich, darunter war eine Rinne in den Stein gehauen, damit der ausgepreßte Traubensaft in die Krüge abfließen konnte, in denen er dann aufbewahrt wurde.

Ein Ort zog mich unwiderstehlich an: Hakkari, in der südöstlichsten Ecke der Türkei an der Grenze zum Irak und Iran. Die Gegend ist zwar nicht für Ruhe und Frieden berühmt, weil die Kurden dort schon immer Aufruhr und Unruhe gestiftet haben, aber die Berge sind wild und schön.

Von Van nach Hakkari geht es 210 Kilometer lang ständig bergauf. Ich wollte Freya Starks Route folgen, die auf dieser Strecke mit dem Maultier zum Tigris geritten ist. Keyif gönnte ich seine Ruhe im Stall, ich wollte per Anhalter hinfahren. Die Straße führte durch ein fruchtbares Tal, das einst von einem der Urartäer-Kanäle bewässert wurde, der sogar streckenweise noch in Gebrauch ist. Ich konnte auf der offenen Ladefläche eines Lastwagens mitfahren und genoß den Fahrtwind und die gute Aussicht. Ein neuer Staudamm wurde gerade am Fluß dieses Tales gebaut – ob er wohl auch so lange halten würde wie das Wasserreservoir der Urartäer gleich daneben auf der Nordseite?

Mein erster Halt hieß Hoşap. Auf einer Brücke aus dem 14. Jahrhundert kletterte ich von der Pritsche, es war eine dreibogige Steinbrücke mit einer Mittelplatte. Ein kurdischer Fürst hatte sie errichten lassen, wie auch die Burg aus dem 17. Jahrhundert, die man über dem Dorf auf dem Fels sah.

Der Weg zur Burg führte durch den Hof der Polizeistation. Niemand bemerkte mich, so kletterte ich den Felsen hoch, um mir den Ort von oben anzuschauen. Hoşap war einst von großen Mauern umgeben, lange Stücke davon standen noch, aber die Zinnen waren zerfallen und nur noch als Andeutungen zu erkennen.

In die Burg gelangte man durch einen herrlichen runden Torturm. Eine Steintreppenflucht führte von ihm aus durch einen Felstunnel in den Innenhof. Fensterhöhlen, geschmückt mit Steinarabesken und verwitterten Zeichnungen von Wasserlilien, gaben auf drei Seiten den Blick hinunter auf Dorf und Tal frei. Die Burg hatte einst Hunderte von Räumen, zwei Moscheen, drei Badehäuser, unterirdische Verliese und einen fünf Stockwerke hohen Turm. Jetzt ist sie so zerfallen, daß nur noch ein paar Türstürze und Fensterhöhlen zu sehen sind.

Ich stieg wieder ins Dorf hinunter und setzte mich in eine kleine Teestube, bis ein anderer Lastwagen mich weiter in Richtung Hakkari mitnahm. Die Straße verließ das Tal und kletterte zu einem Paß hinauf, danach ging es abwärts zum Großen Sab, einem Nebenfluß des Tigris. Sein Wasser war milchig-türkis, zwei Fußgänger-Hängebrücken und ein alter Flaschenzug mit Transportkorb überspannten ihn. Bis vor wenigen Jahren fuhr man noch auf Flößen den Fluß hinunter in den Irak, nach dem Bau der neuen Straße wurden die Flöße ausrangiert. Die Straße lief eng an den Felsen entlang, und ich erinnerte mich an Lady Freyas Beschreibung der blankpolierten Felswände, an denen jahrhundertelang die Lasttiere entlanggeschrubbt waren, um dem senkrecht abfallenden Abgrund am anderen Straßenrand zu entgehen. Die Berge wurden steiler und wilder, je näher wir Hakkari kamen. Auf einer Felsspitze neben einer Stadt entdeckte ich noch eine Burgruine, sie lag in militärischem Gebiet, war also tabu.

In einem Teehaus, wo ich saß und Bestandsaufnahme machte, traf ich Salih, einen Kurden, der zehn Jahre lang als Bergführer gearbeitet hatte. Er bot an, mir die Gegend zu zeigen. Wir hielten einen Traktor mit Anhänger an, der zum Sab hinunterfuhr. Unterwegs in dem engen Tal fuhren wir durch ein verlassenes nestorianisches Dorf, und Salih erzählte mir, daß dieses Gebiet bis zum Ende des Ersten Weltkrieges von nestorianischen Christen besiedelt gewesen war, danach mußten sie fliehen, weil sie den Fehler gemacht hatten, sich auf die Seite der Russen zu schlagen. Es lebten noch etwa tausend Nestorianer in Beitebab, 200 Kilometer westlich.

Salih zeigte mir eine alte nestorianische Kirche aus ungleichmäßigen, mit Mörtel verbundenen Steinen. Ihr Inneres bestand aus einem Tonnengewölbe, und von der östlichen Apsis führten zwei Türbogen in einen kleinen Raum mit Wandnischen; er wurde als Schafstall genutzt.

Wir wanderten in die Berge, wilde Minze blühte blaßlila, und auf alten Terrassenanlagen wurde noch Reis angebaut. „Ein Freund von mir", sagte Salih und winkte einem alten Kurden zu, der vor seiner Steinhütte saß. Wir blieben eine Stunde bei ihm sitzen, in traditioneller kurdischer Gastfreundschaft holte er etwas „oltupeynir" (Kräuterkäse) und Fladenbrot aus seiner Behausung und bewirtete uns damit. Salih schenkte er zwei lebende Küken eines wilden Berghuhns, das er gefangen hatte. Salih wußte keinen anderen Namen als „Berghuhn", und bei Küken kann man schlecht erraten, wie sie einmal aussehen werden, aber ich tippte auf die rotfüßigen Rebhühner, die es hier im Überfluß gab. Die Vögel, die wir in England „turkeys" nennen, also Truthühner, kommen nicht aus der Türkei – es gibt sie zwar hier, aber die Türken nennen sie „hindi", das heißt „Indien". Allerdings hatte ich immer angenommen, sie stammten aus Amerika.

Der alte Mann schien zufrieden mit seinem Leben, er sagte, er habe alles, was er brauche: Schafe, Obstbäume, Reis, Quellwasser, eine Familie und Freunde, die ihn ab und zu besuchten. Die Kurden sind nicht von Natur aus ein aggressives Volk, ich erinnerte mich, wie leid es Ardeshir getan hatte, als er eine Maus totfuhr, und daran, daß

Kurden sich traditionell gegen die Invasion anderer Völker dadurch verteidigten, daß sie sich mit ihren Familien und Herden in höhere Bergregionen flüchteten. Eroberer zogen für gewöhnlich hier nur durch, auf dem Weg in andere, reichere Länder. Hier nennt man die Kurden Bergtürken, damit will man jeden Hinweis auf die kurdische Nationalität umgehen. Ihre Sprache, ihre Musik und ihre Volkstracht sind verboten, aber sie unterscheiden sich trotzdem von den Türken, denn sie heiraten nur untereinander und haben so immer das kurdische Blut und ihre Kultur bewahrt.

Bei Sonnenuntergang erreichten wir Hakkari und gingen in ein „çayevi", um Tee zu trinken und Backgammon zu spielen. Einheimische Frauen dürfen natürlich nie ein „çayevi" betreten. Ein Regiment Soldaten mit Militärkapelle marschierte auf dem zentralen Platz auf und verharrte in Habachtstellung, während die Nationalhymne gespielt wurde. Im Teehaus erhoben sich alle und hörten zu, selbst auf der Straße Vorübergehende blieben stehen, solange die Musik erklang. Ein paar Mädchen drückten krampfhaft ihr frischgebackenes Brot an sich und wußten nicht, ob sie weitergehen durften nach Hause oder nicht. Die Musikkapelle spielte nicht gut, aber sie machte das durch doppelte Lautstärke wett, und das Regiment sang kräftig und falsch mit. Als sie geendet hatten, kam wieder Bewegung in die Leute, und alle kehrten an ihre vorherige Beschäftigung zurück.

Salih war beleidigt, sein Ego war verletzt, weil man ihm noch keinen Tee serviert hatte; dabei war nur gerade die letzte Teekanne geleert, und er mußte warten, bis neuer Tee aufgegossen war. Das Wasser brauchte sehr lange, bis es kochte. In dem Café, in dem wir später zu Abend aßen, ging es ihm ähnlich, er erhielt sein Essen erst fünf Minuten nach mir, da weigerte er sich, es anzurühren – sein männlicher Stolz und sein kurdisches Ego waren gleichermaßen eingeschnappt. So aßen wir schweigend. Ich schlief auf dem Sofa eines Hotelbüros und traf mich mit Salih wieder am Morgen zur Frühstückszeit.

Seine Stimmung hatte sich noch nicht gebessert, also ging ich allein den Berg hinunter, um mir die verlassene nestorianische Kilise Medrese anzusehen: beim ersten Hinschauen ein unauffälliges, niedriges Gebäude, bis ich den schwarz-beigen Steinschmuck am Eingang mit den eingemeißelten arabischen Schriftzügen und den Blumenrankenverzierungen entdeckte. Innen lief eine Reihe niedriger Zellen um einen Hof, vermutlich war das einmal ein Kloster gewesen, keine

Kirche, wie der Name vorgibt. Jede Säule im Kreuzgang hatte ein anderes Kapitell: Kettenmuster, Seilwindungen, Strahlenkranz und andere geometrische Muster.

Als Freya Stark hier durchreiste, wurde in einem Dorf ein neugeborenes Mädchen nach ihr benannt. Es gab also irgendwo in dieser Gegend eine dreißigjährige Frau mit Namen Freya. Aber die Route der Lady führte jetzt durch Kriegsgebiet, und während ich mich hier aufhielt, kam es zu Unruhen. Kämpfe loderten auf, und ein paar Tage später überflog die türkische Luftwaffe das Gebiet, verfolgte „Terroristen" und warf Bomben ab. Ich nahm deshalb einen Bus zurück nach Van und zu Keyif und traf meine Vorbereitungen für den nächsten Teil unserer Reise.

Grenzland – Räuberland

Keyif und ich nahmen ein letztes Bad im Van-See und verabschiedeten uns dann von ihm. Ich holte mein Pferd am nächsten Morgen um sechs Uhr aus dem Stall und bekam eine viel zu hohe Rechnung präsentiert – aber darauf war ich gefaßt gewesen. Ich war trotzdem froh, denn man hatte Keyif gut versorgt: sein Sattelgurt mußte ein Loch weiter geschnallt werden!

Ich ritt nach Nordosten zum Erçek-See, dabei mußte ich den Bergzug überqueren, der als Wasserscheide zwischen den beiden Seen lag. Mittags rastete ich an einem Bach, in dem türkisfarbene Eisvögel nach ihrem Mittagsmahl tauchten. Ich rieb Keyif mit einem Fliegenschutzmittel ein, das ich bei einem Tierarzt erstanden hatte, aber ich bezweifelte, ob es etwas nützte, denn es gab viel zu viele Stechmücken. Auch der Tierarzt war pessimistisch gewesen, doch zumindest würde es den Mücken davon schlecht, hatte er gemeint, nachdem sie Keyif gestochen hätten.

Am Nachmittag zogen wir auf einer unbefestigten Straße durch ein wunderschönes Tal; aus den Berghängen rechts und links ragten rötlich-rosa Felsspitzen, und am Talende bildete eine hohe senkrechte Felswand ein riesiges, natürliches Steintor, hinter dessen Öffnung der blaue Himmel strahlte. Im Westen wurde der Himmel regenschwarz, der Wind trieb dunkle Wolken zu uns herüber. Mit ein bißchen Glück, dachte ich, könnten wir dem Gewitter davonlaufen! Ich setzte Keyif in leichten Galopp, aber schon spürte ich die ersten Regentropfen auf meinen Rücken prasseln. Das Gewitter erwischte uns nie voll, wir waren immer knapp voraus. Fünf dicke dunkle Wolken zogen sich zusammen, und ich sah, daß sie alle Regen fallen ließen, aber als ich meinen Plastik-Regenumhang herauszog, flippte Keyif fast aus und ging in Panik hoch. Meinen Regenschutz würde ich also beim Reiten nie tragen können, nicht einmal, wenn ich abstieg und mein Pferd führte, es war also nichts mit wetterfester Kleidung!

Auf den Feldern schichteten kurdische Frauen Gerstengarben auf, sie bewegten sich schnell, um die Arbeit rasch zu beenden; ihre roten Kleider leuchteten zwischen dem reifen Korn.

Als ich durch das Felsentor ritt, lag vor uns im Tal der Erçek-See, umrahmt von Sandstränden und Felsen. Ich wandte mich nach links und ritt über eine Landzunge; der Himmel war immer noch unheilvoll dunkel, obwohl hinter mir die Sonne schien und ein Regenbogen leuchtete. Die Landzunge lief in einer Kette kleiner Inseln und Felsen im See aus. Wir gingen ans Wasser, um zu trinken, aber es war salzig, und Keyif spie es mit Abscheu wieder aus.

Wir wanderten über lange Strände und die in den See auslaufenden Bergzungen an den Ufern entlang, es war Abend, und die Leute trieben Vieh und Pferde nach Hause. Keyif wieherte frenetisch nach allen Tieren, die er sah, er war offensichtlich wieder in bester Form.

Ich verbrachte die Nacht im Haus des Dorfvorstehers von Golalan, einem Ort am See. Er war sehr freundlich und erzählte mir, daß er schon seit fünfzehn Jahren hier „muhtar" sei und seine Gemeinde gar keine neuen Wahlen mehr abhalten wolle. In verschiedenen Häusern bemerkte ich Tapeten und Bilder von einem Fabelwesen, von dem die Dorfbewohner behaupteten, es habe im See gelebt. Das Wesen besaß einen Männerkopf mit kunstvoll gearbeiteter Kopfbedeckung und einen schuppigen Fischkörper wie ein Wassermann, nur daß sein Schwanz in einem Schlangenkopf endete und sich so ringelte, daß die gegabelte Zunge der Schlange den Männerkopf berührte. Die Dörfler sagten, das Monster heiße Sha Maral, und es lebe nicht mehr im See, es gebe überhaupt keine Fische darin.

Wir verließen den Erçek-See auf einer Karrenspur, die in die Berge hinaufstieg, aber ich verlor sie nach kurzer Zeit. Das Tal führte nach Osten, und ich befürchtete, der iranischen Grenze zu nahe zu kommen. Als wir einigen Kuhhirten begegneten, rannten sie mir nach und riefen mich zurück. Ich achtete nicht auf sie, denn das Tal hatte jetzt nach Norden geschwenkt, aber als ich anhielt, um Keyif etwas Gras fressen zu lassen, holte mich einer der Hirten ein und sagte mir, meine Route würde in eine gefährliche Gegend führen – er machte Gesten des Halsabschneidens, um seine Worte zu verdeutlichen.

Er lud mich ein, mit in ihr Lager zu kommen, stellte sich vor als Achmet, und wir tranken heißes Wasser, weil er keinen Tee hatte. Dann schlug er vor, mit mir auf Schatzsuche zu gehen. Später lernte ich in Achmets Dorf seine Brüder kennen. Sie sprachen über urartäische Goldkronen, wie ich sie schon im Museum in Van gesehen hatte, und waren überzeugt, daß ich irgend etwas darüber wußte – warum sollte ich sonst hierher gekommen sein? Ich enttäuschte sie, weil ich keine Schatzsucherkarte besaß, mit der ich zu ihrem Unternehmen hätte beisteuern können, aber sie beschlossen, daß ich ihnen trotzdem Glück bringen würde. Einer der Brüder zeichnete ein Bild aus Kreisen und Baumformen auf, und sie sagten, damit würden sie die Stelle finden.

Ich konnte mir keinen Reim aus dieser Karte machen, aber bei dem Abenteuer wollte ich dabeisein. Als sich jedoch herausstellte, daß wir nachts aufbrechen müßten, sagte ich nein – wie sollte man im Dunkeln irgend etwas finden? Ich würde nur über die Felsen stolpern. Also vereinbarten wir, bei Tagesanbruch zu gehen. Es mußte deshalb alles so heimlich vonstatten gehen, weil sie befürchteten, das ganze Dorf könnte ihnen nachschleichen und ihnen den Fund abnehmen.

Achmet hatte den niedrigsten Rang unter den drei Brüdern, keiner überließ ihm sein Sitzkissen oder machte ihm irgendwie Platz. Er hockte auf dem bloßen Teppich, und nach dem Mittagessen räumte er das Tablett weg, eine Arbeit, die normalerweise nur Frauen verrichten. In diesem Dorf wurde ich als Mann behandelt. Mir fiel auf, daß die Frauen hier enorme Hinterteile hatten, sie trugen zahlreiche Unterkleider unter ihren Röcken und sahen aus wie ausgestopft. Einige der Männer hatten zwei Frauen, einer drei und einer sogar die moslemische Höchstzahl von vier.

Sehr früh am nächsten Morgen brach ich mit den Brüdern zu der Stelle auf, wo sie die ehemalige Urartäerstadt vermuteten. Wir gelangten zu einem riesigen Felsen, auf dem eine sehr alte Inschrift zu sehen war – es waren die gleichen Zeichen, die sie mir am Vortag auf das Papier gemalt hatten. Obwohl sie schon sehr verwittert waren, konnte man sie auf dem Fels besser erkennen als auf dem Papier. Der Kreis umschloß eine Reihe von Schmuckkreuzen, wie ich sie schon auf den Steinreliefs der Inselkirche von Ahtamar im Van-See gesehen hatte. Ich erklärte ihnen also, daß meiner Meinung nach diese Symbole ein Heiligtum oder eine Grabstätte kennzeichneten.

Die Brüder hatten schon ein großes Loch am Fuß des Felsens ausgehoben und Teile alten Mauerwerks freigelegt. Aber obwohl sie bis in Schultertiefe gruben, fanden wir nichts von Bedeutung. Da beschlossen sie, dieses Loch aufzugeben, was ich begrüßte, denn ich bin nicht versessen darauf, Gräber auszurauben.

Als wir uns verabschiedeten, gaben sie mir eine Liste der Dörfer mit, durch die ich reiten mußte, um nach Muradiye zu kommen, denn es gab keine direkte Straße, und sie waren besorgt um meine Sicherheit.

Keyif und ich überquerten eine gefährliche Erdspalte und kletterten dann auf der anderen Seite in die Berge. Wir erreichten das erste Dorf auf der Liste und stiegen weiter in engen Serpentinen bergauf. Vom Gipfel aus konnte man beide Seen sehen, hinter uns den Erçek-See und vor uns die Nordspitze des Van-Sees.

Nun führte der Weg bergab in Richtung Van-See. Dahin wollte ich aber nicht, deshalb ritt ich auf gleicher Höhe querfeldein am Berg entlang und kam, als es Mittag wurde, auf ein endloses, leicht welliges Hochgebirgsplateau mit üppigem Weideland. Kleinere „yailas" waren vereinzelt darüber verstreut, und Geröllhalden aus rosafarbenem Felsgestein, viele frische Quellen, Bäche und Schildkröten waren zu sehen. Die kühle Brise ließ den Tag zu einem Erlebnis werden. Wir gelangten auf eine andere Hochebene, die vorher verborgen gewesen war. Sie zog sich etwa zehn Kilometer in die Länge, und Keyif flog in leichtem Galopp über sie hin, er war prächtig in Form und wollte überhaupt nicht langsam gehen. Seine Begeisterung sprang auf mich über, es war ein unvergeßlicher, wundervoller Ritt.

Ich hielt viermal an und ließ Keyif grasen, sich in der Wiese wälzen und ausruhen. Mitten am Nachmittag rasteten wir in einem kleinen Dörfchen, weil ich etwas essen wollte, aber das hätte ich lieber sein lassen sollen, denn ich wurde von albernen jungen Männern belästigt und fand keinen Stall für Keyif, er mußte in der Sonne stehen und wollte das distelige Heu nicht fressen, das ihm die Dörfler vorwarfen. Die Jugendlichen waren deshalb so aufdringlich, weil auch sie überzeugt waren, ich hätte eine Schatzsucherkarte – komisch, wie besessen die Leute auf Schatzsuche aus waren! Außerdem fragten sie ständig nach meinem Gewehr, das ich ja nicht hatte, und ob ich nicht Karate oder sonst eine Art der Selbstverteidigung beherrschte. Das brachte mich auf den Gedanken, daß sie mich vielleicht ausrauben wollten. Dazuhin spürte ich eine Zecke an der Innenseite meines Hosenbeines und konnte nicht an sie herankommen, um sie zu töten. Nach einer halben Stunde brach ich deshalb wieder auf und beeilte mich, wegzukommen, während ich das Dörfchen hinter mir scharf im Auge behielt, um zu sehen, ob mir jemand folgte.

Wir setzten unseren Weg nach Norden über die Ausläufer eines leicht abfallenden Gebirgszuges fort. Durch ein Felsenmeer ging es fast unmerklich tiefer, der steile Abstieg würde sicher später kommen, mir war gar nicht bewußt gewesen, wie hoch wir hinaufgeklettert waren.

Eine Bewegung zog meinen Blick an – ein Braunbär tappte schwerfällig dahin, entfernte sich aber glücklicherweise von uns. Man hatte mir gesagt, daß Bären streitsüchtig sein können, wenn sie gerade den Winterschlaf hinter sich haben. Ein Stück weiter erspähte ich ein anderes Dörfchen und nahm an, daß der Weg von dort aus in die Ebene hinunter führen werde. Aber der Pfad war eher ein Wildwechsel, der eng an der Steilwand einer Felsschlucht entlanglief. Stellenweise hatte ich das Gefühl, mich verirrt zu haben, es war bestimmt nur ein Kletterpfad für Ziegen. Meine Vermutung bestätigte sich, als sich nach etwa der Hälfte der Strecke die Spur verengte und der Hang lotrecht abfiel. Ich rutschte und trat einige Steine los, die fünfzehn Meter senkrecht hinunterfielen. An der Hanginnenseite wuchsen Stechdisteln, man konnte sich also nicht eng an ihn drücken. An manchen Stellen war der Pfad weggebrochen, und Keyif stieg vorsichtig über die Lücken.

An einer abschüssigen Strecke glitt ich aus, landete auf dem Hintern und klammerte mich an den Zügeln fest, um meinen Fall aufzuhalten. Keyif hielt fest dagegen, er bestand diese Bewährungsprobe – dieser Weg war das Schlimmste, was ich bis jetzt von ihm verlangt hatte, aber er ließ sich nicht aus der Ruhe bringen. Dann ging es so steil abwärts, daß ich einen Schwanzriemen gebraucht hätte, um die Satteltaschen festzubinden, damit sie Keyif nicht auf den Hals rutschten. Da merkte ich, daß das gewebte Band mit den Troddeln, das hinten am Sattel herunterbaumelte, nicht nur zum Schmuck da war – ich benutzte es als Schwanzriemen, und es tat gute Dienste.

Die Erdrutsche und Geröllhalden überquerte ich mehr auf dem Hosenboden als auf den Füßen, dabei wünschte ich mir, Keyif würde nicht immer ein Stück über mir gehen, denn wenn er rutschte, würde ich unten als Prellbock seinen Fall bremsen.

Wir brauchten drei Stunden für den Abstieg, bis wir endlich in einem Tal hinter der Nordostspitze des Van-Sees herauskamen. In einem Dorf machte ich Teepause und ließ mich überreden, über Nacht dazubleiben. Auch hier fragten mich die Männer nach Landkarten mit vergrabenen Schätzen und zeigten mir einige Felsinschriften mit Kreuzen, quadratischen W's und anderen Schriftzeichen mit

Oben: Mit dem Pferd kommt man auch ohne Straßen über die Berge
Unten: Ich verabschiede mich von meiner Gastgeberin in Gümüşlü

Oben: Der Van-See mit der Insel Ahtamar: die Kirche stammt aus dem 10. Jahrhundert
Unten: Ein Lagerplatz im Grünen

Oben links: Keyif wird beschlagen; man sieht das traditionelle geschlossene Hufeisen und die dicken Nägel. *Oben rechts:* Die Kirchenruine von Çamleyamak
Unten: Diese Kirche in Beş Kilise diente als Sonnenuhr

Mein Erinnerungsbild von Keyif mit dem Ararat am Horizont

Schnörkeln. Es gab Reispudding mit Butter zum Abendessen. In der Nacht plagten mich Hitze, Stechmücken und Wanzen, die mir Bauch und Beine rot punkteten.

Als ich am Morgen aus dem Dorf ritt, sprang mich ein Hund so groß wie ein Bernhardiner an. Ich zog meine Knie hoch und knallte mit Keyifs Zügeln, als wollte ich ihn bitten: „Tu was!" Als der Hund nach Keyifs Hinterbeinen schnappte, schlug der tatsächlich kräftig aus. Aber ein anderer Hund erwischte mich später, als ich auf der Straße nach Çaldiran neben Keyif herging. Ein großer Anatolier stürzte mit furchterregendem Geknurr aus einem Schuppen heraus auf mich zu, und ich tat das Dümmste, was man in so einer Situation tun kann: Ich fing an zu laufen, und schon spürte ich seine Zähne in meinem Bein. Schmerz und Angst durchfuhren mich, aber zum Glück ließ der Hund los und rannte zurück in seinen Schuppen. Ich hinkte weiter und fragte mich, was jetzt wohl schlimmer wäre: ohne Tetanusimpfung weiterzureiten oder ins nächste Krankenhaus zu gehen, falls es eines gab.

Ich beschloß, mich in Çaldiran nach der Möglichkeit einer Tetanusimpfung zu erkundigen, es war die nächste Stadt, die wir bei Sonnenuntergang erreichten. Jemand schrie gellend „Tourist, gel, gel" (komm her); ich ging also hin, fragte nach einem Wasserhahn für mein Pferd und konnte bleiben. Keyif wurde in dem nächsten Haus, das leer stand, untergebracht. Mein Gastgeber tötete ein Huhn für das Abendessen, dazu gab es Melone. Der Abend war kalt, ich zog einen Pullover über und war dankbar für die dicke Steppdecke in der Nacht.

Um acht Uhr morgens war das Krankenhaus noch geschlossen, also ging ich zum Schwesternheim. Die Krankenschwestern waren reizend, allerdings gab es in der Krankenhausapotheke kein Impfserum gegen Tetanus mehr, die neue Lieferung war zwar bestellt, aber noch nicht da, sie würde in den nächsten Tagen eintreffen. Die Mädchen versicherten mir, im Krankenhaus von Doğubayazit hätten sie sicher welches. Dann gaben sie mir einen kleinen Beutel voll Bonbons mit auf die Reise, als Zeichen ihres guten Willens.

Ich ritt durch weites Flachland nach Norden, hier fand 1514 die Schlacht von Çaldiran statt, in der der osmanische Sultan Selim der Grausame die persische Armee vernichtend schlug, ehe er weiterzog, um Syrien und Palästina zu erobern. Unsere Route führte nahe an die iranische Grenze, eine unbefestigte, staubige Straße, zum Teil noch im Bau, die im nächsten Jahr asphaltiert werden sollte. Im Augenblick war sie allerdings genau das richtige für ein Pferd.

Einsam und verlassen klapperten wir durch die Einöde, kahle schwarze Felsen, von der Erosion zerfressen, umgaben uns wie ein aufgewühltes Meer voll scharfer Zacken und Spitzen. Ein starker Wind hielt die Hitze in Grenzen, aber er verstärkte das Gefühl der Einsamkeit. Ich paßte auf, ob sich irgendwo etwas bewegte, denn hier war die Banditen-Gefahr sehr real.

Als das Land wieder flacher wurde, sah ich westlich in der Ferne den Krater eines großen Vulkans, also waren die schwarzen gezackten Felsspitzen in Wirklichkeit riesige Lavazungen. Der Vulkankegel war schneebedeckt, zwischen den schwarzen Zungen aus erstarrter Lava leuchteten Flecken frischen Grüns, ein unerwarteter Anblick. Keyif tänzelte vorwärts, es war wunderbar auf seinem Rücken.

Wir erreichten einen militärischen Außenposten, er gehörte schon zum Grenzschutz, und der Wachposten rief mich heran, um meinen Paß zu überprüfen. Er sah das Foto an, dann mich, dann fragte er „bayan?" (Frau?). Andere Soldaten traten herzu und schienen genauso erstaunt zu sein, also nahm ich meine Männermütze ab und ließ mein langes, blondes Haar herunterfallen. Ich wurde mit einer Einladung in ihr Büro belohnt, es gab Tee unter dem Dienstportrait von Atatürk. Die Soldaten waren patriotische junge Männer, die ihre 18 Monate Wehrpflicht in einer der abgelegensten Grenzstationen ableisteten. Sie hatten keine Fahrzeuge, um in die Stadt zu kommen, denn die Verpflegung wurde ihnen per Lastwagen gebracht; sie kamen also nie von hier weg, außer auf ihren Patrouillengängen durch die Berge. Sie behaupteten, die Disziplin würde ihnen keine Schwierigkeiten machen, was ich nicht schlecht fand. Ohne Disziplin wären sie vielleicht alle über mich hergefallen wie ein Stall voll Keyifs über eine Stute.

Die Soldaten erzählten, daß man diese Woche in der Osttürkei das Kriegsrecht aufgehoben habe. Ich hatte nicht gewußt, daß die Gegend unter Kriegsrecht gestanden hatte. Außerdem erklärten sie mir, es gebe noch drei weitere militärische Außenposten an dieser Straße, und warnten mich vor der Tiefebene, in die ich reiten wollte, dort befinde sich ein als wild und gesetzlos bekannter Ort namens Kizil Ka, in dem nicht einmal sie selbst es wagen würden, anzuhalten. Man hätte schon mehrmals Militärfahrzeuge mit Steinen bombardiert. Diese Leute seien die Schlimmsten unter den Kurden, gesetzlose, gewalttätige Banditen. Der Kommandant fügte hinzu, daß es leider keine andere Straße gebe, ich müsse also durch Kizil Ka reiten, aber ich solle Augen und Ohren offen halten.

Am zweiten Militärposten spielten die Soldaten Volleyball. Mein Paß wurde geprüft, und sofort machte die Neuigkeit die Runde, daß hier ein Mädchen sei. Als ich ihnen erzählte, daß ich von Erzurum über Van bis hierher geritten sei, klatschten sie alle.

Später durchquerten wir eine windgepeitschte, menschenleere Gegend, und ich sah mich nach einem verborgenen Plätzchen um, an dem Keyif und ich eine Stunde ungestört ausruhen könnten. Die riesigen Lavafelsen mit den Grasbuchten dazwischen boten Schutz. Ein Stück von der Straße entfernt fand ich eine geeignete Stelle, lud mein Gepäck ab, band Keyif an und merkte plötzlich, daß ich nicht allein war. Hier versteckte sich noch jemand, ich konnte seine Füße sehen – seine abgetragenen Lederstiefel schauten hinter einem Felsstück hervor. Aber, oh Glück, er schlief.

Meine erste instinktive Regung war, zu fliehen, aber nicht ohne mein Pferd und mein Gepäck. In diesem Moment fand Keyif den Fremden und schnaubte, da erwachte dieser. Der Mann war verdutzt, er kroch rückwärts und zischte Keyif an. Dann streckte er vorsichtig seinen Kopf hinter dem Fels hervor. Mein Herz klopfte, aber es sah so aus, als sei der Mann genauso erschrocken wie ich. Wir starrten einander einen Augenblick wie gelähmt an. Ich sah in das ungepflegte Gesicht eines mageren Zwanzigjährigen, der sich seit Wochen nicht rasiert hatte. Sein Blick war vorsichtig und wachsam. Ich wußte nicht, was ich tun sollte, schließlich winkte ich ihm mit der Hand höflich zu und grüßte auf türkisch. Sein Kopf kam weiter nach vorn, und er antwortete, aber nicht in Türkisch, sondern in Farsi.

Er kam zu mir her und sah mich prüfend an, dann fragte er „Do you speak English?" Ich nickte, vor Überraschung blieb mir die Sprache weg. Er fragte nach etwas zum Essen, er habe seit einer Woche fast nichts gegessen. Ich gab ihm mein Vesperbrot mit Eiern und Tomaten, eigentlich wollte ich es mit ihm teilen, aber er schlang es so heißhungrig hinunter, daß ich es ihm ließ. Zwischendurch erzählte er, und langsam bekam ich seine Geschichte zusammen.

Er war von der iranischen Armee desertiert und acht Tage lang durch die kurdischen Berge gewandert, um in die Türkei um Asyl zu bitten. Aus Angst war er nur nachts gegangen, denn wenn die iranische Armee oder die Revolutionsgardisten ihn am Tage irgendwo erspäht hätten, hätten sie auf ihn gefeuert. Wenn der Mond schien, hatte er jedoch auch Angst, denn dann schossen die Kurden, weil sie ihn für einen Revolutionsgardisten hielten.

Er war gebildet, sprach fließend Englisch und schilderte mir die Gründe für seine Desertion: „Ich wußte, wenn ich über die Berge ginge, würde ich vielleicht umkommen, aber wenn ich in Khomenis Armee bliebe, würde ich sicher sterben."

Er bombardierte mich mit Fragen. Ob ich wüßte, wo es hier einen Sammelpunkt für iranische Deserteure gab? Ich wußte es tatsächlich, denn ich hatte in Van eine Gruppe getroffen, die meisten von ihnen hatten irgendwelchen Kurden, die in den Bergen lebten, etwa 1500 Dollar bezahlt, damit sie sie mit dem Pferd nach Van hinunter brachten. Auch sie hatten bis zur Erschöpfung durchhalten müssen, waren nachts geritten, immer in Lebensgefahr. Ich nannte ihm also den Platz, wo er sie finden könne, und erklärte ihm, daß die UNESCO, soweit ich die anderen verstanden hatte, jedem der Männer 500 Dollar für Verpflegung und Unterkunft aushändigte. Allerdings war er hier nicht in Sicherheit, denn Iran zahlte 1000 Dollar für jeden Mann, der zurückgeschickt wurde. Nach zwanzig Tagen Aufenthalt in der Türkei könnte er sich nach Arbeit umsehen, aber um einen Paß zu erhalten, müßte er zur UNESCO nach Istanbul. Aber das war nicht leicht, denn sein iranisches Geld war hier in der Türkei so gut wie wertlos.

Als ich auf den dritten Militärposten zuritt, hörte ich über uns Schüsse. Ich ritt sehr langsam weiter und suchte mit den Augen die Berge ab, da entdeckte ich auf einer Bergspitze einen Mann, der versuchte, die Aufmerksamkeit eines zweiten auf einem anderen Gipfel zu erregen. Sie sahen aus, als wären sie Soldaten, die auf Beobachtungsposten Dienst taten, sie wirkten nicht aufgeregt, wahrscheinlich schossen sie nur, um auszuprobieren, ob ihre Gewehre funktionierten.

Es war kein Aufruhr zu bemerken, und ich kam ohne Verzögerung bei den Grenzposten durch. Sie erklärten, bis Doğubayazit seien es noch fünfundzwanzig Kilometer, aber das hatte man mir schon an den beiden vorhergegangenen Stationen gesagt. Hinter diesem Grenzposten waren die Berge mit dichtem, tiefem Gras bewachsen, es sah wunderbar aus, darauf lagen wie schwarze Tupfer die „yailas" der Nomaden über die weiten Hügel verstreut. Es war die landschaftlich schönste Strecke, die ich bis jetzt durchritten hatte.

Das berühmt-berüchtigte Kizil Ka hatten wir noch nicht erreicht – kizil heißt rot, ich achtete also auf irgendeinen Hinweis in der Landschaft. Im Westen fiel das Land in einer Reihe paralleler Bergrücken ab, deren Konturen sich scharf gegeneinander abzeichneten. Wir kamen über eine Kuppe, plötzlich lag ein einzigartiges Panorama vor uns, und hinter dem bergigen Horizont schimmerte der schneebedeckte Ararat.

Wie kein anderer Berg auf der Welt ragt der Ararat fast in voller Höhe aus seiner Umgebung; selbst der Mount Everest mit seinen fast 10 000 m überragt die ihn umgebenden Gletscher nur um etwa 3500 m. Der Araratgipfel ist 4270 Meter höher als die Ebene von Doğubayazit, obwohl seine Gesamthöhe nur 5180 Meter beträgt. Seine Form und die Abgelöstheit von anderen Bergen verleihen ihm eine beeindruckende Größe, er erhebt sich fast ohne Vorgebirge direkt aus der weiten Ebene. Obwohl er noch sehr weit entfernt war, schien er den ganzen Himmel einzunehmen.

Näher bei mir, etwa einen Kilometer voraus, stand eine hohe Steinpyramide aus roten Felsbrocken. Das war das rote Zeichen, auf das ich gewartet hatte, denn das Dorf gleich dahinter mußte Kizil Ka sein. Ich stieg ab und füllte eine Tasche mit Steinen (als Revanche), dann überlegte ich, ob ich nicht zu Fuß durch das Dorf gehen sollte, das wirkte weniger aggressiv. Allerdings waren dann die Hunde ein Problem, ich müßte also immer meine Steigbügel bereit haben, um schnell aufsitzen zu können.

Die Idee war nicht schlecht, trotzdem bekam Keyif ein paar kleine Steine nachgepfeffert, er tänzelte ziemlich schnell voran. Ich lächelte und grüßte die älteren Dorfbewohner, nur die kleinen Bälger und Halbwüchsige warfen Steine. Am Ortsausgang schwang ich mich in den Sattel und galoppierte davon, Steine prasselten hinter uns her, doch wir waren schnell außer Reichweite. Aber ich hatte mich zu früh beglückwünscht.

Ein Mann galoppierte auf einem Pferd hinter uns her, und anstatt zu überholen, verlangsamte er den Schritt und blieb gleichauf mit Keyif. Das war möglicherweise ein schlechtes Zeichen, also machte ich höflich Konversation, bewunderte sein Pferd, erzählte ihm von meiner Reise und meinem Ehemann in der nächsten Stadt. Keyif schnaubte, und ich warnte den Mann, daß er ausschlagen und auch treffen würde, wenn das andere Pferd ihm zu nahe käme. Keyif spielte sehr gut mit. Einmal versuchte der Mann, Keyif so zu reizen, daß er mich abwerfen sollte, aber ich hatte Keyifs Maul so weich gelassen, daß ich ihn leicht unter Kontrolle behalten konnte.

Eine Schafherde mit drei jungen Schafhirten kam in Sicht, da verabschiedete sich der Reiter. Ich war erleichtert, aber die Hirten versperrten mir den Weg, schwenkten Stöcke und verlangten Geld. Ich bat den Reiter, ihnen zu sagen, sie sollten mich durchlassen. Er versuchte tatsächlich, mir zu helfen, und jagte einen der Burschen weg, aber die anderen griffen mich mit Stöcken und Steinen an. Die Straße war so steil und felsig, daß man nicht schnell reiten konnte, und die Straßenränder waren noch felsiger. Rohe Gewalt stand auf den Gesichtern der Schafhirten, sie wußten, sie hatten mich in die Enge getrieben. Keyif stieg vorn und hinten hoch, während die Stöcke auf uns niedergingen und große Felsbrocken an uns vorbeiflogen. Einer traf mich an der Schulter, und ein anderer verfehlte nur knapp meinen Kopf.

Ohne Hilfe würde ich hier nicht durchkommen, deshalb rief ich in barschem Ton, der Reiter solle herkommen und mir beistehen. Er kam auch, und Keyif sprang hinter seinem Pferd in Deckung. Es gelang uns, an den Schafhirten vorbeizukommen, aber sie sprangen hoch, griffen nach meinen Satteltaschen und zerrten daran. Keyif tanzte sich frei, ehe sie irgend etwas herunterreißen konnten. Mir fielen die Steine in meinen Taschen ein, und ich begann, sie den Burschen an den Kopf zu werfen. Ihre Augen bekamen einen mörderischen Ausdruck, und sie rannten erneut gegen mich an.

Ich klatschte Keyif meine Absätze in die Seiten, aber wir kamen nicht schnell genug weg, so daß sie die hintere Außentasche meines Sattelgepäcks und meine Zügel zu fassen bekamen. Ich stauchte einem in die Rippen, damit er losließ, und Keyif reagierte auf meinen Befehl zum Galoppieren. Der Bursche hinten hielt sich noch ein paar Schritt weit fest, dann ließ er los, und Keyif und ich rasten den steilen Weg hinunter.

Mehrmals drohte Keyif zu fallen, aber der Steinhagel von hinten, der uns immer noch traf, hielt ihn davon ab, langsamer zu werden. Wir waren entkommen. Ich prüfte meine Satteltaschen und bemerkte, daß die Hirten meine Wasserflasche, Keyifs Halteseil und ein paar andere Sachen gestohlen hatten, aber zurück gingen wir nicht.

Die Sonne ging unter, ich hielt im nächsten Dorf und fragte, ob es einen sicheren Ort gäbe, an dem Keyif und ich die Nacht verbringen könnten; dabei erzählte ich, daß ich gerade in Kizil Ka ein böses

Erlebnis gehabt hatte. Die Männer waren unfreundlich, sahen mich mürrisch an, keiner wollte die Verantwortung übernehmen, mich unterzubringen. Sie schlugen mir vor, weiterzureiten. „Nichts kann mich dazu bringen, in dieser feindseligen Gegend nachts weiterzureiten", gab ich zurück, „mein Pferd ist müde, wir brauchen Schutz."

Ein Junge wurde beauftragt, mich zu einem Militärlager neben dem Dorf zu führen. Dort stieg ich ab und begrüßte die älter aussehenden Männer mit Handschlag, ehe ich meine Bitte vorbrachte. Nicht, daß ich in ihrem Lager bleiben wollte, ich wollte nur sichergehen, daß sie mich mit Respekt behandelten. Zufällig war der „muhtar" da; er sagte, er würde sich freuen, wenn ich sein Gast sein wolle, und mein Pferd könne ich in seinem Stall unterstellen, denn sein Haus sei von einer großen Mauer umgeben, und das Tor würde nachts geschlossen.

Am Abend erzählte er mir, daß er seit fünf Jahren Dorfvorsteher sei und nicht hoffe, noch einmal wiedergewählt zu werden. So ein Amt bringe nur Schwierigkeiten. Er und seine Familie waren reizende Leute, ich wünschte, ich wäre nicht so erschöpft gewesen, dann hätte ich mehr von dem Abend gehabt. Die Nacht war endlos, die Schlafstelle voller Flöhe – alle paar Minuten wachte ich auf, so daß ich mich schließlich aufsetzte und wartete, bis der Tag endlich anbrach. Wahrscheinlich hat nur das Reservebettzeug, das selten benutzt wird, Flöhe. Zusätzliches Bettzeug ist ein Statussymbol, aber es kann jahrelang ungenutzt auf einem Stapel liegen. Beim Frühstück fragte mich der „muhtar", ob ich gut geschlafen hätte, und ich hatte nicht das Herz, ihm die Wahrheit zu sagen.

Die Straße nach Doğubayazıt und zum Ararat führte weitere 25 Kilometer um einen Berg herum, ich wollte deshalb lieber die Abkürzung über den Berg nehmen. Der „muhtar" war auch der Meinung, daß eine der Bergschluchten mich in die gewünschte Richtung führen würde. Nachdem ich den vierten militärischen Posten passiert hatte, wandte ich mich ostwärts, die Orientierung war nicht schwer, denn über dem Gebirge vor mir ragte der Ararat wie ein Wegzeiger in die Höhe. Wir durchquerten die Ebene und begannen in einem ausgetrockneten Flußbett bergauf zu wandern. Es verengte sich zu einer Schlucht, wir kamen auf einem Schafweg voran, aber er wechselte auf die andere Seite hinüber, und wir mußten dicht unter den Felsen gehen; da verlor ich den Ararat aus dem Blick. Also gingen wir auf gut Glück und mit Gottvertrauen weiter. Einmal mußten wir so dicht an einer scharfen Felsnase vorbei, daß meine Satteltasche ein Loch bekam, aber ich stopfte einen Plastikbeutel unter den Riß, so war das Loch wieder geschlossen.

Am Ende der Schlucht entsprang eine Quelle; Keyif und ich wollten daraus trinken, aber er trat in den kleinen Tümpel, und das Wasser wurde sofort schlammig. Hinter der Quelle ging es über eine Hügelkuppe. Wir eilten hinauf, ich konnte es kaum erwarten, zu sehen, ob ich die richtige Schlucht erwischt hatte. Aber als wir über die Kuppe kamen, erhob sich dahinter ein noch höherer Bergkamm. Ich ritt weiter, langsam stieg die Spitze des Ararat wieder hinter dem nächsten Berg herauf und wurde größer, je höher ich stieg. Ein breiter Kegel, seine Flanken fleckenlos weiß vor Schnee, schien er stetig zu wachsen, bis ich den Berggrat erreichte, da lag er in voller Höhe geradeaus vor uns.

Von dieser Höhe aus konnte ich weit unten in der Ebene, es waren noch einige Stunden Wegs bis dahin, die Stadt Doğubayazit und den ehemaligen Palast Isak Paşas sehen, den ich später besichtigen wollte.

Ein Stück entfernt auf einem Bergsattel saß ein kurdischer Hirte und braute Tee. Er rief mich zu sich herüber. Verständlicherweise war ich auf kurdische Hirten jetzt nicht mehr so gut zu sprechen, aber mein Verlangen nach einer Tasse Tee überwand mein Widerstreben. Er hatte zweihundert Schafe und führte mir vor, wie er ihnen auf der Flöte vorspielte. Sie gab dünne, kehlige Laute von sich, die der Wind zu den Schafen und über die Berge hinweg trug. Mein Glaube an die Menschen kehrte zurück.

Dann zeigte er mir sein Lieblingsschaf: einen dickwolligen Widder mit schraubenförmigem Gehörn, er stammte sicher von wilden Mufflons ab. Ein paar Hirtenjungen schlenderten herüber, um guten Tag zu sagen, sie sprachen mich respektvoll mit Agha an, der Anrede für einen Mann. Ich dachte an die schmale Grenze zwischen Mißtrauen und Vorsicht, und daß ich den Leuten lieber vertraue, als immer das Schlechteste zu erwarten, weil ich glaube, daß es im allgemeinen an einem selber liegt, ob man das Gute oder das Schlechte in seinem Gegenüber zutage fördert.

Die Zeit stand still, es war ein Bild, das sich nicht verändert zu haben schien, seit Hirten in der Bibel beschrieben wurden.

Der mächtige Ararat füllte den ganzen Hintergrund aus. Sowohl Christen als auch Moslems und Juden verehrten ihn als heiligen Berg. Aus einem Impuls heraus fragte ich den Alten, ob er glaube, daß

Noahs Arche noch auf dem Ararat stehe, und er antwortete ohne Zögern ja. Er sagte, alle Leute hier wüßten, daß sie da sei, auch wenn noch keiner sie gesehen hätte.

Auch Noah ist hier schon gewesen

Der Abstieg zur Stadt war lang, aber nicht schwierig; wir erreichten sie zur Mittagszeit, und ich stellte Keyif in einem öffentlichen Stall bei einem einfältigen Wärter unter.

Als erstes mußte ich zum Krankenhaus und mich wegen des Hundebisses gegen Tetanus impfen lassen. Mein Bein schmerzte zwar nicht mehr, aber die Haut war taub geworden, was mich beunruhigte, obwohl die Wunde abheilte. Nach der Spritze ging ich in eine Apotheke und kaufte Flohpulver, dann zum Armeehauptquartier, dort wollte ich eine neue Wasserflasche aus Armeebeständen kaufen, als Ersatz für die, die mir gestohlen worden war, denn in den Läden der Stadt hatte ich keine geeignete Metallflasche gefunden, und die billigen Plastikbehälter, die überall angeboten wurden, platzten, wenn man grob mit ihnen umging.

Ich erklärte, warum ich eine neue Wasserflasche brauchte, aber die Soldaten verstanden nicht recht, was ich wollte. Sie brachten mich zur Gendarmerie, und dort versprach man mir, meine ursprüngliche Flasche zurückzuholen. Sie schienen direkt auf einen Vorwand gewartet zu haben, um nach Kizil Ka fahren und denen dort eine Lektion erteilen zu können. Ich fand das auch gut und hoffte, sie könnten etwas erreichen. Sie sagten mir, ich solle mich am nächsten Morgen wieder bei ihnen melden.

Als ich die Straße hinunterging, griffen zwei Schulmädchen nach meinen Händen. Lachend und hüpfend führten sie mich zu sich nach Hause und luden mich zum Bleiben ein. Sie lernten in der Schule Englisch, also gab ich ihnen am Nachmittag eine Stunde Leseunterricht. Später wanderte ich aus der Stadt zum Isak-Paşa-Palast. Man sah ihn schon von weitem in dominierender Position zwischen steilen grünen Felsen über dem Tal thronen. Mauern, Kuppel und Minarett zeichneten sich im Sonnenlicht hell gegen den dunklen, drohenden Himmel ab. Ein kurdischer Häuptling ließ ihn um 1700 erbauen, eine

Mischung aus seldschukischen, osmanischen, georgischen, armenischen und iranischen Baustilen. Der Eingang ist großartig, auch ohne die vergoldeten Portale, die die Russen bei ihrer Invasion 1917 mitgenommen haben. Die Steinreliefs im ersten Vorhof zeigen Tiere und Blumen im iranischen Stil, keine geometrischen moslemischen Motive. Unterhalb der Moschee führt eine Marmortreppe zu den Gräbern von Isak Paşa und einer seiner Frauen. Der Palast besteht aus einem Gewirr von miteinander verbundenen Räumen und Sackgassen, und da mir ein junger Mann überallhin folgte, kletterte ich auf die Außenmauer und ging oben um den Komplex herum.

Den Thronsaal schmücken ein herrlicher Fußboden aus schwarzen und weißen Marmorfliesen und verzierte Steinsäulen. Jeder der kleineren Räume im Harem und im Kindertrakt besaß einen eigenen Kamin mit eleganter, halb kegelförmiger Einfassung und Haube. Der Himmel über dem Palast erglühte, als die untergehende Sonne die schwarzen Wolken erleuchtete. Isak Paşa schien menschenleer, außer mir war nur der Pförtner und mein kurdischer Schatten zu entdecken. Dieser schloß sich mir an, als ich weggehen wollte, und sagte, er gehe auch nach Doğubayazit zurück. Es begann zu regnen, immer heftiger, bis Hagelkörner niederprasselten und wir in einem halbzerfallenen Haus Schutz suchen mußten. Der Mann zeigte und erklärte mir zwar viele andere Ruinen an dieser Bergseite, aber er belästigte mich auch mit Vorschlägen, wie wir uns gegenseitig wärmen könnten. Ich sagte ihm, wenn ich nicht schnell nach Doğubayazit zurückkehren würde, wäre mein großer, eifersüchtiger Ehemann böse. Dann rannte ich trotz des Regens den Berg hinunter, meine Schuhe hatte ich ausgezogen, und kürzte ab, um weiter unten wieder auf die Straße zu kommen. Der Mann rannte mit, um mir den Weg zu zeigen, und jedesmal, wenn ich stehenblieb, um nach Luft zu schnappen, versuchte er erneut, mir freundschaftlich seinen Körper anzubieten. Aber abgesehen davon hatte man von diesem Hang aus phantastische Ausblicke über das Tal. Die dichte weiche Grasdecke mit den niedrigen roten Blumen und fedrigen Pflanzen unter meinen Füßen machten das Laufen zu einem Vergnügen.

Schließlich gab der Mann auf, und ich erreichte kurz darauf die Straße. Es waren noch drei Kilometer, die ich im kalten Regen zu Fuß gehen mußte, deshalb akzeptierte ich, als ein Traktor mit Anhänger anhielt, um mich mitzunehmen. Die vier jungen Männer in der Kabine fragten, ob ich ans Steuer wollte, und da mir der Fahrersitz sympathischer war als ein enger Platz zwischen den Männern, lenkte ich den Traktor. Ich hatte das noch nie zuvor gemacht; der Anhänger brachte die Zugmaschine fast ins Schleudern und bremste jede Beschleunigung, aber die vier versuchten, mich zu betatschen, da trat ich das Pedal durch und hoffte, die Schafe im Anhänger würden nicht herausfallen.

Die Straßenränder hatten steile Böschungen, und die Schlaglöcher in der Fahrbahn konnte ich nicht sehen, weil die Windschutzscheibe voller Dreckspritzer war. Es flog noch mehr Erde von den Rädern zur Kabine hoch, aber ich erreichte trotzdem ohne Panne oder Unfall das Haus der beiden Schulmädchen und sprang ab. Sie saßen gerade beim Abendessen, ein Tischtuch war am Boden ausgebreitet, und sie hatten sich die Ecken des Tuches in den Halsausschnitt gesteckt – eine verblüffende, aber vernünftige Idee. Wir aßen alle aus gemeinsamen Schüsseln Fleischeintopf, Nudeln, Joghurt und Salat, es schmeckte fantastisch. Obwohl das Haus bescheiden aussah, war die Familie nicht arm, sie hatten Fernsehen, Video, Kühlschrank und eine Haushaltshilfe, eine verwandte Waise. Aus den Fernsehnachrichten erfuhr ich, daß es in dieser Region vor ein paar Nächten ein Erdbeben gegeben hatte. Ich mußte es verschlafen haben, obwohl sich angeblich die Stoßwellen bis nach Ankara ausgebreitet hatten.

Als ich am Morgen Keyif füttern ging, mußte ich feststellen, daß sich in der Nacht Hühner bei ihm eingenistet hatten. Sie hatten ihn sein frisches Heu nicht fressen lassen und sogar zwei Eier hineingelegt. Ich brachte ihn in einen getrennten Raum, fütterte ihn und schloß die Tür, so daß die Hühner ihn nicht mehr ärgern konnten.

Wie vereinbart, meldete ich mich in der Gendarmerie und fand zu meiner Überraschung auf dem Schreibtisch meine Wasserflasche und Keyifs Haltestricke. Ich war beeindruckt und gratulierte den Männern zu ihrer Tüchtigkeit. Den Rest des Tages verbrachte ich in Ruhe mit Briefeschreiben und dem Flicken der Risse in meinen Satteltaschen. Um sechs Uhr abends ging ich dann zu Keyif, um ihn zu füttern, aber der Stall war zugeschlossen und der einfältige Wärter nach Hause gegangen. Das konnte ich nicht hinnehmen, denn Keyif mußte viel zu fressen kriegen, er sollte etwas zunehmen. Ich mußte irgendwie in den Stall kommen.

Die Kinder, die mich zum Stall begleitet hatten, sagten, sie könnten durchs Dach einsteigen. Wir kletterten auf das Flachdach, oben gab es eine Reihe Luftlöcher, eines davon lag in geringer Höhe über einem leeren Futterverschlag, und ich wußte, daneben war Keyifs Stall, so versuchte ich, mich hindurchzuzwängen.

Der Luftraum darunter war fast so hoch wie ich. Als ich hinunterkletterte, fiel mir plötzlich ein, daß ich ja Keyifs Tür wegen der Hühner abgeschlossen hatte. Heu und Gerste lagerten im nächsten Raum. Ich versuchte also, wieder hinauszuklettern, aber ich kam nicht mehr raus – meine Arme waren draußen, aber ich konnte mich mit den Füßen nirgends abstützen, um höher zu kommen. Ich hing hoffnungslos fest. Die Situation war so absurd, daß ich lachen mußte. Ein Blödsinn, was man sich alles einbildet, tun zu können. Schließlich ließ ich mich einfach zurückfallen, und ein Junge kletterte herunter, damit ich auf seinem Rücken stehen und so herausklettern konnte.

Dann machten wir das, was ich gleich zu Anfang hätte tun sollen: Wir gingen zu dem Stallwärter nach Hause, und er schloß mir den Stall auf. Inzwischen war noch ein anderes Pferd angekommen, das auch untergebracht werden mußte. Ich führte Keyif zum Trinken hinaus, er schnupperte nach dem anderen Pferd, einer Stute, und sprang auf sie los.

Ich konnte ihn nicht halten, weil ich mit den Füßen im feuchten Dung am Boden ausrutschte. Die Stute schlug nach Keyif aus, ich zog mit aller Kraft, der Besitzer der Stute schrie, die Stute traf mich mit dem Hinterfuß, und Keyif trat mich, als er versuchte, auf ihren Rücken aufzuspringen, um sie gegen ihren Willen zu decken. Zum Glück rutschte er gleich wieder herunter, und es gelang mir, sein Halteseil um einen Pfosten zu schlingen, so daß ich ihn wegziehen konnte.

Der Mann führte seine Stute schnell in einen anderen Stall. Ich entschuldigte mich und führte Keyif verärgert weg. Das Leben war nie langweilig.

Der Ararat. Ich überlegte, auf welchem Weg ich hinaufreiten sollte. Man muß annehmen, daß Noah der erste Mensch war, der vom Ararat hinunterstieg, aber der erste, der hinaufstieg, war ein Deutscher namens Dr. Parrot im Jahr 1829. Der leichtere Weg von Doğubayazit aus reizte mich nicht, er wird heute von den meisten Bergsteigergruppen benutzt und erschien mir zu bevölkert. Wenn man einen ganzen Berg vor sich hat, warum dann die ausgetretenen Pfade gehen?

Die südöstliche Route würde mich über den Sattel zwischen dem großen und dem kleinen Ararat führen, aber dieses hochgelegene

Weideland wäre sicher voller kurdischer „yailas", und mir waren Geschichten von einem amerikanischen Bergsteigerehepaar zu Ohren gekommen, denen man alles gestohlen hatte, einschließlich ihrer Stiefel. Nord- und Ostseite des Ararat schauen nach Rußland, sie sind für Touristen verboten, das ist sehr schade, denn von dort aus kann man den Abgrund sehen, einen 3000 m tiefen Schlund, der den Berghang bis zum Gipfelmassiv spaltet und von 1000 Metern Gletscher überhangen ist. Also würden Keyif und ich es von Westen her versuchen.

Früher lagen einmal an der Nordseite ein Dorf mit dem Namen Ahora und ein Kloster, das dem heiligen Johannes geweiht war. Beide wurden jedoch bei dem großen Erdbeben von 1840 zerstört, das den Aras aus seinem Flußbett trieb und die ganze Ebene überschwemmen ließ. Heute steht in der Nähe ein neues Dorf. Die Nordseite hat außerdem eine besondere Attraktion aufzuweisen: einen herausstehenden Felsen, der aussieht wie der Bug eines Schiffes und deshalb oft für die Arche gehalten wurde.

Der Gedanke, nach Noahs Arche zu suchen, regte mich an. Bald nach dem Erdbeben von 1840 war die Arche mehrmals gesichtet worden, zuerst von einer Gruppe türkischer Bergwächter und Arbeiter, die den Berg nach Lawinen absuchten. Sie berichteten, den vorderen Teil eines riesigen Bootes gesehen zu haben, der aus einem Gletscher herausragte. Fachleute wurden hinaufgeschickt, um dies nachzuprüfen. Sie drangen in einige der gut erhaltenen Vorratskammern des Bootes ein, aber eine gründliche Untersuchung des gesamten Schiffes war nicht möglich, da der Großteil unter Eis eingeschlossen war.

1893 startete der hochgeachtete Erzdiakon von Babylon und Jerusalem Dr. Nouri eine Expedition. Auch er fand die Arche und verkündete, daß er Bug und Heck betreten hätte, aber die Mitte sei völlig unzugänglich unter Eis. Er erwähnte sehr dicke Rumpfbalken, die von 300 cm starken Zapfen zusammengehalten würden. Der Erzdiakon war ein intelligenter, gebildeter Mann, er sprach über zehn Sprachen und war mit dem amerikanischen Präsidenten Roosevelt befreundet, es schien daher unwahrscheinlich, daß seine Geschichte erfunden war.

Andere Berichte kamen von russischen Piloten im Ersten Weltkrieg, über die man zuerst lachte, die aber von höheren Offizieren nachgeprüft und bestätigt wurden – die Arche war noch da. Der Zar rüstete eine Armee-Expedition aus, sie kam sogar mit Fotos zurück, aber diese gingen in der Russischen Revolution verloren.

Im Zweiten Weltkrieg behauptete eine andere russische Expedition, sie hätte die Arche gefunden, jetzt allerdings in einem sehr verrotteten Zustand und im Begriff, wieder von einem Gletscher verschlungen zu werden.

Während ich durch die Türkei ritt, bemühte sich ein Amerikaner um die Genehmigung, nach Noahs Arche zu graben. Er glaubte zu wissen, wo sie lag, und reiste mit einer speziellen elektronischen Ausrüstung an. Aber die türkischen Behörden machten seine Erlaubnis in letzter Minute rückgängig und beschlossen, den Ort selbst zu untersuchen. Er tat mir ein bißchen leid. Ich nahm natürlich nicht an, daß ich die Arche entdecken würde, aber das brauchte mich ja nicht gleich vom Suchen abzuhalten.

Der nächste Morgen war sehr klar, und ich ritt mit Keyif zum Getreidehändler, kaufte einen Extrasack Gerste und band ihn hinten am Sattel fest. Dann wünschte ich den Gendarmen, die mir meine gestohlenen Sachen wiederbesorgt hatten, einen guten Tag. Nach zehn Minuten waren wir aus der Stadt, Keyif war so frisch, daß er ausgelassen dahintrabte und vor jedem Fahrzeug auf der Straße scheute.

Außerhalb der Stadt bewegten wir uns in Richtung Westseite des Berges, ich wollte den Weg zwischen zwei parallel laufenden Lavarükken nehmen. Aber nach einem kurzen Stück wurde der Untergrund schwammig, und weiter vorn erkannte ich Schilfwiesen und Moor. Ich bog also stärker nach Westen aus und versuchte es aufs neue. Die Morgensonne baute eine höllische Hitze auf, aber oben würden ja Gletscher kommen.

Die Abhänge waren äußerst heimtückisch, zwischen den grobklotzigen, erstarrten Lavamassen klafften oft Spalten, die Keyif nicht überspringen konnte. Die Erde zwischen den Lavazungen war morastig, viel nasser, als man es nach einem Regen hätte erwarten können. Ich mußte den letzten wissenschaftlichen Theorien recht geben, nach denen das Innere des Ararat einen riesigen See berge. Die Leute hatten mich gewarnt: das Problem beim Ararat sei das Wasser, denn trotz der dicken Eiskappe gibt es nur wenige Quellen oder Bäche, und auch die sind nur kurz und fließen durch Löcher in den Berg zurück. In Anbetracht der geschmolzenen Lava, die im Inneren eines Vulkans tätig ist, erscheint der Gedanke an eine riesige unterirdische

Kaverne plausibel, das würde auch erklären, warum bei der letzten Eruption anstelle von Lava Dampf und Gase austraten.

Ein Seufzer der Erleichterung entwich mir, als ich ein Stück erreichte, auf dem der Morast getrocknet war und ein eigenartiges Pflaster aus krustigen Platten gebildet hatte. Keyif traute dem Untergrund nicht, er fürchtete die Risse dazwischen und war überhaupt nicht geneigt, dahin zu gehen, wo ich ihn hindirigierte. Zuerst trug die Kruste unser Gewicht, und wir kamen ein gutes Stück vorwärts, bis sie plötzlich nachgab.

Die Platten krachten, und Staub schoß auf, Keyif taumelte, drosch mit den Füßen den Boden, aber er fand keinen festen Halt, und wir begannen rasch zu sinken. Ich sah fast nichts mehr vor Schreck und vor Dreck, der trockene Schlamm war vermutlich Vulkanasche und unergründlich tief, bodenlos.

Wir waren schon mehr als einen Meter eingesunken, aber Keyif war es instinktiv gelungen, zu wenden, und er versuchte verzweifelt, an die Stelle zurückzukommen, an der wir hineingeritten waren. Alles, was ich tun konnte, war, mich in seiner Mähne festzukrallen und ihn anzufeuern.

Das war nur einer der vielen trockenen und nassen Sümpfe, in die wir in den nächsten vierundzwanzig Stunden gerieten. Der Ararat hat nicht umsonst den Ruf, ein Berg zu sein, der nicht bestiegen werden will. Früher glaubten die Nomaden, er werde von Engeln bewacht und sei für Menschen verboten. Heute spricht man viel über die Gefahren, die dort lauern, z. B. den Schlangenhang. Mir machte so etwas keine Angst, ich würde schon aufpassen.

Keyif und ich kämpften gegen einen starken Gegenwind an, im Rücken spürte ich Regentropfen; wenn wir Glück hatten, würde der Wind den Regen abtreiben. Wir waren jetzt ungefähr 3000 m hoch, und ich fragte mich gespannt, wann Keyif wohl die Auswirkungen der Höhenluft merken würde.

Diese Westseite ist selbst unten in der Ebene fast unbewohnt und unbebaut, es scheint hier kein Wasser zu geben. Über uns ragten hohe Felsen wie Kirchtürme in den Himmel. Im Osten ist die Ebene stärker bevölkert, eines der Dörfer heiß Nakhitchevan, das bedeutet „der Ort, wo Noah an Land ging", andere „Noahs Grab" und „Ahora" oder „Weingarten". Noah hat in seiner Arche nicht nur Vögel und Tiere gerettet, sondern auch eine ganze Sammlung Pflanzen, darunter Weinreben.

Im Ersten Buch Moses (Kapitel 9, Vers 20) steht, daß Noah nach dem Verlassen der Arche als erstes Wein anpflanzte. Sein Sohn Sem verbreitete die Weinrebe im Südosten und Südwesten; und diese Gegend soll tatsächlich das Ursprungsland der Weinrebe sein. Ich hatte es ja auch am Van-See festgestellt, daß schon um 800 v. Chr. die Region ein frühes Zentrum des Weinanbaues mit hoch entwickelten Wein-Herstellungstechniken gewesen war.

Trotz des Gegenwindes prasselte jetzt ein starker Regen nieder. Wie zuvor scheute Keyif vor dem Knistern meiner Regenhaut aus Plastik, und ich mußte sie wieder wegstecken. Nirgendwo gab es eine Möglichkeit zum Unterstellen, und wir wurden völlig durchnäßt. Ich hatte zwar einige „yailas" gesehen, aber Keyif hatte ihre Pferde erspäht und zu stampfen und zu wiehern angefangen. Die Stute in Doğubayazit hatte ihn ganz verrückt gemacht, selbst die verschwommenste pferdeähnliche Silhouette in der Ferne ließ ihn schon vor Erregung tänzeln.

Der Regen ließ nach, es nieselte, und schließlich hörte auch das auf, und feuchter Dunst umgab uns. Als ich meine Satteltaschen öffnete und trockene Kleidung herausholen wollte, merkte ich, daß durch ein Loch im Kunststoffutter Wasser eingedrungen und alles leicht klamm war. Die wichtigsten Stücke waren mein Schlafsack, im Moment unbenutzbar, und mein Notizbuch, auch unbrauchbar, weil ein Kugelschreiber auf nassem Papier nicht schreibt. Ein Bleistift hätte genügt, aber ich hatte keinen.

Ich mußte abwägen, was mir lieber war: ein kaltes, nasses Bett oder die Kurden hier, denen ich mißtraute; aber dann entschied ich mich doch für ein „yaila". Die Frauen halfen mir, meine Kleider über ihren mit Dung beheizten Feuerstellen zu trocknen, sie waren so nett und gastfreundlich, wie Kurden nur sein können. Keyif war ein Bündel an Energie, sprang an seinem Seil hin und her und brüllte nach den Stuten – weder Futter, noch Wasser, noch Schlaf interessierten ihn.

Der Morgen war sehr dunstig. Ich ging Keyif losbinden, aus der Entfernung schien er keine Konturen zu haben, er war nur ein verschwommener grauer Fleck im Nebel. Er stampfte immer noch energiegeladen, seine Mähne triefte, und seine Nüstern dampften. Ein kühler, feuchter Morgen – ich fröstelte, fühlte mich unbehaglich, und wir verirrten uns fast, denn der Nebel verschleierte die ganze Landschaft. Er verdickte sich in Schwaden, wurde dann wieder dünner, ließ alle Konturen verschwimmen. An unserem höchsten Punkt sah ich schwarz aus dem hell schimmernden Nebel den riesigen bugähnlichen Felsen der Arche über uns herausragen. Von diesem Blickwinkel aus war er tatsächlich einem Schiff sehr ähnlich.

Ein Hirte, den ich traf, sagte, der Nebel könne tagelang anhalten. Das reichte mir, und ich lenkte Keyif bergab. Nach einer Weile kamen wir unter die Wolkengrenze und traten in den warmen Sonnenschein hinaus. Weiter unten in den Lavafeldern wurde es wärmer. Ein langes Stück mußte ich durch Halden voller vulkanischer Schlacken reiten, die sich in der Sonne erbarmungslos aufheizten. Es störte mich nicht, daß wir den Gipfel nicht erreicht hatten; man kann nicht scheitern, wenn man nicht darauf aus ist, Erfolg zu haben. Ziele sind nicht immer das Wichtigste, der Weg dahin ist schon genug, und für mich zählte unser Ritt.

Kurdische Hufschmiede

Durch subtropisches Flachland, auf dem Baumwolle, Granatäpfel, Trauben und Oliven angebaut wurden, waren wir unterwegs nach Digor. Die Nacht verbrachten wir in Iğdir. Leider mußten wir am nächsten Tag ein Stück auf Asphalt zurücklegen, was mir sehr gegen den Strich ging. Der Klang von Keyifs Hufschlag sagte mir, daß eines seiner Eisen lose war. Der Schmied in Van hatte behauptet, diese Eisen würden zwei Monate halten, und jetzt, schon nach zwei Wochen, waren sie abgelaufen.

In einem schattigen Luzernefeld machten wir Mittagspause; ich kaufte von einem vorbeifahrenden Eselskarren einen Laib Brot, und ein Mann schenkte mir Tomaten dazu, viel mehr, als ich auf einmal essen konnte. Aber er bestand darauf, daß ich alle nahm, ich könne ja den Rest in meine Satteltaschen stecken. Das tat ich zwar, aber ich war sicher, daß sie zerquetscht würden und mein ganzes Gepäck verschmutzten.

Die russische Grenze war nur zwei Kilometer entfernt, man konnte ein Stück des Grenzzaunes und einen Wachturm sehen. Der Kanal, an dem ich am Nachmittag entlangzureiten versuchte, verlief zu nahe an der Grenze. Plötzlich hörte ich Pfiffe. Ich wußte, russische Wachposten hatten schon auf Touristen geschossen, die sich der Grenze zu sehr genähert hatten, deshalb drehte ich sofort um und ritt ins Landesinnere.

Es war ein glühendheißer Tag mit heißem Wind, nacktem Sand und Steinen, zwischen denen nur Disteln und Dornenpflanzen wuchsen. Die Grenze lief jetzt parallel zu meiner Route und sah bedrückkend aus mit ihren vielen Wachtürmen; deren Metallpfosten und Blechdächer erinnerten an eine Invasion vom Mars. Sie waren durch einen hohen Drahtzaun miteinander verbunden, und ein Stück dahinter konnte ich ein kleines russisches Dorf erkennen. Auf türkischer Seite erhob sich ein Vulkankegel.

Am späten Nachmittag erreichte ich ein breites, tief eingeschnittenes Flußtal und dann das Dorf Tuzluca, in dem ich nach dem Schmied fragte. Es war ein junger Mann, der offensichtlich vor Keyifs Hinterbeinen Angst hatte. Keyif stand zwar lange genug still, so daß der Schmied die hinteren Hufeisen abnehmen konnte, aber dann ließ er sich keine neuen Eisen draufsetzen.

Mit Geduld hätten wir es sicher geschafft, aber der junge Mann war so nervös, daß er jedesmal zur Seite sprang, wenn Keyif eine Bewegung machte. Jemand steckte Keyif Steine in die Ohren und drehte an ihnen, aber das hatte keine beruhigende Wirkung auf das Pferd, im Gegenteil. Dann jammerte der Schmied, er hätte sich den Finger aufgerissen, und ich erwiderte: „Das ist nicht meine Schuld." Zugegeben, inzwischen war Keyif wild und unmöglich geworden. Der Schmied verlor die Beherrschung und schlug Keyif mit seinem Hammer auf die Nase. Da schrie ich den Mann an. Er war außer sich, Keyif war außer sich – an diesem Abend waren weitere Versuche, Keyif zu beschlagen, aussichtslos. Also vereinbarten wir, daß ich am nächsten Morgen wiederkäme, obwohl ich meine Zweifel hatte, denn ein ausgeruhtes Pferd ist noch schwieriger zu beschlagen als ein müdes.

Der gereizte Schmied erschien am nächsten Morgen überhaupt nicht. Ich fand einen anderen, ich hatte am Vortag nicht bemerkt, daß es noch einen gab. Aber der war um kein Haar besser: er versuchte, Seile um Keyifs Hinterbeine zu schlingen, aber Keyif stauchte sie weg. Dann versuchte er, Keyifs Nase und Maul mit einem Seil zu verschnüren – normalerweise ein guter Trick, denn er wollte eine Art Nasenbremse anlegen, damit kann man ein aufgeregtes Pferd ruhigstellen. Man klemmt dabei einen Nerv am Ende der Nase ab, das tut nicht weh, sondern wirkt leicht narkotisierend.

Aber keiner der Männer wußte, wie man eine Nasenbremse macht, statt dessen zogen sie die Nase meines armen Keyifs in Knoten, dafür ließ er sie immer noch nicht an seine Füße ran.

Sie beschlossen, ihn müde zu machen, und der Schmied galoppierte mit ihm weg. Ich versuchte ihnen immer wieder klarzumachen, daß mein Pferd durch das Galoppieren nur erregt, nicht aber müde würde und daß man fünfzig Kilometer mit ihm reiten müßte, um ihn zu ermüden. Was mich am meisten in Wut versetzte, war, daß niemand auf mich hörte, ich war ja nur eine Frau. Es hätte mir auch nichts ausgemacht, wenn der Schmied nicht am Vortag zwei von Keyifs Hufeisen abgenommen hätte. Es war sinnlos, hier zu warten und alle auf Keyif herumgaloppieren zu lassen. Also warf ich meine Satteltaschen auf seinen Rücken und ritt weg.

Wir nahmen eine stillgelegte Straße, sie hatte schon lange keine Brücken mehr, aber ich fand immer wieder eine Furt über die Bäche. Allmählich kühlte sich mein erhitztes Gemüt ab. Das Land öffnete sich, auf der linken Seite lagen ein niedriger Vulkankegel und viele weiche, vom Regen ausgewaschene Hügel, deren verschiedenfarbige Gesteinsschichten sich als lebhaftes Muster aus roten und grünen Bändern über die Rundungen wanden. Rechts von mir floß der Aras oder Araxes, er bildete hier die Grenze zur Sowjetunion. Dieses Tal hatte schon immer eine große Bedeutung, es ist fruchtbar und besitzt eine ungewöhnliche Konzentration von Mineralvorkommen: Kupfer, Gold, Silber, Eisen, Aluminium, Blei, Zink, Quecksilber, Arsen und Borax. Schon 3000 v. Chr. wurden hier Kupfer- und Bronzearbeiten gefertigt, die damaligen Handwerker konnten vierzehn verschiedene Legierungen herstellen.

Wir kamen auf eine rote Sandpiste und folgten ihr nach rechts in Richtung Digor, das etwa vierzig Kilometer entfernt lag. Beobachtungstürme wuchsen auf beiden Seiten der Grenze aus den Hügeln. Die Dorfbewohner sagten, hier gebe es keinerlei Verbindung zur anderen Seite, und selbst wenn man am Flußufer drüben Leute sähe, könnte man nicht mit ihnen sprechen.

Wir erstiegen eine Anhöhe und gelangten auf eine lange, ausgetrocknete Hochebene. Der einzige Mensch, den ich an diesem Nachmittag traf, war ein Mann, der versuchte, mich anzugreifen, aber es war nicht schwierig, ihn davon abzubringen und mit Keyif zu entkommen. Als die Sonne unterzugehen begann, machte ich mir langsam Gedanken wegen eines Nachtlagers. Wenn wir ohne Schutz vor dem Wind und ohne Wasser irgendwo kampieren mußten, wäre das sicher sehr unangenehm; ich trieb deshalb Keyif trotz seiner fehlenden Hufeisen an, schneller zu gehen. Irgendwo mußte dieses kahle Land ja zu Ende sein.

Um acht Uhr abends erreichten wir Felder mit etwas kümmerlichem Bewuchs, aber es gab kein Wasser. Dann fiel mir eine Bewegung auf, und ich entdeckte die Silhouetten einiger Männer in knapp zwei Kilometer Entfernung. Sie gingen vom Feld nach Hause, ihre langen Sicheln blitzten im Zwielicht des Abends. Als sie Keyifs Hufschlag hinter sich hörten, waren sie völlig überrascht, aber sie verstanden meine mißliche Lage und boten mir an, mich in ihr Dorf mitzunehmen. Es lag in einer Senke, etwa eine Stunde entfernt und war von hier aus nicht zu sehen.

Es waren Kurden, ihre Frauen befanden sich gerade im „yaila", aber sie respektierten mich, behandelten mich als Mann, und ich fühlte mich in ihrer Gesellschaft wohl. Sie zeigten mir einen quadratisch behauenen Taufstein, den sie aus einer zerstörten Kirche an der Grenze geholt und hierhergebracht hatten. Auf einer Seite waren drei Engel aus dem Stein herausgearbeitet. Die Männer hatten die Stücke, die herausgebrochen waren, wieder liebevoll angeklebt. In der Nacht konnte man auf der russischen Seite ein paar Dörfer mit elektrischem Licht sehen. Wir hatten Öllampen, die Stromleitung sollte angeblich nächstes Jahr auch bis hierher verlegt werden. Aber türkische Dörfer haben dafür andere Vorzüge, zum Beispiel die steinernen Brunnen mit Trinkwasser und niedrigen Trögen für das Vieh, ein Vermächtnis Atatürks, das ich und Keyif sehr zu schätzen wußten.

Bis Digor brauchten wir einen ganzen Vormittag, obwohl wir den größten Teil der Strecke in leichtem Galopp zurücklegten. Ich hoffte, Keyif würde etwas müde, so daß er sich dem Schmied nicht mehr so widersetzte. Doch der einzige Schmied in Digor konnte nichts tun, denn sein Handwerkszeug befand sich in seinem Heimatdorf Alem, fünfzehn Kilometer weiter nördlich. Ich vereinbarte deshalb mit ihm, daß ich ihn am nächsten Tag dort aufsuchen würde.

In der Zwischenzeit fand ich einen Stall und ein Bett bei einer Spitzenklöpplerfamilie. Im kleinen Wohnraum saßen unzählige Töchter und hantierten emsig mit ihren Häkelnadeln. Die Spitze sah wunderschön aus, und die Mädchen schnatterten, ohne auf ihre Arbeit zu sehen. Als ich nach alten Ruinen in der Gegend fragte, sagten sie mir, vier Kilometer talaufwärts liege der Ort Beş Kilise (fünf Kirchen), dort gebe es welche.

Ich ritt hin, als die Sonnenhitze am Nachmittag nachließ, kam aber mehrmals vom Weg ab, weil ich nicht recht glauben konnte, daß er am Abhang der Schlucht nach oben führte. Ein Mann holte mich im Dauerlauf ein, es war Yilmaz, ein Onkel der Spitzenklöpplerinnen. Er japste nach Luft, er war die ganze Strecke von Digor bis hierher gelaufen, denn er wußte, ich würde den Weg ohne Führer nicht finden. Er mußte sich einen Augenblick setzen, um wieder zu Atem zu kommen, und ich bemerkte, daß er auf einem umgefallenen alten Steinkreuz saß, dessen Vorderseite eine verschnörkelte Inschrift trug.

Der Pfad führte zwar an hohen Felswänden entlang, jedoch nicht auf dem Grund der Schlucht, sondern oben auf dem Rand. Yilmaz erzählte mir, daß der Fluß Karsçai heiße und sein Wasser angeblich heilsam bei Rheumatismus, Magen- und Herzbeschwerden sei. Die fünf Kirchen standen oberhalb der Schlucht auf den Felsen, die senkrecht mehr als hundert Meter in die Tiefe fielen. Vier davon waren zerfallen, man konnte fast nichts mehr von ihnen erkennen, nur rotes Steinmauerwerk mit Flecken grauer Flechten. Die fünfte Kirche stand noch, die Kuppel war völlig intakt, aber das achteckige Gemäuer hatte tiefe Risse. Wie Yilmaz mir erläuterte, war die Kirche einmal als „saat guneş", als Sonnenuhr, erbaut worden – die Mönche konnten am Einfall des Tageslichts durch die acht schmalen Bogenfenster die Zeit ablesen. Genial!

Wir blieben bis zum Sonnenuntergang; Yilmaz wiederholte immer wieder, wir bräuchten uns nicht zu beeilen, er kenne den Weg auch in der Dunkelheit, denn er hätte sich schon in seiner Kindheit hier herumgetrieben. Das erste Mal war er im Alter von sechs Jahren hierhergekommen, sein Vater hatte mit ihm und seinen achtzehn Geschwistern einen Ausflug nach Beş Kılise gemacht. Ich setzte jedoch schließlich durch, daß wir aufbrachen, denn ich wollte auf dem Rückweg am Grund der Schlucht entlanggehen.

Wir suchten uns einen Abstieg durch die rötlichgrauen, pockennarbig erodierten Felsen. Der Fluß lag voller Geröll, es war nicht leicht, ihm zu folgen, denn wir mußten ihn fast an jeder Biegung durchwaten, mal hinüber, mal herüber. Große Krebse zappelten vor uns in Deckung. Über uns in den Felswänden erspähte ich einige dreistöckige Höhlen. Wie Yilmaz mir sagte, waren sie lange vor der byzantinischen Ära bewohnt gewesen.

Yilmaz schlug immer wieder vor, zu rasten und mein Pferd grasen zu lassen; ich hoffte, er hatte keine anderen Motive. Mir war es lästig, immer und überall den Angriffen der Männer ausgesetzt zu sein, aber das gehörte hier zum täglichen Leben. Er gab mir tatsächlich zu verstehen, daß er mit mir schlafen wolle, aber akzeptierte gutmütig, daß ich das ablehnte.

Als wir wieder in Digor waren, teilte man mir mit, der Kommandant der Gendarmerie wolle sofort meinen Paß sehen. Er war gerade im Begriff, sich zu einem üppigen Abendessen niederzulassen, und lud mich dazu ein. Er hatte geschliffene Umgangsformen, obwohl er ständig irgend etwas umwarf – Gläser, Flaschen und den Tisch.

Er fragte mich, wohin ich wollte, und ich erzählte ihm von dem Schmied in Alem. Der Kommandant sagte, das sei in Ordnung, und schlug vor, ich sollte in der gleichen Richtung weiterreiten, bis ich nach Ani käme, einer sehenswerten Stadt, die einmal 1001 Kirchen besessen hatte.

Der Vorschlag gefiel mir. Am nächsten Morgen sattelte ich Keyif sofort und ritt los. Offensichtlich war ich der erste Tourist, der nach Alem kam, denn die meisten der Dorfbewohner rannten hinter mir her, und als der Schmied mich in sein Haus führte, drängten alle auch hinein; wer nicht mehr reinpaßte, schaute durchs Fenster. Ein Meer von Gesichtern in farbenfrohen roten und gelben Kopftüchern umgab mich. Eine Frau kämpfte sich entschlossen bis zur Mitte des Raumes durch und blieb dann erstaunt neben mir stehen, sie suchte nach dem Grund für dieses Gedränge. Sie sah mich mehrmals an, ehe ihr der Unterschied aufging, und dann zog ein breites Lächeln über ihr Gesicht.

Der Imam kam herein, und alle rappelten sich respektvoll hoch. Er sprach mit dröhnender Stimme, als stünde er vor seiner versammelten Gemeinde, und fragte mich, ob ich den Koran gelesen hätte. Also antwortete ich: ja, in London habe ich eine englische Ausgabe. Der Schmied förderte seine arabische Ausgabe zutage und reichte sie ehrerbietig dem Imam, der sie küßte und etwas sagte, worauf alle sich erneut erhoben, sich verbeugten und beteten. Alle Dörfler hatten arabische Koran-Ausgaben, obwohl sie Kurden sind und selbst kein Arabisch lesen oder sprechen können. Sie sind jedoch strenggläubig, vier der Männer waren sogar „hadjis", das heißt, sie hatten eine Pilgerfahrt nach Mekka gemacht.

Der Schmied war unglaublich gastfreundlich. Nach zwei Schüsseln „ayran", einer Platte Ziegenfleisch und einer Suppe aus heißem „ayran" mit Gemüse wurde es Zeit, Keyif zu beschlagen. Zum Glück war der Mann ein sehr erfahrener Handwerker, und Keyif blieb ruhig. Allerdings mußten wir seine Hinterbeine mit einem Strick stillhalten. Aber vorläufig hatten meine Sorgen um seine Hufe ein Ende.

Verhör in Kars

Von Alem nach Ani sind es etwa zwanzig Kilometer. Über Keyifs gespitzte Ohren hinweg blickte ich auf Berge aus kahlem, verbranntem Fels, die Schlacken unter seinen Hufen knirschten, und ich kam mir vor, als ritte ich durch die Überreste eines riesigen Hochofens.

Ein Armeejeep fuhr vorbei, aber Keyif und ich hielten uns ein Stück abseits der Straße, und falls sie uns gesehen hatten, schienen sie keine Notiz zu nehmen. Für Ani braucht man eine besondere militärische Besuchserlaubnis, denn die Stadt liegt direkt auf der russisch-türkischen Grenze. Ich hoffte, mir gleich nach meiner Ankunft eine Genehmigung besorgen zu können.

Ani war einst die Hauptstadt der bedeutendsten armenischen Dynastie; die erste dieser Dynastien waren die Urartäer, aus Ani stammte das dritte und erfolgreichste armenische Herrschergeschlecht, die Bagratiden, geführt von Königen wie Aschot I. Ihr Beitrag zur Zivilisation war gewaltig, aber in der westlichen Welt sind sie sehr wenig bekannt.

Die Armenier bekannten sich 301 n. Chr. als erstes Volk offiziell zum Christentum, zwölf Jahre vor Konstantinopel. Sie schufen einen neuen Baustil in der Kirchenarchitektur und entwickelten dank ihrer meisterhaften Bautechniken den Kuppelbau. Armenische Kirchen waren die ersten in Kreuzform, an allen vier Achsen waren Apsiden angebaut und für gewöhnlich vier Nebenapsiden in den Ecken. Von dieser Grundform ausgehend, experimentierten ihre Architekten mit verschiedenen Variationen: Sie bauten Kirchen in Kleeblattform und ergänzten ein Hauptschiff mit Seitenschiffen, vergrößerten die Tonnengewölbe nach Westen oder verlängerten die nördliche und südliche Apsis zu Querschiffen. Um das 10. Jahrhundert errichteten sie sechseckige Kirchen mit einer Vielzahl von Apsiden. Das Erstaunliche an den Kirchen von Ani ist, daß keine zwei von ihnen den gleichen Grundriß besaßen.

Vor Einbruch der Nacht würde ich nicht in der Stadt sein, deshalb übernachtete ich in einem Dörfchen davor. Um drei Uhr morgens donnerte es gegen meine Tür: draußen stand die Polizei. Sie waren gekommen, um mich festzunehmen. Sie waren höflich, aber bestimmt: ihr Befehl lautete, mich in ihr Hauptquartier nach Kars zu bringen. Ich befand mich auf verbotenem Territorium. Ich erklärte ihnen, daß der Kommandant von Digor mir diese Route empfohlen habe, aber ich mußte trotzdem samt meinen Satteltaschen zur Polizeistation nach Kars mitkommen. Um vier Uhr früh trafen wir dort ein, und es folgte ein einstündiges Verhör. Warum mied ich die Straße? Warum reiste ich so nah an der russischen Grenze? Hatte ich ein besonderes Interesse an den Kurden? Mein Brief von der Royal Geographical Society, der mich als unpolitisch und ausschließlich am Studium dörflicher Bräuche und des Landlebens interessiert auswies, half zwar nicht viel Eis zu brechen, aber dann kam mir ein glücklicher Zufall zu Hilfe: ausgerechnet diese Woche hatte das türkische Fernsehen einen Film gezeigt, den ich vor einigen Jahren für die BBC gedreht hatte. Da begannen die Vernehmungsbeamten zu verstehen, warum ich meinen Weg zu Pferd durch die Türkei machte.

Trotzdem untersuchten sie meine Satteltaschen. Ich hätte gerne gelacht, als ich beobachtete, wie sie meine Hängematte untersuchten, mein zusätzliches Pferdegeschirr, die Beutel mit Pistazien, Haferflocken und getrockneten Feigen. Aber auch die Polizei schien die ganze Sache nicht so tragisch zu nehmen. Trotzdem ließen sie die Tür des Gefängnisses hinter sich zufallen, als sie gingen, und der Schlüssel wurde umgedreht. So schlief ich eben auf einigen Stühlen und war sicher, daß sie mich am nächsten Morgen freilassen würden.

Am Morgen hatten sie sich jedoch anders besonnen. Man beschuldigte mich, weder eine Erlaubnis für den Besuch Anis, noch fürs Reiten, noch für das Schreiben eines Buches zu besitzen. Ich wies darauf hin, daß ich keinerlei Verbrechen begangen hätte, was sie mir auch glaubten. Als der Polizeichef auftauchte, mußte ich über eine Stunde auf ihn einreden, bis ich ihn überzeugt hatte, daß ich nicht absichtlich irgend etwas Falsches getan hatte, und als ich gerade glaubte, ich wäre endlich am Ziel, verlangte er meine Filme, sie sollten entwickelt und überprüft werden. Dias konnten aber hier nicht entwickelt werden, also erklärte ich ihm, er habe die Wahl: entweder er würde mir trauen, oder er würde die ganzen Filme verderben. Es wurde ein langer Morgen und ein noch längerer Nachmittag.

Immer, wenn ich dachte, ich könnte gehen, tauchte wieder etwas anderes auf. Einmal waren wir an einem Punkt angekommen, an dem ich glaubte, sie würden mich des Landes verweisen. Wir spielten kleine Machtspiele, trotzdem behandelte mich die Polizei die ganze Zeit sehr höflich und freundlich. Schließlich erschien einer von ihnen mit einer Genehmigung, daß Keyif und ich uns im verbotenen Territorium aufhalten dürften, und einer zweiten für unseren Ritt nach Ani.

Am Spätnachmittag trafen meine Entlassungspapiere ein, wir unterzeichneten alle, und die Polizei fuhr mich zurück zu dem Dörfchen bei Ani. Die Familie schlief schon, aber sie wachten auf und begrüßten mich mit warmem Lächeln – sie hatten bereits eine Matratze und eine Steppdecke für mich ausgelegt.

Morgens zeigte mir Ghengis, der Bruder meines Gastgebers, den Weg nach Ani, denn er wollte seinem Schafhirten eine Nachricht bringen. Unterwegs beobachtete ich einen Karren mit flachen Gleitkufen anstelle der Räder, und Ghengis erklärte mir, daß im Winter hier meterhoch Schnee liege und man überall Schlitten benutze, sie würden von Ochsen oder Pferden gezogen.

Ani kam in Sicht, es lag auf einer Hochfläche über der Schlucht des Arpaçayi. Selbst aus dieser Entfernung sah es aufregend aus, hohe Gebäude ragten aus einer Masse von Ruinen. Die Festung stammte aus dem 5. Jahrhundert nach Christus. Etwa um 960 n. Chr. wurde die Stadt das Zentrum des armenischen Königreiches der Bagratiden, und 1045 wurde sie dem byzantinischen Reich einverleibt, obwohl die armenischen und byzantinischen Christen immer durch scharfe politische Konflikte getrennt blieben. Der Weg führte in eine tiefe enge Schlucht hinunter, deren Felswände wie Waben von Höhlen durchsetzt waren – christliche Grabstätten, die die Menschen in den Tuffstein gehauen hatten, ähnlich wie die Felsenkirchen, die ich drei Monate zuvor in Kappadokien besichtigt hatte.

An einem Bach trafen wir Ghengis' Hirten und einige Soldaten, die hier ihre Wasserbehälter füllten. Wir befanden uns unterhalb der alten Stadtmauer aus riesigen Steinblöcken mit eingehauenen Kreuzen und Schmuckfriesen aus kleineren, in Fischgrätmuster aufgereihten Steinen.

Am Haupttor, Löwentor genannt, weil es ein Relief mit einem laufenden Löwen trägt, kontrollierten Soldaten meine Genehmigung. Einer von ihnen führte mich dann durch die Stadt. Die erste

Kirche, die wir besichtigten, war dem heiligen Gregor geweiht, erbaut 1215 n. Chr. im typisch armenischen Stil. Die eine Hälfte war eingestürzt, so bot sich die andere Hälfte frei dem Blick wie ein Querschnitt durch das Bauwerk. Die Fresken sind noch erhalten, sie illustrieren das Leben des heiligen Gregor und zeigen, wie er Armenien zum Christentum bekehrte.

Das imposante quadratische Bauwerk, das ich vom Tal aus gesehen hatte, war die Große Kathedrale aus dem frühen 11. Jahrhundert, deren Hauptkuppel allerdings fehlte. Sie wurde von Trdat entworfen und gebaut, dem Architekten, der die Kuppel der Hagia Sophia in Istanbul wiederherstellte. Der Altar im Inneren ist mit zehn Blindbogen geschmückt; die Säulen, die einst die Kuppel getragen haben, streben leicht und mühelos empor, und der Raum wirft wunderbare Echos zurück.

Nicht weit davon entfernt steht eine Kirche, die von den Türken zu einer Moschee umgewandelt wurde. Nur das ungewöhnliche polygonale Minarett und eine Mauer aus roten Steinsäulen stehen noch, die Gewölbe darüber sind eingestürzt. Von hier aus hatte ich einen herrlichen Blick auf den Fluß in der Schlucht. Der Soldat erklärte, ich dürfe nicht auf die russische Seite hinüberzeigen, und deutete nach unten auf eine kleine quadratische Kirche auf der Landspitze zwischen dem Arpaçayi und einem Nebenfluß. Der Fluß selbst war reißend und tief, eine halb zerstörte, einbogige Brücke führte hinüber, an der Brückenflanke hatte einst ein Kloster gestanden, erzählte mir der Soldat, erbaut im Jahre 1066.

Die meiner Meinung nach schönste Kirche war ein kleiner, zylinderförmiger, zweistöckiger Bau, 944 von einem König aus Horasan errichtet. Im unteren Teil wölben sich sechs halbkreisförmige Nischen nach außen, und darüber liegt ein Stockwerk mit zwölf Bogen. Die letzte Kirche, die wir besichtigten, war auch einmal in eine Moschee umgewandelt worden, man hatte dazu die Steine anderer Kirchen verwendet, auf denen ich Rankenkreuze entdeckte, und eine seldschukische Kuppel. Sie wurde jedoch wieder zur Kirche, nachdem die Christen Ani zurückerobert hatten.

Von Ani aus ritt ich durch eine Talsohle, in der immer wieder Reste von Kirchen und Klöstern zu entdecken waren, manchmal nur ein Bogen in einem Kornfeld oder Säulen und die Reste einer eingestürzten Kuppel neben einem Felseinschnitt. Dieses breite Tal war von zwei Bergketten gesäumt, an deren strategischen Punkten ehemals Festungen errichtet waren, denn es war die Pforte zur russischen Steppe. Vor mir bemerkte ich einen am Straßenrand geparkten Wagen, ein paar mir bekannt erscheinende Männer umstanden ihn: die Polizei von Kars. Sie waren gekommen, um mich erneut festzunehmen.

Sie entschuldigten sich für die Festnahme und luden mich zunächst zum Mittagessen mit dem „muhtar" von Ani ein, ehe sie Keyif und mich nach Kars zurück eskortierten. Keyif mußte die fünfzig Kilometer in vier Stunden und glühender Hitze im Galopp zurücklegen, am Schluß war er völlig erledigt und stand erbarmungswürdig mit hängendem Kopf da. Ein Polizist führte ihn in einen Stall. Ich betrat die Polizeistation. „Oh, nicht schon wieder Sie", empfingen mich die Männer, die meine Entlassungspapiere unterzeichnet hatten.

Ich versuchte, ruhig zu bleiben und den Grund für die erneuten Schwierigkeiten herauszufinden, aber niemand konnte ihn mir sagen, sie schienen auch gar nicht zu wissen, was sie mit mir anfangen sollten. Also begann ich, ihnen sehr höflich, aber beharrlich auf die Nerven zu fallen, borgte mir ständig bei allen einen Stift zum Schreiben, verfaßte neue Stellungnahmen, bat um Tee, unterbrach immerzu jemanden bei seiner Arbeit oder stand ihnen im Weg herum. Man brachte mir Essen, Brot und Honig. Der Honig von Kars soll der beste in der Türkei sein, aber angeblich nicht ganz ungefährlich, denn es gibt hier eine bestimmte Azaleenart, deren Nektar die Bienen einen Honig produzieren läßt, durch dessen Genuß man in eine leichte geistige Verwirrung geraten kann. Schon Xenophon hatte davon berichtet. Mein Honig war köstlich, aber ich ließ versehentlich etwas davon auf einen Aktenstapel tropfen und spürte, daß ich den Männern lästiger wurde, als ich es beabsichtigt hatte.

Ein Dolmetscher brachte mich ins Büro des Obersten Chefs, ins Allerheiligste, wo die Leute sich verbeugten, auf den Boden knieten und im Flüsterton sprachen. Ich diskutierte, sprang auf, setzte mich wieder, um meinen Argumenten mehr Nachdruck zu verleihen. Während der Dolmetscher meine Kommentare übersetzte, mischte ich mich ständig ein, um Punkte zu gewinnen. Der Chef fragte ihn, warum ich die Provinz durch einen verbotenen Hintereingang betreten hätte, und der Dolmetscher antwortete reumütig: „Sie suchte nur einen Hufschmied." Der Chef verlor allmählich seine kühle Förmlichkeit, und nicht lange, da tranken wir freundschaftlich Tee miteinander. Eine weitere Hürde war genommen, aber da kam schon die nächste Ziegelmauer: Ich hatte nicht angenommen, daß es noch jemand Wichtigeren als diesen Obersten Chef gäbe, bis ich merkte, daß man sogar den Gouverneur eingeschaltet hatte. Er war aufgeregt, die Russen hatten ihn mit dem Geheimtelephon angerufen und berichtet, im Grenzbereich sei ein Reiter gesichtet worden. Die Russen sagten, sie hätten mich zwei Tage lang überwacht und seien über den Zweck meines Aufenthaltes an der Grenze beunruhigt. Mein Fall war eine Angelegenheit nationaler Sicherheit geworden.

Man konnte mich nicht freilassen, ehe der Gouverneur Klarheit hatte, aber er war nicht bereit, meine Erklärungen anzuhören. Meine Eskorte marschierte mit mir hinunter zum Büro des zweiten Chefs. Er telephonierte gerade, und als er sein Gespräch beendet hatte, erklärte er mir, das Büro des Gouverneurs habe beschlossen, daß ich sofort mein Pferd verkaufen müsse.

„Nein", weigerte ich mich strikt und einfach. „Es gibt kein Gesetz, das mir verbietet, ein Pferd zu besitzen." Der Gedanke, Keyif verkaufen zu müssen, machte mich wild entschlossen. „Wenn der Gouverneur ein neues Gesetz erlassen will, das Touristen verbietet, ein Pferd zu besitzen, dann soll er das tun, dann werde ich mit meinem Pferd aus seiner Provinz verschwinden."

Das Gesicht von Chef Nr. 2 wurde lang, er hatte auf einen schnellen Abschluß gehofft. Er rief das Büro des Gouverneurs an und gab meine Weigerung weiter. Er sprach schnell und viel, dann hängte er ein und erklärte: „Also gut, aber nur, wenn Sie nach Erzurum gehen und aufhören, herumzureisen."

Der Vorschlag war genauso schlecht, ein rotes Tuch für mich, und langsam kam ich in Rage. „Der Gouverneur kann in der Provinz Kars bestimmen, aber er hat kein Recht, mir vorzuschreiben, was ich in irgendeiner anderen Provinz zu tun oder zu lassen habe. Ich möchte den Premierminister sprechen!"

„Aber der Gouverneur ist doch nur um Ihre Sicherheit besorgt, er fürchtet, Sie könnten vom Pferd fallen und sich verletzen."

„Dann sagen Sie ihm, daß ich schon zehntausend Kilometer auf dem Rücken von Pferden überlebt habe, und zwar in weitaus wilderen Ländern als dem Ihren, er hat keinen Grund zur Besorgnis."

Aber der Gouverneur wollte das nicht hören. Zweifellos hatte er Angst, daß man ihn für mich verantwortlich machte; wir waren in eine Sackgasse geraten.

Weder der Gouverneur noch ich wollten nachgeben. Ich zergrübelte mein Gehirn nach einer Lösung, die dem Gouverneur das Gefühl geben würde, er habe gewonnen, und Keyif und mir die Freiheit. Ich bot ihm an, die Karsprovinz mit meinem Pferd auf dem schnellsten Weg zu verlassen. Das erschien ihm annehmbar, eine Polizeieskorte würde mich bis zur Provinzgrenze begleiten, wir sollten am nächsten Morgen abreisen.

Der zweite Chef lächelte und versicherte mir, daß ich willkommen sei, falls ich in Zukunft wieder einmal nach Kars kommen würde. Aber wenn ich irgendwelche ungewöhnlichen Dinge vorhätte, sollte ich vorher schreiben und eine offizielle Genehmigung einholen, sie wären gerne bereit, mir eine solche zu erteilen.

Ich mußte nicht noch eine Nacht in der Polizeistation verbringen, sie boten an, mir eine Übernachtung im Hotel zu bezahlen, und brachten mich im Polizeibus dorthin. Dabei kam mir zu Bewußtsein, daß ich alles, was ich als Touristin von Kars mitbekommen hatte, bis jetzt entweder durch vergitterte Fenster oder durch das Rückfenster eines Polizeiautos gesehen hatte. Für diese Grenzgarnisonsstadt war das vermutlich gar nicht so unpassend, denn die Atmosphäre hier war trist wie in einer Strafkolonie. Die Männer, die hier stationiert sind, zählen gewiß die Tage, bis sie wieder von hier fort können.

Viele Gebäude sehen eher russisch als türkisch aus, das überrascht nicht, denn Kars hatte bis in die 20er Jahre über vierzig Jahre lang zu Rußland gehört. Es hat eine unerfreuliche Geschichte hinter sich. Während des Krimkrieges war die Stadt von Türken besetzt, die hier einer russischen Streitmacht trotzten, die viermal stärker war als sie selbst. Fünf Monate Belagerung hielten sie durch, aber am Ende waren nur noch wenige am Leben.

Ich machte einen kleinen Spaziergang, aber es gab nichts Interessantes zu sehen, nur eintönige graue Häuser und verdrießliche graue Gesichter.

Keyif und ich verließen die Provinz Kars mit Polizeieskorte und wanderten nach Erzurum. Ich freute mich schon auf mein Wiedersehen mit Sema. Ich packte meine Sachen gar nicht erst aus, denn ich wollte am nächsten Morgen in nördlicher Richtung weiterreiten. Aber Sema hatte schlechte Nachrichten: „Die Polizei sucht dich."

Oh nein, das war das letzte, was ich hören wollte.

„Sie haben herausgefunden, daß wir Freunde sind, und haben mich aufgesucht. Sie sagten, ich müßte dich sofort melden."

Meine erste Regung war, wegzulaufen, Keyif zu holen und aus

Erzurum zu verschwinden. Aber das konnte ich Sema nicht antun. Außerdem hatte ich mich bis jetzt vorschriftsmäßig verhalten, war ohne Umwege direkt hierher geritten, es wäre dumm, mich jetzt selbst ins Unrecht zu setzen, indem ich floh.

Schweren Herzens meldete ich mich auf der Polizeistation in Erzurum. Lange Befragungen folgten. Ich sagte ihnen, daß ich mein Pferd bald verkaufen würde, wir hätten eine wunderbare Reise hinter uns, und mein Pferd habe eine längere Ruhepause verdient. Tortum an der Straße nach Norden wolle ich mir noch ansehen, und hinterher würde ich wahrscheinlich nach Erzurum zurückkehren. Ich sagte nicht, ob ich mit dem Bus oder dem Pferd nach Tortum wollte, und sie fragten klugerweise nicht.

Zum Schluß händigte man mir ein offizielles Passierschreiben aus. „Nehmen Sie dies mit, und wenn Sie irgendwelche Schwierigkeiten bekommen, zeigen Sie es vor, und man wird Sie unbehelligt lassen." Ich konnte kaum glauben, daß ich frei war.

Mein Bein war nach dem Hundebiß immer noch nicht ganz in Ordnung, es erschien mir daher ratsam, mich über die Tollwutgefahren genauer zu erkundigen. Im Krankenhaus erzählte man mir, daß gerade eine Frau an Tollwut gestorben sei. Ich hätte sofort nach dem Hundebiß über eine bestimmte Zeitspanne hinweg eine ganze Reihe Spritzen bekommen müssen. Aber das war vor zwei Wochen gewesen, jetzt war es zu spät. Ich war jedoch nicht ängstlich, die kleine taube Stelle schränkte keine meiner Bewegungen ein, also sagte ich mir, sie würde sicher von allein verschwinden.

Mit dem Passierschreiben und einer neuen Landkarte ausgerüstet, packte ich meine Satteltaschen und ritt in nördlicher Richtung auf der Straße nach Tortum aus der Stadt, wie eine gehorsame Touristin. Das seltsame Klicken von Keyifs Hufeisen auf dem Asphalt sagte mir, daß sich zwei davon gelockert hatten. In einem Dorf fand ich einen Schmied, er besaß noch drei alte Nägel, die er geradehämmerte und in die lockeren Eisen schlug. Mehr Nägel hätte er ohnehin nicht anbringen können, denn Keyif benahm sich wieder außerordentlich schlecht. Er war zu ausgeruht nach seiner zweitägigen Pause. Es war peinlich: Da erklärte ich dem Schmied, Keyif sei ein ruhiges Pferd, und dieser schlug jedesmal, wenn der Schmied nach seinen Hinterbeinen griff, heftig aus. So unartig war er noch nie gewesen, sicher war der junge Schmied daran schuld, der ihm mit dem Hammer auf die Nase gehauen hatte. Jetzt hatte er Angst vor dem Beschlagen.

Zwanzig Kilometer nach Erzurum zweigte ein Schotterweg ab, der in die Berge führte, zu einer heiligen Quelle, wie mir ein Mann sagte. Hatte ich versprochen, immer auf der Straße zu bleiben? Das könnte die heilige Quelle sein, von der es heißt, sie sei der Ursprung des Euphrat. Das genügte, um mich zu überzeugen. Die Nebenstraße folgte einem plätschernden kristallklaren Bach, an einer Stelle bildete er einen kleinen Teich, in dem ich einige Forellen erspähte. Auf den Brücken hingen Teppiche zum Trocknen, man hielt Großputz, denn in fünf Tagen würde das Bayram-Fest beginnen, das wichtigste islamische Fest des Jahres. Die frühe Abendsonne ließ die Farben des üppigen Tales leuchten und umgab die Stockrosenbüsche mit strahlenden Lichterkränzen. Schließlich entspannte ich mich und fühlte mich wieder frei und beschwingt.

Die Nacht verbrachten wir in einem Dorf, in dem gerade ein Hochzeitsfest zu Ende ging. Es überraschte mich, daß die Braut ein langes weißes Kleid trug, gerade so wie eine christliche Braut. Als ich ankam, startete das junge Paar gerade in einem zerbeulten Taxi in die Flitterwochen, die sie im Haus eines Onkels in Trabzon verbringen wollten.

Der „muhtar" führte mich im Dorf herum. In einem der Häuser zeigte mir der Besitzer den Pelz eines Braunbären, den er im Jahr zuvor getötet hatte. Das Tier hatte meine Größe gehabt, der Pelz war noch vollständig samt dem Kopf mit seiner langen braunen Schnauze. Auch einen Wolfspelz mußte ich bewundern, das Tier hatte einen langen Körper und kurze Beine gehabt und war schwarz und gelbbraun wie ein deutscher Schäferhund gewesen.

Vier Soldaten von einem Außenposten in der Nähe trafen ein und wollten einen Schafbock für Bayram kaufen. In der Türkei werden für dieses Fest jedes Jahr mehr als 2,5 Millionen Schafböcke geschlachtet. Der „muhtar" führte den Soldaten mehrere Tiere zur Auswahl vor, sie nahmen das größte und fetteste, es kostete etwa 62 DM, ein typisch dörflicher Preis.

Am nächsten Morgen erkletterten Keyif und ich einen langen steilen Berg. Immer wenn ich dachte, wir hätten den Gipfel erreicht, war es nur ein Bergsattel, der den höher liegenden Gipfel verdeckt hatte. Sehr hoch oben hörte ich irgendwo Wasser plätschern.

Auf einem Hochplateau, auf dem Schafherden grasten, fand ich eine sumpfige Stelle mit einer Quelle, aber ich war sicher, es war nicht die, die ich suchte. Ein beißend kalter Wind machte mich frösteln, auf den Nordhängen lag sogar jetzt im August noch Schnee.

Keyif kam auf der welligen Hochebene schnell voran, und schließlich entdeckten wir die heilige Quelle, sie war in eine alte Steinmauer gefaßt, ein Zeichen, daß sie ein Pilgerziel war. Man hatte ein makellos rundes Becken aus Steinen gemauert, das Wasser blubberte aus der Tiefe herauf, es war eiskalt. Ich füllte meine Wasserflasche. Wie lange dieses Bächlein wohl brauchte, bis aus ihm der mächtige Euphrat wurde, der durch die Türkei und den Irak in den Persischen Golf floß? Ich umkreiste die Quelle dreimal, das ist der traditionelle Pilgergang, um für die Erfüllung eines Wunsches zu beten.

Hinter der Quelle verlor sich der Weg, und die langen Berghänge zogen sich, durch mehrere Schluchten zerklüftet, allmählich zum entfernten Tiefland hinunter. Auf meiner Landkarte hörte der Pfad hier noch nicht auf, ich ritt deshalb weiter und beschloß, nach dem Weg zum nächsten „yaila" zu fragen. Aber ich traf nur einen einzigen Mann, und dieser war ziemlich albern und kicherte ständig. Er habe nie etwas gehört von irgendeinem der Dörfer auf meiner Karte, behauptete er. Schließlich zeigte er in die völlig falsche Richtung.

Er kehrte zu seinem Zelt zurück, und ich wandte mich nach Westen über die felsigen Berge, ohne seine Richtungsangaben zu beachten. Von erhöhten Stellen aus prüfte ich unsere Route und schätzte ab, welche Abhänge begehbar sein könnten, wo ich in ein anderes Tal hinüberwechseln mußte und wo die Talsohlen zu zerklüftet und unsicher waren. Auf den steilen Abhängen kam Keyif manchmal ins Rutschen, seine abgetragenen Hufeisen griffen nicht mehr so gut.

Wir stiegen tiefer, nach Stunden verengte sich das Tal, und schließlich mußten wir uns zwischen Felsen und sumpfigen, dichtbewachsenen Stellen hindurchkämpfen. Ich fragte mich langsam, ob dahinter wirklich die große Ebene kam.

Es gab Himbeerbüsche, Dornengestrüpp und wilde Rosen. Als der Bach an einer felsigen Stelle einen Tümpel bildete, konnte ich nicht widerstehen und schwamm darin. Während wir gemächlich dieses hübsche Tal durchwanderten, bot sich mehrmals die Gelegenheit zu einem Bad, und als ich gegen Abend eine gut versteckte Kleewiese neben einer tiefen Stelle im Bach fand, schlug ich dort mein Lager auf. Es war bis jetzt sehr selten vorgekommen, daß Keyif und ich ein Plätzchen fanden, an dem wir ungestört und unbesorgt kampieren konnten. Die Nacht in diesen Bergen war sternenklar, ich spannte meine Hängematte zwischen die Bäume hinter dichtem Gebüsch und schlief friedlich.

Den Morgen verbrachte ich damit, mein Tagebuch auf den neuesten Stand zu bringen; ich hatte schon tagelang nichts mehr notiert, da ich nach den Schwierigkeiten in Kars nicht mehr zu schreiben gewagt hatte, wenn jemand zusah. Das einzige Lebewesen, das ich hier sah, war ein Fuchs, der vorübertrabte, ohne uns zu beachten.

Dann setzten wir unseren Weg fort, ich vertraute blind darauf, daß er uns dahin führte, wo ich hinwollte. Nach mehreren Kilometern kamen wir an den Ausläufern eines Gebirges auf einer Hochebene heraus, und ein Mann, der gerade Gras mähte, sagte mir, ich sei in der Nähe von Erzurum. Ich nahm an, er könnte vielleicht nur meine Karte nicht lesen, aber er zählte alle umliegenden Dörfer auf, und nach fünf Minuten sah ich tatsächlich Erzurum in der Ebene vor mir ausgebreitet liegen. Verflixt. Vielleicht hatte der kichernde Nomade mir an der heiligen Quelle doch nicht die falsche Richtung gewiesen.

Also versuchte ich, quer übers Land eine Abkürzung nach Nordosten zu finden, und ritt über die Bergausläufer hinauf ins Gebirge. Geröllfelder machten das Fortkommen schwer, aber am Spätnachmittag hatten wir ein hohes Vorgebirge erreicht und stießen auf das Lager eines Schafhirten. Auf meine Frage nach dem Weg antwortete er, daß er bald in sein Dorf auf der anderen Seite des Berges zurückkehren würde, aber zunächst wolle er noch einen Topf Tee kochen. Eine gute Idee! Wir setzten uns vor sein Zelt, betrachteten das herrliche Panorama, das sich vor uns ausbreitete – die Ebene von Erzurum –, und schlürften Tee, während die Sonne langsam unterging. Ich konnte sogar das Hochhaus erkennen, in dem Sema wohnte.

Meine Tagträume wurden jäh unterbrochen, weil sich das Seil, mit dem ich Keyif angebunden hatte, gelöst hatte und Keyif, als er bemerkte, daß er frei war, mit streitsüchtigem Wiehern auf den Hengst des Mannes zuraste. Wir sprangen beide auf und stellten uns Keyif in den Weg, so daß er ausweichen mußte. Er rannte zur Seite, schüttelte den Kopf und schnaubte. Die Dämmerung fiel herein. Ein entsprungenes Pferd einzufangen kann selbst unter den günstigsten Bedingungen schwierig werden. Keyif spielte Fangen mit uns, er liebte es; unsere einzige Hoffnung war der andere Hengst, mit dem er kämpfen wollte. Keyif galoppierte auf ihn zu und wieder weg, er narrte sowohl den Hengst wie auch uns. Da riß das andere Pferd den Pflock, an dem es angebunden war, aus dem Boden, und beide gingen aufeinander los.

Gellendes Wiehern erklang unter dem dunklen Himmel. Sie stellten sich auf die Hinterbeine und griffen sich mit Hufen und Zähnen an. Es wäre ein prächtiges Schauspiel gewesen, aber wir konnten nicht tatenlos Zuschauer spielen. Das Seil des anderen Pferdes kam in meine Reichweite, ich packte es und schlug rasch den Pfosten mit einem Stein wieder in den Boden. In diesem Moment bekam der Hirte Keyifs Leine zu fassen, und es gelang uns, die Tiere auseinanderzuziehen, ohne daß sie sich gegenseitig etwas getan hatten. Aber inzwischen war es Nacht geworden, wir mußten im Dunkeln zum Dorf reiten.

Wir sattelten die Pferde, und ich ritt einige Schritte hinter meinem Begleiter, außerhalb der Reichweite der Hinterhufe seines Tieres, aber doch so nahe, daß ich ihn nicht verlor. Die Hufeisen des führenden Pferdes sprühten Funken, wenn sie an Felsen stießen. Keyif war sicherer auf den Beinen und bergerfahrener, er stolperte nie. Die Sterne kamen heraus, einer nach dem anderen, aber der Mond war nicht zu sehen.

Vor uns kündigten Öllampen in den Fenstern kleiner Hütten das Dorf an. Zu meiner Überraschung stellte sich heraus, daß ich Gast eines wohlhabenden Schafzüchters war, der nur aus Freude am einfachen Leben draußen in seinem „yaila" kampierte. Alle fünfzehn Mitglieder seiner Familie sagten mir guten Tag, und wir aßen ausgezeichnet zu Abend, gepökeltes Ziegenfleisch und „mast" mit frischgebackenem Brot.

Als ich am Morgen durchs Fenster sah, fiel mein Blick auf einen Garten voller Sonnenblumen. Ich ritt in direkter Linie zur Straße nach Tortum und erreichte diese an einer Stelle, an der ich schon vor drei Tagen vorbeigekommen war. Aus einer Steinhütte, die ich beim ersten Mal nicht wahrgenommen hatte, drang der Lärm von Hammerschlägen. Das könnte ja vielleicht eine Schmiede sein! Ich rief „Siz nalband var?" (Sind Sie ein Schmied?) und hatte Glück. Der Schmied arbeitete gerade an Hufeisen für Ochsen; sie waren halbmondförmig, für jeden Huf brauchte man zwei davon. Er inspizierte Keyifs Hufe und sagte, er habe zwar keine passenden Eisen da, aber er würde ein paar neue Nägel machen, damit die alten Eisen besser hielten; es würde nicht lange dauern.

Er hämmerte die dicken rotglühenden Nagelköpfe quadratisch und schlug sie dann an drei Seiten flach; so würden sie besser passen, meinte er. Komisch, wie das Wohlergehen eines Tierfußes mein tägliches Leben zu bestimmen schien.

Ich fand die neuen Nägel für Keyif gut. Der Lehrling, der den Blasebalg betätigte und schon fünf Jahre hier lernte, erzählte mir, sein Meister sei der beste Schmied in der ganzen Provinz. Ich hoffte, es stimmte, trotzdem hielt ich es für besser, den Mann zu warnen, daß wir Keyifs Hinterbeine festbinden müßten, weil er sonst nicht stillhielte. „Das ist nicht nötig", antwortete der Schmied und klemmte eine fachmännische Bremse in Keyifs Nase, dann ging er um ihn herum und nahm in aller Ruhe einen Fuß nach dem anderen hoch. Das Nageleinschlagen gelang mühelos, und als es ans Zahlen ging, kostete das Ganze 200 türkische Lire (30 Pfennig).

Ein Schaf für Bayram

Am nächsten Tag ritt ich mittags nach Tortum. Dort band ich Keyif vor einem Geschäft an und kaufte Gerste. Die Menge, die sich um ihn ansammelte, war einstimmig der Meinung: „Ein schönes Pferd", und jemand bot mir zwei andere Pferde zum Tausch gegen ihn. Ich lehnte ab, aber das Angebot machte mich sehr stolz auf Keyif, zumal da ich wußte, daß er mehr war als nur ein gut aussehendes Pferd.

Es war zwar unvermeidlich, daß ich ihn am Ende meiner Reise verkaufen mußte, aber daran mochte ich jetzt noch nicht denken. Zuvor wollte ich noch die Nordostecke der Türkei mit ihm erkunden. Es würde bestimmt nicht schwer werden, ein Zuhause für ihn zu finden, denn schon in verschiedenen Dörfern hatte ich gute Angebote bekommen. Meine einzige Sorge war die, daß er, wenn ich ihn in einem Dorf weggab, vielleicht vor einen Pflug gespannt würde, und wenn ich ihn in einer Stadt verkaufte, er dort vielleicht einen Wagen ziehen müßte. Trotzdem war ich überzeugt, daß sich am Ende doch der richtige Herr für ihn finden würde.

Wir ließen das Tal von Tortum hinter uns und zogen durch das ausgetrocknete Bett eines Nebenflusses in Richtung Tortumkale. Es war drückend heiß und staubig, vor allem am Fuß der Berge, aber unsere Mühen wurden belohnt, denn als wir uns eine Zeitlang durch die steinige Schlucht gequält hatten, öffnete sie sich, und vor mir ragte hintereinander gestaffelt eine ganze Reihe von Höhenzügen auf. Ihre Konturen hoben sich gegeneinander ab, je ferner der Gebirgszug, desto heller wurde seine Silhouette, der entfernteste war nur noch als bleicher blaugrauer Schatten zu erkennen. Davor thronte auf einer niedrigen Felsspitze die Festung von Tortumkale und bewachte den Eingang zu meiner Schlucht.

Ich wollte zur Burg hinauf und sie besichtigen, aber vorher mußte ich für Keyif einen Platz zum Ausruhen und Fressen finden. Meine Suche führte mich zu Familie Kirmizi, sie setzten mich in ihren Obstgarten, fütterten mich mit Haselnüssen und Sauerkirschen und brachten Keyif im Stall neben einer jungen Kuh unter, die morgen für Bayram geschlachtet werden sollte.

Eine der Töchter, mit Namen Sevim (das bedeutet „liebenswert"), begleitete mich zu der Festung – ein kurzer Marsch und ein steiles Kletterstück über eine Geröllhalde. Die untere Befestigungsmauer war eingestürzt, die Hälfte einer Kirche mit Tonnengewölbe und Nischen stand noch. Die obere Festung erhebt sich direkt auf dem Felsgipfel, eine hohe Burg, einst etwa vier Stockwerke hoch, aber immer noch respekteinflößend mit ihren etwa zwei Meter dicken Mauern aus abgerundeten Felsblöcken. Sie waren mit Mörtel verbunden, anders als die „Mammutsteinblöcke", die ich in den urartäischen Festungen von Van gesehen hatte.

Auf einem hohen blanken Fels ragt ein quadratischer Turm in die Höhe, in dessen Mauern breite Risse klaffen. Es machte mich traurig, mir vorzustellen, daß in wenigen Jahren von dieser Festung wahrscheinlich nichts mehr stehen würde. Stein zu Stein, Erde zu Erde. Sevim sagte, ihr Vater könne sich noch an die Zeit erinnern, als die Burg noch nicht zerfallen und sehr viel höher war. Dann führte sie mich wieder bergab. Mit ihren viel zu großen Plastiksandalen hopste sie auf Felsbrocken und rutschte auf ihnen zu Tal. Da wurde ich auch mutig – es war sicher der schnellste Weg abwärts.

Wieder zu Hause, ruhten wir uns auf der Veranda des oberen Stockwerkes mit Blick auf die Burg aus, beobachteten, wie der Himmel langsam dunkel wurde, und lauschten einem Froschkonzert. Beim Abendessen aus gefüllten Weinblättern schlug Sevims Vater Yumus vor, ich solle bleiben und Bayram mit ihnen feiern. Ich nahm erfreut an; ebenso glücklich war ich über das Angebot der Mädchen, mir einen Eimer heißes Wasser bereitzustellen, damit ich mich waschen könne. Im Geiste sah ich ein Bad vor mir, eine ganze Wanne voll heißen Wassers, aber hier kam mir dieses Bild sehr fremd und extravagant vor.

Schon früh am Morgen saß ich wieder auf der oberen Veranda und sah den Bayram-Vorbereitungen zu. Eine Schar Männer kam aus der Moschee, es war keine Frau dabei, die Frauen mußten zu Hause beten. Die Männer bildeten einen Zug zum Friedhof und setzten sich in Gruppen an die Gräber ihrer Vorfahren.

Zum Frühstück gab es heute etwas Besonderes: „ayran"-Suppe, gewürzten Reis, köstliches Gebäck und süßes „baklava". Danach versammelte sich die Familie, um einen Fettschwanz-Schafbock zu schlachten. Messer wurden gewetzt, und eine seltsame kleine Zeremonie begann. Während Yumus mit dem Messer in einer weichen Bewegung über die Kehle des Schafbocks strich, stimmten alle Männer einen wehmütigen, rhythmisch schwingenden Gesang an. Die Kehle war durchschnitten, das Blut ergoß sich in eine flache Erdgrube, und jedes der Kinder tauchte einen Finger hinein und tupfte sich damit einen Fleck auf die Stirn. Auch ich bekam einen Punkt.

Um den Schafbock abzuziehen, schnitt Yumus an einem der Hinterbeine die Haut etwas auf, fuhr mit einem Stock in die Öffnung und am Bein hoch und blies dann in das Loch, bis der ganze Körper sich aufblähte. Dadurch löste sich die Haut vom Fleisch, und man konnte sie abziehen. Sie wurde dann eingesalzen und zusammengefaltet, während der Körper zerlegt und an die Familie verteilt wurde. Auch die Schwanzlappen aus festem, purem Fett wurden aufgeteilt, sie gelten als Delikatesse. Ein Fleischstück wurde in Scheiben geschnitten und geklopft, um es zart zu machen, damit man es gleich braten konnte. Es schmeckte ausgezeichnet. Hinterher gab es noch mehr süßes „baklava".

Den ganzen Morgen kamen immer wieder Nachbarn und Verwandte hinzu, tranken Tee, schüttelten einander die Hand. Die Frauen küßten dem Mann des Hauses die Hand und führten sie an ihre Stirn, zum Zeichen großen Respekts. Alle Dörfler trugen ihre besten Kleider, es war eine Stimmung wie an Weihnachten.

Eine alte Frau bezweifelte, ob ich Bayram überhaupt mitfeiern dürfte, ich sei ja keine Mohammedanerin. Deshalb erzählte ich ihnen, daß die Geschichte von Bayram nicht nur im Koran, sondern auch in der Bibel der Christen vorkommt. Der kinderlose Prophet Abraham hatte zu Gott gebetet, er möge ihm ein Kind schenken, und Gott gab ihm einen Sohn, Isaak. Abraham versprach Gott dafür, alles zu tun, was dieser von ihm verlangte. Und Gott verlangte, er solle seinen Sohn opfern. Der Prophet machte sich auf, dem Gebot zu gehorchen, sagte Isaak, warum er sterben mußte, und Isaak akzeptierte sein Schicksal. In dem Augenblick, als Abraham seinen Sohn töten wollte, stand ein Schafbock vor ihm, und Gott sprach: „Ich habe dich geprüft und dich würdig befunden, behalte deinen Sohn und opfere diesen Schafbock." Daß Abraham für die Türkei eine so hohe Bedeutung erlangte, kommt zum Teil daher, daß er im Gebiet um Haran im Südosten der Türkei gelebt hat.

Am Mittag wurde Keyifs Stallgenossin, die junge Kuh, geschlachtet. Der gleiche Ritus wie bei dem Schafbock lief ab, nur die Haut wurde nicht aufgeblasen. Das Blut wurde außerdem an die Obstbäume gestrichen, um sie fruchtbarer zu machen.

Die Familie verbrachte den Rest des Tages in Ruhe, aber die späte Nachmittagssonne schien so golden, daß ich beschloß, Keyif zu satteln und weiterzureisen. Es war ein wunderbarer Tag gewesen, aber für mich war er noch nicht zu Ende.

Nach einem herzlichen Abschied zogen wir auf einer unbefestigten Straße neben einem Forellenbach nach Westen. Wir waren beide in Topform, Keyif trabte schwungvoll mit hoch erhobenem Kopf dahin, und ich sang Lieder wie „Ach du Land voll Ruhm und Hoffnung", die von den Felswänden über uns widerhallten. Hinter dem sattgrünen Ufer des Baches stiegen steile Berge hoch. Nach zehn Kilometern erreichten wir das Dorf Alapinar und überquerten den Fluß auf einer alten Steinbrücke, auf deren Einfassung eine Reihe Greise saß, die mich verwirrt anstarrten.

Ein entschlossener junger Mann kam in langen Schritten auf die Brücke geeilt und versperrte uns den Weg. Er selbst war nicht groß, aber sein Wille um so größer, er wollte uns nicht vorbeilassen. „Sie müssen in unser Dorf kommen, stellen Sie Ihr Pferd dort drüben hin." Ich begann zu protestieren, ich wollte hier ja nur durchreiten, aber es nützte nichts. „Sie müssen mitkommen und unsere Höhlen besichtigen. Ich heiße Mehmet, ich möchte Sie diesen Männern vorstellen." Und dann wurde ich einer langen Reihe freundlich lächelnder Menschen präsentiert; ja, natürlich, ich würde bleiben.

Das Dorf war sehr malerisch, mit Häusern aus Naturstein, es machte einen wohlhabenden Eindruck. Die meisten Dörfer nördlich von Erzurum schienen mir in der Tat wohlhabender zu sein als die im Süden. Eine Horde kleiner Bengel eskortierte uns zu den fünf Höhlen hoch oben in den Felsen, sie kletterten wie Bergziegen voraus, Mehmet und ich krabbelten mühsam hinterdrein. Am letzten Stück des Aufstieges warteten sie auf uns, jetzt kam blanker Fels, man mußte Nischen und Absätze für Hände und Füße suchen – es war schwindelerregend.

Es waren prähistorische Höhlen, von Menschen gegrabene Verteidigungspositionen, unerreichbar für Angreifer und wilde Tiere. Wir krochen in die Öffnung der größten Höhle und schauten dann hinaus, wie es die ursprünglichen Bewohner sicher auch getan hatten.

Zum Abendessen wurde ich ins Haus des „muhtar" eingeladen. Da Bayram war, gab es ein Festessen aus Lammbraten mit Soße und „pekmaz", eine Nachspeise aus Maulbeeren, die angeblich bei Geschwüren und Magenleiden helfen soll. Am Morgen ging ich etwas spazieren; Aprikosen waren in der Sonne zum Trocknen ausgelegt, und ein paar Männer zimmerten einen zweirädrigen Ochsenkarren. Ich wollte fotografieren, aber die Horde Dorfbengel vereitelte es, raufend und zappelnd drängten sie sich auf jedes Bild, belagerten die Häuser und stellten sich hartnäckig und borniert überall in den Weg. Das war typisch für alle Dorfkinder, sobald ich irgendwo meinen Fotoapparat zum Vorschein brachte.

Keyif hatte man in einem Hühnerstall unter die Stange gestellt, auf der die Hühner schliefen. Sein Rücken war voller Hühnerdreck, er sah so beklagenswert aus, daß ich lachen mußte. Aber das Lachen verging mir, als er mir unbeabsichtigt auf den Fuß trat und die Köpfe seiner neuen Hufnägel sich schmerzhaft in meine Zehen bohrten.

Von Alapinar ritt ich in steilen Serpentinen durch ein Meer von dunkelroten Glockenblumen hinauf in die Berge. Keyifs elastischer Schritt brachte uns zügig voran. Die Straße schien sich zu verlieren, aber von der Hochebene herunter konnte ich in etwa drei Kilometer Entfernung vor uns ein Dörfchen entdecken, mit Flecken von Wald und Schneefeldern dahinter. Die Berge waren sehr felsig, ab und zu ging es über große Steinplatten. Wir machten mitten in diesem Niemandsland Rast und trabten danach an dem Dörfchen vorbei zum nächsten Höhenzug hinauf. Bald waren wir höher als das gesamte Gebirgspanorama um uns her – noch ein Dach der Welt. Im Südosten wurden die Berge spitzer. Auf einem breiten Bergsattel legten wir erneut eine Pause ein, ein Meer von Berggipfeln umgab uns auf drei Seiten, die meisten lagen tiefer als wir. Ein eigenartiges Machtgefühl kam in mir auf. Dörfer und Straßen, Wagenspuren und Pfade durchzogen die grünen Matten unter uns wie auf einer Relieflandkarte. Unseren Weg nach Norden säumten dunkelrote Gänseblümchen und gelbe Chrysanthemen, die so hoch wie Keyif waren. Grillen zirpten, und eine Lerche stieg hoch in die Luft und ließ sich wieder fallen. Bis wir die Talsohle erreichten, war die Sonne untergegangen, und wir folgten im Licht des Vollmondes, der alles in Schwarzweiß tauchte, einer unbefestigten Straße. In Derinpinar, einem kleinen Weiler, übernachtete ich beim „muhtar". Es gab ein festliches Abendessen, wie es sich für den zweiten Bayram-Tag ziemt, und er behandelte mich, als gehörte ich zu seiner Verwandtschaft. Seine Frau und seine engere Familie befanden sich im „yaila". Als es Schlafenszeit wurde, legte er mir in seinem eigenen Schlafzimmer eine Matratze auf den Boden; er war schon seit dreißig Jahren „muhtar" und inzwischen ein alter Mann geworden, deshalb schien er anzunehmen, das sei vollkommen in Ordnung.

Am nächsten Tag ging es so steil bergauf, daß mein Sattel nach hinten rutschte. Ich stieg ab, das Risiko war mir zu groß, dabei stieß ich versehentlich einen Stein über den Rand des schmalen Pfades. Er kullerte in kleinen Sprüngen Hunderte von Metern bergab, und ich hoffte, Keyif würde merken, daß er hier besonders aufpassen mußte. Mir war etwas mulmig bei der Vorstellung, er könnte, weil ihn Fliegen plagten, seinen Kopf so herumschütteln, daß er aus dem Gleichgewicht käme: der Weg war zu schmal für den kleinsten Ausweichschritt. Ich dachte an den haarigen Abstieg aus dem Van-Gebirge, aber allmählich begannen wir uns an gefährliche Wege zu gewöhnen.

An manchen Stellen hatten herabstürzende Bäche den Rand des Pfades mitgerissen. Wenn ich so eine Stelle entdeckte, trieb ich Keyif an, damit er schnell darüberging, ehe der Grund nachgeben konnte. Ein plötzliches Reißen am Seil und ein heftiges Scharren seiner Hufe warnten mich, ich sprang nach vorn und zerrte mit aller Kraft an den Zügeln, obwohl mir gleichzeitig einfiel, daß mein Fliegengewicht sein Fallen nicht aufhalten könnte. Unter seinen Hinterhufen hatte der Boden nachgegeben, er strampelte heftig, als die Erde wegrutschte, aber weil er so schnell reagiert hatte, gelang es ihm, sein Hinterteil wieder auf den Weg hinaufzuhieven, ehe er zu fallen anfing.

Wir wanderten weiter, mal bergauf, mal bergab, über windgeschützte Bergweiden, durch ausgetrocknete Bachbetten. Als ich über den nächsten Kamm ritt, waren die Berge wolkenverhangen, und während wir die kahlen Hänge wieder hinabstiegen, bezog sich der Himmel völlig, und es begann zu regnen. Es wurde ein langer, heimtückischer Abstieg, sehr felsig, und ich begriff jetzt, welchen Wert Keyifs geschlossene Hufeisen hatten, und war dankbar dafür. Im Tal folgte der Weg einem Bach, Walnußbäume und Weiden säumten seine Ufer, darunter wuchs Klee. Wir legten eine Pause ein, dann durchwateten wir den Bach und gelangten auf eine unbefestigte Straße. Der Schatten der Bäume war eine willkommene Abwechslung. In einem Teehaus an der Straße wurde ich von einem alten Mann zum Tee eingeladen; er fragte mich, wohin ich wollte.

„Ich möchte mir die alte Kirchenmoschee von Bagbaşi ansehen", antwortete ich. Bagbaşi lag einige Kilometer oberhalb der Abzweigung von der Hauptstraße, und als ich in das Dorf hineinritt, versammelten sich gerade die Männer zum Gebet – nicht der beste Augenblick, um eine Moschee zu besichtigen. Ich ging deshalb Gerste für Keyif kaufen, und während Keyif sein Mahl verspeiste, bekam ich ein festliches Mittagessen aus gefüllten Tomaten und „baklava", denn wir hatten den dritten Bayram-Tag.

Als die Gebetszeit vorüber war, ritt ich zur Moschee hinauf. Ursprünglich war sie im 9. Jahrhundert als Kloster und Kapelle der Mutter Gottes erbaut worden. Den Moslems hatte später der Bau so gefallen, daß sie das Hauptdach und die Kuppel restaurierten. Ich betrat den ummauerten Kirchhof durch einen steinernen Torbogen – ein kühler, moosiger Platz – und stand vor einer Kapelle mit Giebeldach und mit in die Mauersteine eingemeißelten Kreuzen. Gras und verkümmerte Bäumchen wuchsen auf ihrem Dach. An die Hauptkirche waren kleinere Kapellen angebaut, zerfallene Räume mit Tonnengewölbe und Resten geglätteten Steinmauerwerks. In dem Teil der Kirche, der jetzt als Moschee genutzt wird, hat man natürlich die Fresken entfernt, damit sie die Leute beim Beten nicht ablenken. Aber der Fußboden war dicht mit roten gemusterten Teppichen belegt, wie sie für diese Gegend typisch sind. Der Küster kam und sagte, es sei nicht erlaubt, ein Pferd an einer Moschee anzubinden. Ich entschuldigte mich und ritt weg.

Meiner Karte entnahm ich, daß es bis zu meinem nächsten Ziel, Dikyar, in Luftlinie über die Berge nur etwa sieben Kilometer weit war, auf der Straße hätte ich etwa 22 Kilometer rechnen müssen. Ein Mann zeigte mir etwas widerstrebend den Beginn eines Fußpfades und warnte mich davor, ihn zu nehmen. Ich fand den Weg nicht so schlecht, außerdem waren die Berge hier oben erstaunlich schön. Von einer Hochfläche aus konnte ich weit unter uns die Hauptstraße erkennen, die Fahrzeuge darauf sahen aus wie Spielzeugautos.

Der Abstieg nach Dikyar wurde eher ein Abrutsch. Einmal stolperte ich und fiel über die Felskante. Meine Fäuste umklammerten Keyifs Seil, aber er blieb nicht stehen, ging einfach weiter und zog mich am Seil mit. Steine kullerten bergab, Keyif erschrak, und ich betete, er möge nicht plötzlich durchgehen. „Yavaş – brrr", rief ich und versuchte, ruhig zu klingen, während ich um mein Leben kämpfte. Obwohl ich keinen Boden unter den Füßen hatte, gelang es mir irgendwie, mich wieder auf die Felskante hochzuziehen. Aber danach paßte ich besser auf.

In Dikyar machte ich Bekanntschaft mit einer jungen Frau, die mich in ihren Garten einlud, wo Keyif grasen konnte und wir beide winzige süße Birnen aßen. Ich hielt Keyif einen Apfel hin, aber er wußte nicht, ob er reinbeißen sollte oder nicht, offensichtlich hatte er noch nie einen gegessen.

Dann ritt ich zum Tortum-See hinunter, einem wunderschönen Ort, und danach ins wilde Hinterland des Sees hinauf. Fast jedes Dorf besaß hier eine Kirchenruine oder eine zerfallene Burg, andere standen einfach verlassen und halbzerfallen in der Wildnis. In Çamleyamak besichtigte ich eine hohe Kuppelkirche mit einem Basrelief der drei Weisen aus dem Morgenland, die Gold, Weihrauch und Myrrhe trugen. Am vierten und letzten Bayram-Tag stiegen wir wieder bis über die Baumgrenze hoch. Zum Frühstücken setzte ich mich auf einen Felssporn und fühlte mich wie ein Adler in seinem Horst.

Vom nächsten Gebirgszug aus, über den ich mit Keyif ritt, hatte ich einen schönen Blick über die Berghänge, die ins Tal hinunter zum Çoruh und zu dessen Nebenflüssen führen. Einer dieser Zuflüsse ist der Tortum, er fließt durch den gleichnamigen See. Es würde ein langer Abstieg werden, und unten am Çoruh würden uns in den Reisfeldern wieder die Stechmücken erwarten.

Auf unserem Weg nach Norden zum Schwarzen Meer hin veränderte sich das Land: Die großen Wälder bieten genügend Holz zum Bauen, die Dörfer bestanden aus zweistöckigen Giebelhäusern mit wackeligen Holzbalkonen vor ausgebleichten Steinwänden. An Spalieren rankten Weinreben hoch, aber auch Körbe voll Obst zum Trocknen, Eimer und Wäsche hingen an den Spaliergerüsten. Die Läden in einigen Dorfstraßen mit ihren hölzernen Schildern und den Pfosten und Ständern zum Anbinden der Pferde und Esel erinnerten mich an Wildwestfilme.

Im Tal des Çoruh übernachteten wir in einem Dorf namens Çeltik Kuzu bei einer Familie, die so reizend war, daß ich nicht gleich wieder weg wollte. Also unternahm ich von diesem Standquartier aus mehrere Ausflüge zu georgischen Kirchen und Burgen in der Umgebung.

Unter den Einheimischen entdeckte ich mehrere Laz, erkenntlich an der Form ihrer Köpfe: flacher Hinterkopf, schräge Stirn. Die Laz sind keine Türken, sondern die ursprünglichen Bewohner der Schwarzmeerküste, ihre Sprache ähnelt dem Georgischen.

Einer meiner Streifzüge führte mich nach Ishan, zu der schönsten Kirche, die ich hier gesehen habe. Im 8. und 9. Jahrhundert war sie das Zentrum eines georgischen Bistums. Das zylindrische Dach ruht auf hoch aufsteigenden Bogen, sie sollten den Blick des Betrachters emporheben zu Gott. Oben in der Kuppel konnte ich auf blauen Fresken die himmlischen Heerscharen erkennen. Ich picknickte draußen unter Bäumen neben einem Brunnen; ich hatte frische Pfirsiche und Sirup aus getrockneten Maulbeeren dabei, der aussah wie brauner Kunststoff, aber sehr gut schmeckte.

Der nordöstlichste Punkt meiner Reise war Ardahan, wo ein Zipfel der Türkei in das russische Georgien hineinragt. Das Hochland zwischen Şavşat und Ardahan war einzigartig, ich hatte so etwas in der Türkei noch nicht gesehen: dichter Wald, Almwiesen und Dörfchen mit dunklen, hölzernen Giebelhäusern wie in den Schweizer Alpen.

Der Herbst würde bald kommen – die Heuschober wurden gefüllt, bis nichts mehr hineinging, Obst wurde geerntet, die Menschen kehrten aus ihren „yailas" zurück in die Täler, die Sommerweiden wurden für dieses Jahr geschlossen.

Wieder in Çeltik Kuzu, half ich den Frauen des Hauses, Falläpfel in Scheiben zu schneiden, sie sollten für den Winter getrocknet werden. Die beschädigten wurden separat getrocknet, sie ergaben Extrafutter fürs Vieh.

Es war eine langwierige Arbeit, ab und zu kam eine Frau dazu, half eine Zeitlang und kehrte dann wieder zu ihrer eigenen Beschäftigung zurück. Immer wenn der Haufen kleiner wurde, tauchte jemand auf und schüttete einen neuen Sack voll Fallobst auf der Holzterrasse aus. Die Frauen erzählten mir, daß binnen zehn Jahren der Staudamm über den Çoruh bei Yusufeli fertiggestellt sei und aus ihrem Tal dann ein Stausee würde. Von Çeltik Kuzu würde nichts mehr übrigbleiben als ein paar zerfallende Mauern unter der Wasseroberfläche.

Eines Abends kam ein Forstwart ins Dorf geritten und suchte die Familie auf, bei der ich wohnte. Er hatte von Keyif gehört und wollte ihn mir abkaufen. Ich sagte nein, ich ertrug den Gedanken nicht, daß es für mich allmählich Zeit wurde, mich von Keyif zu trennen. Aber es war tatsächlich Zeit, unsere Reise war zu Ende, und Keyif hatte Ruhe und Erholung verdient. Ich bedauerte fast, daß ich so schnell nein gesagt hatte, denn der Forstwart würde Keyif bestimmt nicht vor einen Karren spannen. Sein Job war es, durch die Wälder zu reiten und aufzupassen, daß niemand Holz stahl. Keyif würde das Spaß machen, außerdem gab es hier Gerste und Äpfel im Überfluß, ein guter Ort für ein Pferd.

Der Forstwart kam am nächsten Abend erneut angeritten, ich war gerade mit Keyif am Dorfbrunnen. Keyif hörte den Hufschlag und ließ sein lustvolles Wiehern erklingen, gegen das die anderen Pferde nur blecherne Töne hervorzubringen schienen. Der Mann fragte noch einmal, ob er Keyif kaufen könne, er wollte sein jetziges Pferd verkaufen und sich das restliche Geld leihen. Zum Schluß stimmte ich zu. Sein Pferd sah gut genährt aus, es war gepflegt, aber alt. Ein besseres Zuhause konnte Keyif kaum finden.

Einen Tag später schlossen wir den Kauf ab. Ich bat, Keyifs perlenbesetztes Zaumzeug behalten zu dürfen. Während die Männer den Kaufvertrag schrieben, verabschiedete ich mich von Keyif, er war jetzt nicht mehr mein Pferd. Dann sah ich zu, wie er aus meinem Leben weggeführt wurde. Ohne ihn wollte ich hier nichts mehr unternehmen, ich packte also meine Sachen für die Abreise.

Am nächsten Morgen lud die Familie mein Gepäck auf ein Maultier, die Mädchen steckten mir Blumen ins Haar, setzten mich auf den hölzernen Packsattel und geleiteten mich aus der Stadt zum Fluß. Nach Keyifs schwingendem Gang kam mir der Ritt auf einem Maultier wie ein Witz vor.

Das Dorf verschwand zwischen den Bergen. Auf der Schotterstraße am Ufer des Çoruh hielten wir ein „dolmuş" an, die Mädchen küßten mich zum Abschied herzlich auf Hände und Wangen, und ich sagte Lebewohl zu einer der glücklichsten Episoden meines Lebens.

Nach der Fahrt mit dem „dolmuş" nahm ich den Bus nach Erzurum. Durch die Fenster betrachtete ich immer wieder die Berge, durch die ich mit Keyif geritten war, und alles, was ich von oben gesehen hatte, ferne Dörfer, in denen ich gewesen war, das Dorf, in dem der Schmied drei alte Nägel geradegehämmert hatte, das Gebirge, in dem wir uns verirrt hatten. Sehr still saß ich da und ließ den ganzen Film noch einmal vor mir ablaufen. Ich hörte, daß die Leute im Bus schon über mich Bescheid wußten. Männer aus Tortum und Yusufeli erzählten, wie weit Keyif und ich gereist waren, und wenn manche fragten, ob ich ein gutes Pferd gehabt hätte, antworteten die Männer begeistert: Ja, ein sehr schönes Pferd.

Mein Herz tat weh, aber nicht vor Kummer, sondern vor Glück.